精准扶贫精准脱贫
百村调研丛书

李培林／主编

精准扶贫精准脱贫
百村调研·案例卷

村庄脱贫十八例

CASE STUDIES OF TARGETED POVERTY REDUCTION
AND ALLEVIATION IN 100 VILLAGES

《精准扶贫精准脱贫百村调研·案例卷》撰写组　著

社会科学文献出版社
SOCIAL SCIENCES ACADEMIC PRESS (CHINA)

中国社会科学院国情调研特大项目
"精准扶贫精准脱贫百村调研"
项目协调办公室

主　任：王子豪
成　员：檀学文　刁鹏飞　闫　珺　田　甜　曲海燕

总　序

　　调查研究是党的优良传统和作风。在党中央领导下，中国社会科学院一贯秉持理论联系实际的学风，并具有开展国情调研的深厚传统。1988年，中国社会科学院与全国社会科学界一起开展了百县市经济社会调查，并被列为"七五"和"八五"国家哲学社会科学重点课题，出版了《中国国情丛书——百县市经济社会调查》。1998年，国情调研视野从中观走向微观，由国家社科基金批准百村经济社会调查"九五"重点项目，出版了《中国国情丛书——百村经济社会调查》。2006年，中国社会科学院全面启动国情调研工作，先后组织实施了1000余项国情调研项目，与地方合作设立院级国情调研基地12个、所级国情调研基地59个。国情调研很好地践行了理论联系实际、实践是检验真理的唯一标准的马克思主义认识论和学风，为发挥中国社会科学院思想库和智囊团作用做出了重要贡献。

　　党的十八大以来，在全面建成小康社会目标指引下，中央提出了到2020年实现我国现行标准下农村贫困人口脱贫、贫困县全部"摘帽"、解决区域性整体贫困的脱贫攻坚目标。中国的减贫成就举世瞩目，如此宏大的脱贫目标世所罕见。到2020年实现全面精准脱贫是党的十九大提出的三大攻坚战之一，是重大的社会目标和政治任务，中国的贫困地区在此期间也将发生翻天覆地的变化，而变化的过程注定不会一帆风顺或云淡风轻。记录这个伟大的过程，总结解决这个世界性难题的经验，为完成这个攻坚战献计献策，是社会科学工作者应有的责任担当。

　　2016年，中国社会科学院根据中央做出的"打赢脱贫攻坚战"战略部署，决定设立"精准扶贫精准脱贫百村调研"国情调研特大项目，集中优势人力、物力，以精准扶贫为主题，集中两年时间，开展贫困村百村调研。"精准扶贫精准脱贫百村调研"是中国社会科学院国情调研重大工程，有统一的样本村选择标准和广泛的地域分布，有明确的调研目标和统一的调研进度安排。调研的104个样本村，西部、中部和东部地区的比例分别为 57%、27% 和 16%，对民族地区、边境地区、片区、深度贫困地区都有专门的考虑，有望对全国贫困村有基本的代表性，对当前中国农村贫困状况和减贫、发展状况有一个横断面式的全景展示。

在以习近平同志为核心的党中央坚强领导下，党的十八大以来的中国特色社会主义实践引导中国进入中国特色社会主义新时代，我国经济社会格局正在发生深刻变化，脱贫攻坚行动顺利推进，每年实现贫困人口脱贫 1000 多万人，贫困人口从 2012 年的 9899 万人减少到 2017 年的 3046 万人，在较短时间内实现了贫困村面貌的巨大改观。中国社会科学院组建了 100 支调研团队，动员了不少于 500 名科研人员的调研队伍，付出了不少于 3000 个工作日，用脚步、笔尖和镜头记录了百余个贫困村在近年来发生的巨大变化。

根据规划，每个贫困村子课题组不仅要为总课题组提供数据，还要撰写和出版村庄调研报告，这就是呈现在读者面前的"精准扶贫精准脱贫百村调研丛书"。为了达到了解国情的基本目的，总课题组拟定了调研提纲和问卷，要求各村调研都要执行基本的"规定动作"和因村而异的"自选动作"，了解和写出每个村的特色，写出脱贫路上的风采以及荆棘！对每部报告我们都组织了专家评审，由作者根据修改意见进行修改，直到达到出版要求。我们希望，这套丛书的出版能为脱贫攻坚大业写下浓重的一笔。

中共十九大的胜利召开，确立习近平新时代中国特色社会主义思想作为各项工作的指导思想，宣告中国特色社会主义进入新时代，中央做出了社会主要矛盾转化的重大判断。从现在起到 2020 年，既是全面建成小康社会的决胜期，也是迈向第二个百年奋斗目标的历史交会期。在此期间，国家强调坚决打好防范化解重大风险、精准脱贫、污染防治三大攻坚战。2018 年春节前夕，习近平总书记到深度贫困的四川凉山地区考察，就打好精准脱贫攻坚战提出八条要求，并通过脱贫攻坚三年行动计划加以推进。与此同时，为应对我国乡村发展不平衡不充分尤其突出的问题，国家适时启动了乡村振兴战略，要求到 2020 年乡村振兴取得重要进展，做好实施乡村振兴战略与打好精准脱贫攻坚战的有机衔接。通过调研，我们也发现，很多地方已经在实际工作中将脱贫攻坚与美丽乡村建设、城乡发展一体化结合在一起开展。可以预见，贫困地区的脱贫攻坚将不再只局限于贫困户脱贫，我们有充分的信心从贫困村发展看到乡村振兴的曙光和未来。

是为序！

全国人民代表大会社会建设委员会副主任委员

中国社会科学院副院长、学部委员

2018 年 10 月

目 录

精准扶贫首倡地的机遇与挑战

——湖南十八洞村观察

刘艳红 *

摘　要： 湖南省花垣县十八洞村是全国精准扶贫首倡地。2013 年 11 月 3 日，中共中央总书记、国家主席习近平到十八洞村考察，在那里首次提出了"精准扶贫"的重要论述，开启了全国扶贫开发工作的新篇章。为落实习近平总书记视察十八洞村指示精神，花垣县委、县政府将十八洞村作为全县探索精准扶贫可复制、可推广经验的试点村，在驻村帮扶和产业扶贫机制等方面进行了创新性探索并取得了积极成效。本文从发展机遇与现实挑战角度，讨论了十八洞村作为精准扶贫首倡地的三大发展机遇，及其在产业迅速转型发展中遭遇的风险与挑战。我们认为，总书记视察十八洞村以及中央媒体配合全国脱贫攻坚行动对十八洞村持续广泛的报道，为十八洞村的发展提供了非常关键且不可多得的外部机遇。十八洞村在由传统种养业向现代制造业和旅游服务业迅速转型发展过程中，集体经济面临发展瓶颈、民间资本难以落地，以及传统产业遭受政策变化冲击等问题日渐凸显，对十八洞村自主与可持续发展构成了不容忽视的现实挑战。

---

* 刘艳红，中国社会科学院大学副教授，主要研究方向为政治经济学、公共政策与可持续发展。

关键词：精准扶贫首倡地　集体经济　民间资本　政策风险　十八洞村

十八洞村位于湖南省西部、湘黔渝三省交界的湘西土家族苗族自治州花垣县，地处武陵山集中特困连片地区，是一个山多地少、经济落后的苗族村寨。2013年11月3日，中共中央总书记、国家主席习近平考察十八洞村，并在那里首次提出了"精准扶贫"的重要论述，开启了全国扶贫开发工作的新篇章。当地政府以此为契机，将十八洞村作为全县探索精准扶贫可复制、可推广经验的试点村，在精准识别、精准派人、精准施策、精准发展产业等方面先行先试，大胆探索，取得了一系列积极成效。经过三年的努力，十八洞村人均纯收入从2013年的1668元，提高到2016年的8313元，2017年在湖南省率先摘掉了贫困村的帽子。2019年，十八洞村人均纯收入增加至14668元，集体经济收入达126.4万元，提前实现了小康社会的奋斗目标。

在贯彻落实总书记指示和要求，探索实践精准扶贫有效路径的过程中，十八洞村牢牢把握习近平总书记视察十八洞村并首倡精准扶贫方略，以及新闻媒体持续关注报道十八洞村脱贫攻坚实践所带来的知名度效应等发展机遇，确立了通过在家门口发展特色种养业，实现短期增收目标；通过规模化种植和经营猕猴桃项目，实现中长期和资产性收益；以及通过深度开发旅游资源、发展乡村旅游，实现内生式发展和长期可持续收益的中长期产业扶贫和发展规划，在基础设施和产业体系建设与发展方面取得了显著成效。在短短6年多时间里，十八洞村已从一个一穷二白的苗族山寨蜕变成年接待游客超过50万人次的红色旅游景区。在迅速发展过程中，十八洞村集体经济遭遇发展瓶颈、外来资本落地不易、政策变化给产业发展带来的风险等问题也逐步凸显，对十八洞村由精准脱贫走向乡村振兴、由"借力"发展向自主与可持续发展转型构成了挑战。

一 十八洞村的三次机遇

1. 总书记视察十八洞

自党的十八大召开到十八届五中全会明确将精准扶贫作为打赢脱贫攻坚战的基本方略，党的精准扶贫思想经历了一个逐步深化和系统化的过程。在精准扶贫由论述到思想再到战略予以实施的演进过程中，十八洞村无疑具有非常特殊的意义。2013 年 11 月 3 日下午，习近平总书记一行来到花垣县十八洞村梨子寨，在探望了石拔专和施成富两户村民家后，在施成富家门前的坪坝上召开了现场座谈会。正是在这次座谈会上，总书记第一次提出了"精准扶贫"的重要论述。他向现场的干部群众强调，"扶贫要实事求是，因地制宜。要精准扶贫，切忌喊口号，也不要定好高骛远的目标"。

总书记的到访使这座饱受贫困之苦的苗乡古寨迎来前所未有的发展机遇。为贯彻落实总书记在座谈时提出的"实事求是、因地制宜、分类指导、精准扶贫"的重要指示和"不能搞特殊化、但不能没有变化"等要求，花垣县委、县政府做出了以十八洞村为试点，探索民族贫困地区脱贫致富新路子的决定。十八洞村成为全县践行精准扶贫的"试点村"和探索可复制可推广经验的"样本村"。根据这一决定，花垣县委从县委宣传部、统战部、林业局、民政局和国土资源局 5 个部门抽调 5 名干部（均为科级干部）组成了花垣县第一支精准扶贫驻村工作队，于 2014 年 1 月 23 日正式派驻十八洞村。在没有先例可循的情况下，花垣县委、县政府、驻村工作队和村支"两委"围绕"精准"二字下功夫，在识别贫困户、实施帮扶措施以及发展产业等方面先行先试，取得了较为显著的成效。十八洞村最早探索实施的识别贫困户的"九个不评"＋"七道程序"，在全县乃至全省范围内得到推广，为精准识别标准和方法的最终确立提供了最早的模本。在产业发展方面，根据十八洞村土地资源和经营人才匮乏的基本现状，当地又确立了"龙头企业带动＋域外发展"的特色种植业发展思路，在位于十八洞村 30 多公里之外的道二乡流转 1000 亩土地，作为龙头企业苗汉子公司和十八洞村合作的猕猴桃种植基地，探索可复制、可推广的特色产业扶贫新路子。

总书记视察十八洞村时曾赞誉这里为"小张家界",这让当地干部群众动了发展乡村旅游的心思。但是如何在峰峦叠翠的自然景观和苗族村寨的旅游元素之外,确立自己的特色呢?随着党中央以精准扶贫方略打赢脱贫攻坚战战略构想的逐步确立和实施,他们意识到总书记在十八洞村首次提出的"精准扶贫"论述在打赢脱贫攻坚战的战略部署中有着独特的里程碑意义,于是"精准扶贫首倡地"这个概念被提炼出来,成为十八洞村独一无二的标签。为了凸显十八洞村"首倡地"的特色,村里不仅将当时总书记举行座谈会的现场进行了保护和复原,修建了便于游客参观游览的精准坪广场,而且让总书记探望过的石拔专和龙德成两位老人做了村里的"旅游大使",现身说法向游客介绍总书记和她们拉家常的各种细节和片段。被总书记亲切称呼为"大姐"的石拔专老人,出现在了十八洞猕猴桃、山泉水的各种宣传广告上,成为十八洞村名副其实的"代言人"。

总书记的视察,不仅将"精准扶贫试验田"的特殊使命降临到了十八洞村,也像一声春雷惊醒了这座山寨里的有心人。村里一些在外打工的年轻人,从电视上得知总书记视察十八洞村的消息后,敏锐地捕捉到了改变自身和家乡命运的机会。施进兰就是其中最早采取行动的人。据他回忆,当时他和妻子还在浙江温岭的一家企业上班,他是厂里负责数控车床的一个车间主任,工作的技术含量比较高,每月能有七八千元的收入。当他从电视新闻中得知总书记视察十八洞村的消息后,当晚就做出了返乡的决定。第二天,他不顾妻子的反对和老板的挽留,毅然决然踏上了归途。第二年春天,他在村委会换届选举中,凭借多年在外打工积累的才干和"有钱没钱、拼上三年"的竞选口号,顺利当选十八洞村的村委会主任,成为村里脱贫致富的带头人。三年后,他又从村里旅游产业发展中看到了更加适合自己的发展机遇,随即辞去村主任的职务,成为十八洞旅游公司的一名副总经理,负责全村旅游团队的接待和导游工作。跟随施进兰的步伐,一些同样在外打工、见过世面的中青年,乃至一些接受过中、高等教育的"80后""90后"也先后回到村里,开起了农家乐、办起了民宿，还借着网络销售的风潮做起了民宿和土特产的直播带货……

2. 央视系列报道

2015年11月，中央扶贫开发工作会议在北京召开，正式吹响了打赢脱贫攻坚战的冲锋号。习近平总书记在会上系统阐述了以精准扶贫、精准脱贫打赢脱贫攻坚战的基本方略。配合中央对精准扶贫和脱贫攻坚行动的全面部署，各大新闻媒体开始奔赴全国各地，采集报道基层精准扶贫实践的经验做法和脱贫成效。在这一背景下，十八洞村这个总书记曾经考察并在那里首次提出"精准扶贫"重要论述的村寨，再次吸引了中央各大媒体的关注。2015年底，人民日报、新华社、中央人民广播电台、光明日报、经济日报等主流媒体纷纷对十八洞村两年多来的变化进行了报道，使十八洞村的知名度再次走出湘西、走出湖南，成为全国舆论关注的热点。然而，让十八洞村真正走向全国，成为一个家喻户晓的精准扶贫典型村，还要得益于中央电视台在2016年春节前后的集中报道。

据第一届驻十八洞村工作队员龙志银回忆，2015年底，央视新闻团队来十八洞村踩点，当时还在外地出差的驻村工作队队长龙秀林闻讯后立即赶回了十八洞村，向央视记者详细介绍了两年来十八洞村在精准扶贫方面的探索以及取得的变化。在介绍的过程中，村里正在酝酿的一个"相亲会"计划一下吸引了记者们的注意。原来，工作队自进驻十八洞村以来，发现不足千人的寨子里，从未娶媳妇的"光棍汉"竟有38人之多。为了解决这些大龄男青年的老大难问题，从组建家庭方面提升贫困村民的生活质量，工作队别出心裁地想到了用集体相亲会的办法，吸引周边村寨乃至县城的男女青年来村里找对象。据龙志银介绍，"相亲扶贫"这个在我国扶贫工作历史上不曾有过的创新之举，一下子抓住了记者们的眼球。央视的新闻团队决定调整原先只有1集篇幅的采访计划，以"相亲会"为切入点，以5集连播的方式全方位报道十八洞村在思想建设、设施建设、产业发展和帮助大龄青年脱单方面的一系列扶贫故事。2016年1月16~20日，央视一套和新闻频道连续5天在《朝闻天下》《新闻直播间》《新闻30分》《共同关注》等栏目轮番播出5集专题报道《基层新答卷：十八洞扶贫纪事》，在国内外引起了强烈反响。2016年2月13~17日，央视《新闻联播》在《治国理政新实践》栏目再次推出《"十八洞村"扶贫故事》系列报道，进一步扩大了十八洞村的影响力。经由央视的巨大传播网络，十八洞村在精准识别贫困户方面率先实行的"九个不评"和"七道程序"，十八洞村用星级化评比来提升村民互助和集体意识的做法、十八洞村发展猕猴桃产业的"飞地"模式等实践探索，迅速在全国乃至海外得到传播。精准扶贫的"十八洞经验"，不仅向全国提供了基层精准扶贫实践的"湖南样本"，更使十八洞村成为全国精准扶贫的一面旗帜。

3. 全国精准扶贫的一面旗帜

2016年央视的集中连续报道，使十八洞村作为全国精准扶贫首倡地和精准扶贫创新典范的形象深入人心。十八洞村成为全国精准扶贫的一面旗帜，在收获方方面面的荣誉的同时，也给自身发展带来了前所未有的机遇。这些发展机遇集中体现在以下三个方面。

首先，十八洞村成为全国学习考察的对象和红色旅游景区。随着十八洞村作为全国精准扶贫首倡地和先进典型形象的确立，这里迅速成为全国各地党政部门乃至企事业单位精准扶贫和基层党建的学习考察对象，慕名来十八洞村学习、参观和旅游的人数逐年上升。据十八洞旅游公司原总经理向经文对媒体介绍，2015年来十八洞参观旅游人数达10万人次，2016年为16万人次，2017年为25万人次。另有媒体报道，2018年，十八洞村接待游客数量超过30万人次。据花垣县驻十八洞村旅游工作组组长彭勇介绍，2019年5月，十八洞旅游公司正式对外营业之后，每个月仅通过旅游公司收费系统统计的游客人数就达3万~3.2万人次，全年接待的游客可达45万人次。这个数据还不包括由当地党政部门负责接待、没有通过旅游公司系统来村参观的公务考察团队。据彭勇估计，后一种类型的参观人数大约能占十八洞村游客总数的1/3。

其次，十八洞村成为社会帮扶力量汇聚的焦点。在中央广泛动员全社会力量，合力推进脱贫攻坚的有力号召下，十八洞村成为众多企事业单位履行社会帮扶责任的优先对象。得益于社会各方力量在基础设施建设、产业发展、市场对接和技术支持等方面的大量帮扶投入，十八洞村的基础设施和生产、生活条件得到显著改善，彻底改变了原来贫穷破旧的村庄面貌。据龙志银介绍，2016 年央视 5 集连播节目播出后，十八洞村的知名度进一步提升了，也给村里的基础设施建设带来了不少的好处。一个最好的例子就是，之前十八洞村想通网络需要求人，2016 年后顺利实现了网络通村，比周边的村寨提前了整整一年。2018 年，中建五局和中海集团在十八洞村援建了集村民服务中心、展览馆、放映厅、图书室和医疗室等综合服务功能于一体的新村部和停车场，整个建设项目用时不到四个月，投资近 2000 万元。

最后，十八洞村成为民间资本投资的热点。伴随十八洞村影响力和知名度而来的潜在商机也吸引了省内外不少民间资本的关注，为十八洞村借助外力发展产业创造了巨大的机会。据了解，2016~2017 年，先后有消费宝（北京）资产管理公司、湖南零售连锁企业步步高集团以及湖南地球仓科技有限公司等民营企业与十八洞村达成了投资与合作开发意向。2016 年底，消费宝（北京）资产管理有限公司与花垣县苗疆旅游开发有限公司（花垣县国资委全资子公司）共同出资成立十八洞旅游开发有限公司，其中消费宝占 51% 的股份，苗疆旅游占 49% 的股份，合作开发包括夜郎十八洞溶洞在内的十八洞村及周边村寨的大十八洞旅游景区。根据双方达成的旅游开发合作协议，消费宝的投资总额不低于 6 亿元；在投资收益的分配方面，十八洞村（集体）在 30 年内每年可享有 10% 的股权分红权益。2017 年 4 月，湖南零售连锁企业步步高集团董事长王填来十八洞村考察产业扶贫项目，得知当地有山泉水且经检测发现水质很好后，当即做出了在十八洞村建山泉水厂的决定。从 2017 年 4 月 27 日考察十八洞村探寻水源到立项、规划、采购、建厂，并于当年 10 月 8 日正式投产，全程只用了 161 天。水厂投产 10 天后，带着十八洞标识的瓶装山泉水就被带到了十九大湖南代表团的会场。当年年底，山泉水厂就向十八洞村兑现了"50 万 +1"的分红承诺，即水厂每年给十八洞村集体 50 万元的保底收益，外加每生产一瓶水给十八洞村 1 分钱的分红。

二 十八洞村的三大挑战

1. 集体经济的出路

随着村里的产业项目逐步落地并开始产生收益，十八洞村在集体收入上也实现了零的突破。2016 年，村集体通过出租集体用房获得了第一笔 7 万元的租金收入。2017 年，随着湖南步步高集团投资的山泉水厂和与苗汉子公司合作的猕猴桃项目开始分红，村集体的收入超过 50 万元，2018 年进一步增加到 70 万元。2019 年，十八洞旅游开发公司正式投入运营后，也开始兑现其 30 万元的保底分红承诺。据原村支书龙书伍介绍，2019 年，村集体收入突破百万元关口，达到 126.4 万元。随着集体收入的逐渐增加，如何通过发展集体产业实现资产保值增值开始被提上十八洞村的议事日程。

2018 年下半年，十八洞村成立农旅农民专业合作社，流转了全村 80% 的土地，尝试搞辣椒和水稻等农作物的规模化种植和经营。但是仅过了一年时间，这些经营项目就以亏本告终。从各家各户手中流转的土地也都退还给了村民。一些村民因此抱怨，自家的水田被流转后撂了荒，再种庄稼就困难了，跟合作社要赔偿却没有结果。据龙书伍介绍，农旅合作社的种植项目之所以不成功，有三个方面的原因。一是农产品市场不稳定，不容易把握市场机会；二是存在"出工不出力"的问题，大家对集体种植和管理的项目缺乏责任心；三是在土地流转规模上存在冒进，一些土地流转之后并没有得到有效利用，反而增加了集体项目的经营成本。经历这次失败的尝试后，龙书伍意识到，"种植这一块还是交还给老百姓自己经营更好"。

2019 年，响应县委组织部的号召，十八洞村成立了经济联合社，由老支书龙书伍任理事长，希望能够统领全村的专业合作社和集体经济发展。当年 8 月 1 日，由村集体投资近 70 万元的思源餐厅正式对外营业。

餐厅的位置就在游客必到的新村部旁边，距离游客摆渡车的下客点也很近，加之是村里的集体企业，在接待游客方面有着近水楼台的优势。据龙书伍介绍，餐厅开业半年，已实现盈利 12 万元。他相信今年（2020年）全年的利润可望达到四五十万元，加上水厂、猕猴桃和旅游公司的分红，今年集体收入突破 200 万元不成问题。

作为村经济联合社的理事长和村集体经济的带头人，龙书伍意识到，仅仅依靠村里现有几个产业项目的分红不是长久之计，希望能够进一步发展壮大村里自己的产业。他提到下一步发展集体产业的几个设想：一是在旅游衍生产品和服务上着手，在村里开发一些旅游娱乐项目和文创产品。二是利用十八洞的品牌和山泉水资源，开办自己的腊肉加工厂和酒厂。三是利用十八洞村对接的消费扶贫渠道，与周边的吉卫镇进行吊瓜子的合作营销。当被问及这些项目如何落地时，他认为相关经营人才的匮乏是个瓶颈，如何突破这个瓶颈是他当下要重点考虑的问题之一。

2. 民间资本的落地

在十八洞村精准扶贫精准脱贫的发展进程中，2017 年是一个重要的转折点。这一年，十八洞村不仅正式摘掉了贫困村的帽子，三年前与苗汉子公司合作的猕猴桃项目也正式瓜熟蒂落，实现了第一次分红。更让十八洞人看到希望的是，这一年，由外来资本投资或运营的三大产业项目先后在十八洞村签约或落地，这三个项目分别是消费宝（北京）资产管理公司与花垣县苗疆旅游开发有限公司合作的大十八洞旅游开发项目、湖南零售连锁企业步步高集团全额投资的山泉水厂项目以及湖南地球仓科技有限公司承建的地球仓酒店项目。根据当时的合作协议，消费宝公司作为控股方，将在十八洞投资不少于 6 亿元的资金，力争三年内完成国家 4A 级景区创建，并致力于打造 5A 级景区。而十八洞村将在旅游项目 30 年的经营期中获得 10% 的分红收益。

时隔三年，当笔者再次来到十八洞村了解这三大产业项目的进展时，却发现了一些耐人寻味的变化。首先，作为控股股东的消费宝和后来接替消费宝的湘西旅游公司已先后从十八洞旅游公司退出，后者成为花垣县国资委下属苗疆旅游开发公司的独资经营企业。当被问及这两家公司退出的原因时，花垣县驻十八洞村旅游工作组组长彭勇给出了两个解释，一是十八洞村自 2018 年成为湖南省的潇湘八大红色景区后，不能对游客收门票，这影响了投资方的回报预期；二是景区发展还处于市场培育阶段时，民间资金往往会比较谨慎。相对于撤出的消费宝和湘旅公司，承担十八洞溶洞开发的另一家民营企业花垣双龙旅游开发公司（由两位福建商人投资）虽然没有撤资，但也在项目推进上遇到了不小的困难。双龙公司负责人告诉笔者，自 2017 年以来，公司已完成一期投入 4700 万元，用于溶洞内部游步道和灯光建设，以及溶洞周边 70 亩土地的征地补偿。项目二期还将投入 1.2 亿元用于连接通村公路和溶洞的风雨桥，以及民宿、餐饮等旅游综合配套设施的建设。据该负责人介绍，尽管溶洞开发项目的立项报批等相关手续均由十八洞旅游公司负责，但由于项目开发涉及基本农田，相关土地的调规工作直到 2019 年才完成，致使风雨桥等二期配套设施建设一直无法开展，溶洞的对外开放也迟迟未能实现。目前，二期项目的审批手续虽已完成，但双龙公司和十八洞旅游公司之间在合作模式和利益分成上却尚未达成一致意见。其次，由湖南地球仓科技公司承建和经营的十八洞地球仓生态酒店一期七栋仓体式客房于 2018 年底建成并对外经营以来，也并未取得令人满意的经营业绩。据彭勇介绍，尽管目前是旅游旺季，但地球仓的入住率仅为百分之三四十。由于酒店入住率不高，为了降低公司的用人成本，地球仓也已采取与旅游公司合作的运营模式。最后，相比于旅游开发和生态酒店遇到的困难，山泉水厂的投资和经营状况要好得多。2017 年，步步高公司仅用了不到半年时间就完成了水厂的建设和投产。尽管厂里只有一条生产线和两种包装规格，但日均产量也可达到 8 万瓶。笔者在车间参观时注意到，有近 50 家中央和地方企业加入了十八洞山泉水厂的"爱心品牌大联盟"，这些企业以消费扶贫的方式承销了相当比重的十八洞山泉水。

3. 政策变化的风险

村民文化程度低、缺乏致富带头人，不仅是十八洞村长期遭受贫困困扰的一个主要原因，也是制约十八洞村发挥内生增长动能，实现自主、可持续发展的一个重要瓶颈。在知识和人才匮乏的情况下，村里为数不多的致富带头人就显得尤为难能可贵。2017 年，我们第一次去十八洞村调研时，就听说村里有个养猪大户龙英足。在采访中，龙英足告诉我们，她是在长沙打工期间学会养猪技术的。2003 年，她拿着 8000 元钱回乡创业，办起了养猪场。由于掌握了冷链配种的技术，不仅自己养猪，还给周边村民提供配种服务，每年的收益十分可观。2014 年，龙英足响应村里号召，办起了湘西乳猪养殖专业合作社，带领村里 21 户贫困户一起养猪，由龙英足先提供猪仔和饲料并提供技术指导，等猪养成了、出栏卖了钱再收本钱。作为村里的党员和妇女主任，龙英足不仅从带领群众共同致富中获得了满满的成就感，个人也收获了巨大的荣誉。2016 年，她当选为县人大代表。

然而，令人意外的是，时隔一年多，这位养猪大户的命运却发生了巨大的改变。原来，2017 年，花垣县启动畜禽养殖禁养区养殖场关闭退养工作。2018 年，十八洞村新制定的村庄规划（2018~2035）把规模化养殖列为十八洞村产业准入负面清单，龙英足办的养猪场属于禁养区范围。2019 年初，花垣县畜禽养殖退养办公室与龙英足达成了退养协议，龙英足在得到当地有关部门承诺可以就地转产的情况下，关闭了养猪场，获得了 79.7 万元的补偿款。根据协商退养过程中有关部门的建议，"只会养猪"的龙英足在关闭养猪场后，准备投资 200 万元开办一个集住宿、餐饮和农业体验等功能于一体的生态农庄，并于 2019 年 4 月完成了公司注册和项目备案。然而，正当龙英足、龙英兰两姐妹投入近百万元，接近完成农庄主体建筑以及配套保坎设施的建设时，自然资源局的一纸封条却叫停了这个项目。这时候，两姐妹才得知，养猪场属于基本农田范畴，农庄开发建设违背了土地用途。眼见着前期的巨额投入即将付之东流，姐妹俩只好向村里、镇里以及县里的相关部门求助。她们认为，当初转产的建议是政府有关部门给的，现在项目推进不下去，政府有责任给予帮助。据龙英兰介绍，有关部门告诉她，农庄用地可以申请土地调规，但需要通过村里的旅游公司来申请，因此比较现实的解决方案是由旅游公司先收购农庄的资产。而究竟能否与旅游公司达成收购协议，两姐妹说，还在等候相关部门的消息。

三 小结

作为精准扶贫的首倡地和全国精准扶贫实践的一面旗帜，十八洞村的发展始终备受关注。当地政府、驻村工作队、十八洞村支"两委"和全体村民在探索精准扶贫精准脱贫有效路径的过程中，发挥了巨大的主观能动性和创造性，在精准识别贫困户、村民思想道德建设、基层组织建设、相亲脱贫、发展猕猴桃产业和乡村旅游等方面进行了大胆探索，取得了十分突出的成效。这些难能可贵的基层探索是铸就十八洞村这面精准扶贫旗帜的主要原因。同时也要看到，总书记视察十八洞村以及媒体持续广泛报道给十八洞村带来的知名度和影响力，为十八洞村的发展，尤其是十八洞村基础设施建设和相关产业发展，提供了不可多得的外部机遇。一定程度上说，是这些外部的机遇促成了十八洞村"借力"发展模式的成功。在十八洞村的快速发展中，也不能忽略那些可能影响十八洞村由精准脱贫向乡村振兴，由"借力"发展向自主和可持续发展转型的制约性因素。如何更好地培育十八洞村的内在发展动能，根据自身优势找准适合自己的集体产业发展模式；如何让外来的民间资本更好地落地，发挥其在十八洞旅游相关产业发展中的优势作用；如何提升政府部门的政策执行水平和村民的风险规避意识和能力，保护好致富带头人的创业才能和积极性，可能是十八洞村未来发展中需要面对和重视的问题。

参考文献

陈志强：《总书记去过的十八洞村有山泉水厂了！》，《华夏时报》2017年10月21日。

罗明:《以十八洞村为试点探索精准扶贫》,《新湘评论》2014 年第 23 期。

潘尚德:《中央媒体聚焦十八洞村,全方位报道精准扶贫经验》,《团结报》2015
    年 3 月 2 日。

《十八洞:精准扶贫首倡地引进 " 地球仓 " 革新旅居模式》,华声在线,2018 年 9
    月 30 日。

《治国理政新实践 "十八洞村" 扶贫故事系列报道》,央视网,2016 年 2 月 13 日。

睦邻共享式的双重脱贫：物质脱贫和精神脱贫

——浙江姜家村一农户自主创业的社会效益

蒋 尉[*]

摘　要：从贫困到小康的进程，不仅仅是物质财富的增加，也应是幸福指数的提高，而欢乐和谐的乡村社区便是幸福的重要源泉。本文基于在姜家村的田野调查，以该村竹业加工生产链为线索，真实地回放了一个贫困户自 1991 年开始自主创业，在自身脱贫的同时，带动周围邻居共同致富的经历，反映了在精准脱贫中，经济效益与社会效益、物质脱贫与精神脱贫的统一。

关键词：睦邻共享　竹业加工　精神脱贫　姜家村

2015 年 9 月联合国正式公布了可持续发展目标（SDGs），SDGs 由相互之间紧密联系的 17 个子目标组成，旨在以整合的方式转向可持续发展道路，强调经济、环境、社会的和谐发展。从贫困到小康的进程，不仅仅是物质财富的增加，也应是幸福指数的提高，而欢乐和谐的乡村社区正是幸福的重要源泉之一。本文基于田野调查和入户访谈，以竹业加工生产链为线索，真实地回放了浙江省龙游县姜家村的一个贫困户自 1993 年开始自主

* 　蒋尉，中国社会科学院民族学与人类学研究所副研究员，主要研究方向为气候变化与可持续发展。感谢孙萨拉罕同学对本文竹业加工生产链调研问卷的设计，以及对入户访谈和初稿写作的贡献。

创业，在自身脱贫的同时，带动周围邻居共同致富的经历，反映了在精准脱贫中，经济效益与社会效益、物质致富与精神脱贫的统一。

姜家村位于龙南山区，全村呈长蛇形，约 4.5 公里长，全村山林面积为 8933 亩，其中竹林面积为 3900 余亩，耕地面积 827 亩，茶园面积 600 多亩，是浙江西南山区衢州市龙游县下辖的罗家乡最西南端的一个美丽山村。姜家村 1982 年名为集裕村，该名称是源于改革开放初期，期望集体经济富裕而取名。姜家村以名山圣堂山出名，圣堂山又名圣灯山，山上有天池、石幢、圣灯，清静幽雅。"鸟道盘旋，名十八曲，登其巅，远景决胜"，在山顶也称"望龙山尖"（万炉山尖），远望四周，丘陵溪涧，村舍田头，尽收眼底。姜家溪从南到北贯穿全村，汇入钱塘江，沿溪两旁是零星的水田和茂密的竹海，间隔点缀着片片茶园和苗木果林。竹海、水稻、茶园、花木、果林是该村的绿色资源，将绿水青山变成金山银山也是依山傍水的村民们一直以来的愿望，本文的访谈对象村民老夏就是揣着这个心愿带着邻里亲朋走上了绿色发展之路，并和大家实现了物质与精神的双重脱贫。

一 双重脱贫的睦邻共享模式：从热闹的邻里亲朋网络到绿色产业链

从 2017 年百村调研开始，我们课题组就入住姜家村村民友珍和秋生家，距离老夏家非常近，五六家农户的楼房分别于两边紧邻着姜家村文化礼堂相邻而建，处在姜家村长条地带的中心。大家平时总是互相串门，一起吃饭聊天，每逢假日还有城里的亲戚好友团聚，一到周末就是高朋满座，欢声笑语。其中老夏和秋生就是最喜欢热闹和热情好客的，他们从贫困时期的大家围坐着粗茶淡饭，到脱贫致富后的大家品尝美味佳肴，从来都是一种睦邻亲朋的共享状态。

我们到姜家村的时候，友珍一如既往热情地招待我们。周六的中午，友珍和秋生夫妇又准备了丰盛的菜肴，有自己家养的土鸡、自己山上野生的竹笋、自留地菜园子里的瓜果蔬菜，热情招呼邻居亲朋一起吃饭。

我们正准备开饭，就听到门口传来爽朗的笑声。

　　"哈哈哈……哎呀，大家看到我的车子了没有哇？我记得我好像是停在建宏门口的，可是没有啊……"原来又是老夏大步流星地走过来。

　　"那你刚才又去了哪里呢？你是不是停到翻晒竹枝的厂房门口了呢？"一邻居提醒老夏。

　　"没有呀！"

　　"那就先吃饭吧，先别管它了，反正丢不了……"

村子里治安一直非常好，车子在哪搁着都不需要上锁。于是，开怀大笑的老夏又和大家开始热闹地聊天吃饭。大家都说，他每天都乐呵呵的，心里不搁着事情过夜，有事情就以乐观的方式去解决，解决不了就干脆忘了它，因此每天都是乐呵呵的。

　　"明天大家是不是还休息？我山上那一大群飞鸡（当地一种在山上散养的土鸡）该收拾掉几只啦，明天中午大家都要一起到我家吃饭啊。"老夏又和邻居们约上了周日的安排。

总之，"大家一起分享就高兴"，这就是老夏们的生活哲学。他们曾经对城市生活向往和好奇过，但是对于一出门看不到青山绿水，更没有自己的菜园子、自留地，就好像没有归属感；尤其是对于城市里普遍存在的邻居们互相不认识或者不来往，人们之间趋利避害的交往哲学，更是不习惯也不欣赏，他们对城市生活也就慢慢失去了兴趣。在老夏们的观念里，那种缺少绿水青山和人情味的城市生活是一种"精神贫困"；他们认为左邻右舍、亲戚朋友就应该来来往往、和睦相处，有矛盾冲突很正常，但是大家互相谦让，什么矛盾都可以解决。因此，他们满意于自己的温馨社区，不间断地互动交流和互相帮助一直以来就是姜家村社区的主流，这也是他们珍惜的"精神财富"。

正是在这种生活哲学的影响下，热闹的邻里亲朋的生活网络逐渐延伸出了老夏的绿色产业生产链网络。依山傍水的姜家村，绿色产业具有强劲的资源禀赋，毛竹一直是村民们收入的重要组成部分。每年春天，春雷阵阵，春雨过后，山脚下尽是黄绿媚眼的茶园，山上则是争先恐后冒出土层的春笋，交相辉映。尤其是山笋的大年时期，春笋更是密密麻麻，"雨后春笋"就是源于此景。村民们将长得过密的竹笋挖下山，焯水之后晒干制成笋干，就是不可多得的山珍美味了。毛竹则是竹器加工的原料，也是建筑行业的材料。因此，乡亲们对竹山都有较好的规划，会分批砍伐毛竹出售。竹子处理后的废弃物枝丫便是扫帚的原料。从 1991 年开始，老夏就将弃置在山上的枝丫收集到一起，邀上邻居朋友一起做成扫帚，同时四处联系市场出售。随着生产规模的扩大，邻居亲朋不断加入，热闹的邻里亲朋网络也相应地逐渐发展成为绿色产业的生产链网络，创造 30 多个劳动岗位（除外山上收集竹梢枝丫的人员），如果计算非固定的收集竹梢的人员，则全村农户基本上都是这一生产链网络中的节点。

二 双重脱贫的轨迹：从绿色产业生产链网络到经济效益的社会分享

老夏 1960 年代出身于一个热热闹闹的农民大家庭，他的父亲以及父辈这一代的兄弟们全是喜欢热闹、助人为乐的个性，周围邻居有点什么困难，他们都习惯性地毫不犹豫伸手援助，而他母亲以及伯母婶婶们则都是非常贤惠地在家料理家务、饲养家禽和经营菜园等。大家农忙时节互相帮忙耕犁、播种插秧、收割，农闲时就聚在一起分享欢乐和诉说生活疾苦。老夏就在这种大家庭的氛围中长大。老夏家里有 5 个孩子，因此不能都上学，家里只照顾腿部有伤的哥哥和最小的妹妹上高中，其他三个兄弟姐妹包括老夏小学毕业后就一直在家务农。他们仅仅靠山上偶尔卖毛竹以及每年养两口猪，获得非常低廉的收入，处于典型的低收入水平。

1990 年代，房地产开始进入快速上升阶段，建筑业兴盛，作为该行业所需的外架工具原料的毛竹因此供不应求，乡亲们更频繁地出售毛竹，为此，山上就留下很多废弃的竹子枝丫。平时大家家用的扫帚也大多是用这种废弃枝丫制作，手工灵巧的人往往自己会多做几个以便分送给周围的邻居，老夏也是如此。刚开始他也是偶尔做几个扫帚给自己以及邻居家用，后来他注意到竹子枝丫废弃扔在山上不仅浪费，而且枝丫堆积多了之后，往往阻挡了大家上山的路，挖笋也不方便，严重影响了大家对自留山的管理经营；同时，他想到扫帚也是必需的日常用品，就萌发了做扫帚出售的想法。于是，老夏开始组织邻居们开展劳动分工，利用竹子废弃枝丫制成扫帚出售。

从到山上收集竹子枝丫到最后出售扫帚，扫帚的整个制作和销售的过程大致可以分成下述五个环节，形成了一个生产营销的网络，如图 1（a）所示；同时，在这一过程中投入劳动的邻居亲朋们也获得了相应的收入，如图 1（b）所示。

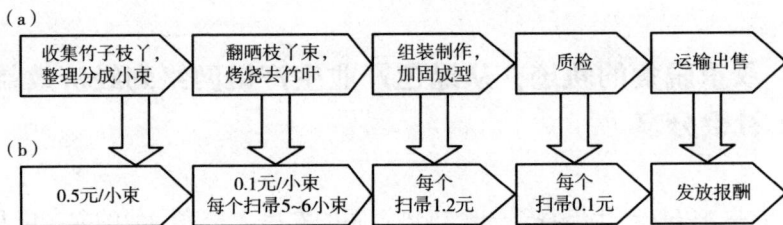

图 1　扫帚生产营销流程示意图

我们问了老夏每个环节的成本，所有环节或工序的劳动都是以计件方式结算报酬。第一项环节是收集竹子枝丫，整理分成小束，每小束枝丫是0.5 元；第二项环节是将从第一项环节中收集成束的枝丫进行翻晒，烤烧去掉竹叶，每小束是 0.1 元，一个扫帚需要 5~6 小束；第三项环节就是将达到标准的枝丫束用购置的绑带和扫帚棍固定组装到一起后成为扫帚，每个扫帚 1.2 元；第四个环节是对扫帚进行质检，如叶子太多了，就去掉，枝丫长短错落太明显，要稍作修剪，整理成一个规整而美观的扫帚，每个扫帚是 0.1 元，这个步骤所需的时间和精力很少，因为之前的每个环节大家都很认真，基本上就是偶尔有个别扫帚需要去叶子和切齐枝丫；最后一项是运输出售，同时发放每个人的报酬。除去上述劳动报酬，老夏还需要投入其他组装材料，如扫帚棍和绑带等，每个扫帚大约 1.00 元；电费、设备成本折旧运费等均摊平均每个扫帚 1.30 元左右。扫帚的售价在 7.00~7.50 元，因此每个扫帚的利润只是 0.70~1.20 元。

老夏空闲之余，还种了猕猴桃和树莓，共 50 亩左右，印象中挂果后只收成了一年，他觉得忙不过来了，就不去管理和摘收了，村里人谁喜欢谁就去随便摘。后来有外地的商人路过，想买猕猴桃，老夏就让人家自己去摘了，人家摘了 2000 斤，觉得过意不去，就按每斤 2 元给了他钱，老夏还觉得不好意思。他好像是一个不会计算收益的人，这种猕猴桃市场价是 30 元一斤（他第一年的收成就是 30 元的价格），如果好好经营，猕猴桃的收益将远远超过扫帚的收益。

> 那个季节正好是大家都很忙，我看看第一次收成也收了不少了，接下来就让大家自己去摘了吃吧。这个经营起来太麻烦了，哈哈哈，太麻烦就不管它了……嗯嗯，是的，是比做扫帚要挣得多，但是我们都习惯了做扫帚，每天有事情做，大家都一起做，挺好的。扫帚赚得少，但是有点赚就行了，哈哈哈，大家一起赚，大家都高兴。

他认为猕猴桃和树莓收益不稳，受天气影响大，有时候歉收，有时候还不结果，反正他就是放那不管了。现在猕猴桃和树莓都变成野生的了，这一年树莓结了不少，他组织大家摘了一批出售，剩下的就让大家自己想吃就去摘了吃。实际上，他对于利润计算是很清晰的，但是他的做法是一种佛系的方式，最重要的是，他的理念在于要和大家一起做事情，一起赚钱才是高兴，这样不仅经济上脱贫了，而且精神上也富有了。

1. 第一环节访谈

午后，我们沿着姜家溪往上走想去老夏的简易厂房，沿路就碰到了樟友叔夫妇，他们正好开着小型拖拉机从山上收集竹子枝丫回来。夫妇俩都是 70 来岁，但是看起来要比实际年龄年轻很多。年轻的老太太跟我们介绍了一天的收获。

图 2　樟友叔老夫妇从山上收集竹梢和枝丫

　　平时都是我们老两口在家，儿子和女儿都已成家，在外边工作，节假日会回家陪陪我们。我们每天的活儿也不多，就是给菜园子的菜浇浇水；喂喂鸡鸭；偶尔茶园除除草等。现在反正没什么事情，我们闲着也是闲着，不如趁着身体还硬朗多干点活儿。这些竹梢和枝丫如果置留在山上，会影响平时在山上出行。在老夏没有带着大家做扫帚之前，我们就将这些枝丫拿回来当柴火烧，但是太可惜了，自从老夏开始做扫帚，竹梢和枝丫就派上大用场啦。我们也不是每天出工的，是碰到我们正好要砍掉一些竹子（因为竹子每年都会生长出一大批新竹子，需要每年将成熟的老竹子砍掉一批，以免太拥挤而影响竹子产笋），或者老夏联系好哪里有竹梢和枝丫，我们有空就去收集整理，弄成一束一束，每一束是五毛钱，5~6 束就是差不多一个扫帚了。这样就挺好，你们看看，我们现在这一车大概可以够 50 个扫帚的原料，每个 2.5 元，这一车就是 125 元。上午一车，下午一车，大概就是 200 多元，还是有些累了，但是累了就可以休息，不像在外边打工干活儿，累了也不能休息。而且我们这么大年纪了，也不认识几个字，在外边能干什么呀。我们觉得这样挺好，帮着老夏收集竹梢枝丫，家里的活儿也不会丢，孙子孙女回来也照样能带，我们已经满足。

2. 第二环节访谈

我们还没走进老夏的简易厂房，一股清香的竹叶味道就沁人心脾，让人感觉好像融入了大自然一般。天气很热，正在翻晒枝丫束烤烧去竹叶的爱婷和如梅热情地招呼我们进去吹电风扇。她俩以及友珍、菊香等几位女士分别是老夏的几位堂弟的妻子，是老夏扫帚生产网络的固定员工，已经工作了 20 多年了。

图 3 爱婷搬移完成翻晒的竹子枝丫

对友珍的访谈

这天是周日，友珍夫妇正好邀请邻里亲朋到她家玩，所以她安排这天休息。她已经适应了在老夏扫帚生产中的工作节奏，乐于在自己的小社区里工作并享受乡村生活。

现在是夏天比较炎热，其中 11 点之后一直到下午是最热的一段时间，烤烧竹叶就会非常热。我们一般是凌晨一点钟起床，一直做到上午 11 点钟收工，吃过饭后，整个下午就休息了，避开了最热的时间段。每天连续做是会很累的，因此，我们常常做几天就会歇一歇。20 多年了，我们都做熟练了，速度也比较快，一天（从凌晨 1 点到上午 11 点）能够完成 600~800 个扫帚的枝丫烤烧去叶工序，基本上能拿到 300~400 元的报酬。因为连着每天工作会很累，所以我们每个月会间断休息几天，即便如此，每个月 6000~7000 元都是有的。尽管做的时候比较累，但这肯定是比在外边打工强啊，自己可以有更多自由来安排工作时间。当然，有时候老夏要着急赶着交货，我们也会加班加点，但是在家里，始终是方便。我们帮老夏做扫帚，平时也不影响农活儿，该种菜的时候就种菜，该摘茶叶的时候就摘茶叶。而且，在家里想吃点什么也方便，蔬菜水果就上自己菜园子里摘，又新鲜，又不用担心有什么化肥农药。在这儿还可以和大家一起有个照应，心里也踏实。如果是在外边打工，我又没有什么技术，最多就是在饭店做服务员洗洗菜之类的活儿，一个月最多也就 3000 元，一是工资低，二是家里的农活儿全耽误了，而且周围也没有亲朋邻居一起干活儿、聊天、吃饭，一天到晚心里是悬着的，心里没底不踏实啊。我觉得现在这样就很好。

因为每次来姜家村调研，都是住在友珍家，她平时聊天的时候也会在不经意之间表达出对生活状态的乐观和满足。图 4 中的女士便是友珍，

图 4　友珍站在她家楼房前面

她家在 6 年前就建造精装修了三层的楼房，屋子收拾得干净利落，门口对着自己的 10 亩茶花，隔着马路就是烤烧竹叶的厂房，每年春天茶花竞相开放的时候，会有很多人过来欣赏拍照。

对菊香的访谈

菊香这天也没有去做工，因为女儿带着外甥外甥女回家玩，小的刚出生不久，她就在家帮着照看。菊香之前曾经去义乌打工，但是因为恋家没几天就回来了，之后就一直在姜家村小社区里工作生活。后来生活也慢慢宽裕起来，家里也是建了三层的大楼房，装修得很漂亮。

> 在波波（菊香的儿子）还很小的时候，也就是 5 岁不到，我经村里的劳务介绍去义乌打工。当时是去带孩子，我这人特别爱孩子，所以对我来说是个好差事，待遇也不错，东家也挺好。但是我一抱人家的孩子，忍不住就想起来自己的孩子在家里不知道怎样啊，眼泪就不争气地往下掉（我不止一次地听菊香说过这段经历，菊香每次说到这的时候，眼眶就红了）。我带孩子也很耐心，又爱干净，东家也是特别满意，后来有一次他们在家看到我掉眼泪，我也不敢说呀，刚来了没多长时间，多不好意思，再说，当时都是签了合同的，违约是要赔钱的，因此我一直不敢说。后来人家一再追问，弄清楚原因后，东家也非常通情达理，赶紧就让我回来了，不仅没有投诉我违约，而且没少给我工资，我很感激的。从义乌回来没多长时间，老夏扫帚的销路也多起来了，我和如梅还有几位老太太都去帮忙了，慢慢地大家做得越来越多了，收入也多起来了，帮着做扫帚，基本上每个月有 7000 多元，同时还不影响自己家的农活儿，最重要的是，我每天都可以和孩子们在一起，不会在外边牵肠挂肚了，心里也踏实了。

3. 第三环节访谈

第三个环节是扫帚的组装制作、加固成型。老夏利用废弃的小学校舍作为厂房，旧时的校舍非常破旧，但是场地宽阔且通风透气性非常好，很符合扫帚生产的环境要求。我们走进旧时的学校，发现操场上还有很多鸡跑来跑去追逐着飞虫，或抢吃地上的虫子。土根说，扫帚的组装加固是个力气活儿，所以在这儿工作的一般是5~6个男劳动力。

　　我家因为我和妻子雪梅都分别于几年前得病医治而欠了很多外债，那时候孩子们小，家里缺乏劳动力，成了贫困户，自己也觉得挺没面子的。等身体好些了之后，我们就开始炒龙井茶。姜家村的茶叶原料质量好，茶叶特别香。我们夫妇俩在做茶叶的空档期就帮着老夏做扫帚，我做组装制作，她做烤烧枝丫去叶，慢慢地我家经济情况也好起来了；后来我们觉得自己炒茶叶要负责各类事务，包括在自家茶园采摘，收购其他农户的茶叶，维修更新设备，联系商户，又担心价格的起落，等等，不堪劳累，不如就在老夏的扫帚厂干活儿最简单可靠。

　　雪梅身体不是很好，她也是偶尔帮着老夏烤烧枝丫去叶，每天大概能够做200元左右，一个月去帮忙十多天，也有3000多元呢，也不少了，因为平时在家里忙一忙家务，还小意思（即小规模地）做点茶叶，养养鸡，关照一下山上的竹笋，等等，活儿都不耽误。在老夏厂里活儿急的时候，我就过来加班，不怎么中断休息，如果活儿不急，我就和其他几位轮流着休息几天，因为组装制作如果连着一个月做那是蛮累的，中间需要倒几天班休息。我这边的工作是组装制作，就是将落叶后的枝丫束组装固定到扫把上制作成一个完整的扫帚，5束枝丫做成一个正常大小的扫帚，如果要加大型的扫帚，则要6束枝丫。这些扫帚把有的是木棍，有的是竹棍，买进来也是挺贵的，需要0.5~0.7元一个，最贵的时候也要1元，再加上绑带等等加固材料，差不多要1元钱。我的工资是这样的，每制作成一把扫帚的工资就是1.2元，我们每人一般一天能够做250多把，300多把那就太累了，所以做200多一点就够了，不用太多，累了就休息。当然，碰到老夏急着交货的时候，我们就会加班，不那么早休息，帮助他将货按时做出来。老夏每把扫帚赚不了多少钱，还必须总操心这些事情，而这些我们又帮不上忙，那我们就在他要赶时间交货的时候，多加点儿班，好

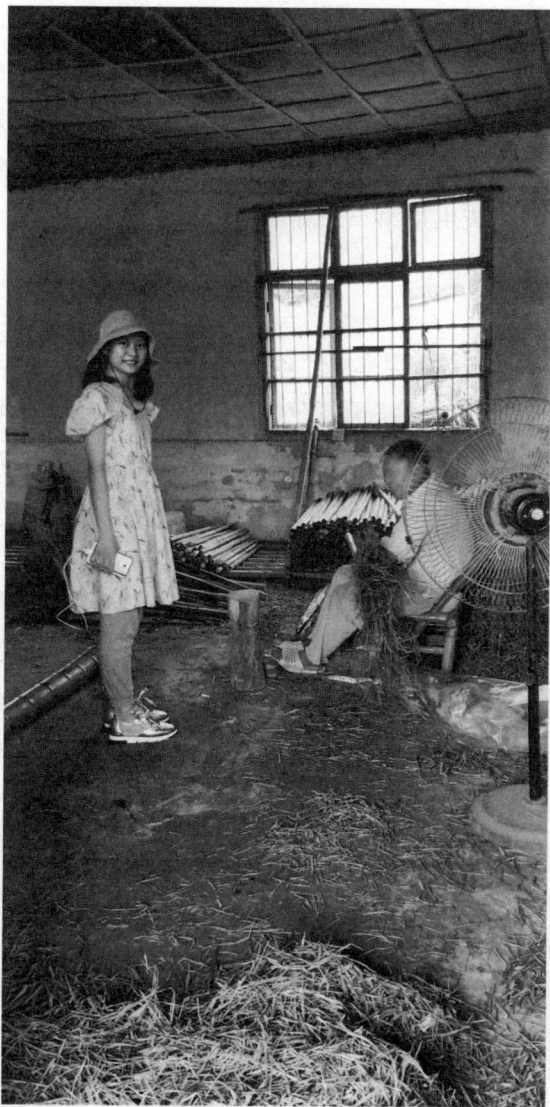

图 5　作者进厂房采访土根

让他及时交货。以前我也出去在建筑队打工，那种累是无法自己安排时间调整的，而且也不被尊重，有时候还拿不到工资，我觉得现在在自己姜家村这么干着挺好的，老夏的厂子就像我们自己家的一样，这样我挺满足的。

4.第四环节访谈

第四个环节质检是相对最简单的，因为大家平时做的时候都很认真，所以质量基本上都没有问题，直接放整齐就行，偶尔有个别枝丫特别突出的，需要简单地切齐一下而已，因此这道工序也是最快的，报酬也低，一个扫帚一毛钱。庆生是第三个环节的员工，这天他休息的时候，就顺便过来帮着做质检。

这个环节不累，但也没什么报酬，所以老夏自己做，但是我们有时候有空儿，看到他忙，就顺带给他做了。我以前也去城里打工过，我是去城里踏黄包车。因为我做的是人力黄包车，不是电力的，因此是个费力气的活儿。一天下来很累，得到的报酬却不超过80元，一个月除去房租和吃饭的钱，所剩无几。而且在城里这个工作不受尊重，还经常有无赖坐车，下车后不给钱的，尽管这种情况极少，但毕竟几乎每个拉黄包车的人都或多或少碰到过。总之就是赚钱不多，还受歧视，也照顾不到家里，所以一两年后，我就回到姜家了，平时就帮着老夏做扫帚，我觉得很满足。回到了自己村子里找到活儿干，还不会影响农活儿，家里也都能照顾到，你说，这活儿到哪找呀！当然，赶时间交货的时候，我们加班加点还是很辛苦的，但是如果不按时交货，人家就不给你订单了，那样我们厂子还能干下去吗！所以，一到要着急交货，老夏都不用说，我们就都会很自觉地过来加班加点抓紧干。其他的忙我们帮不上，加点儿班，我们还是能做的，尽量能帮他分担着点。

三 结论：社会效益的辐射效应与睦邻共享式的双重脱贫

从扫帚的纯收入来看，老夏作为一个本地企业主，并没有获得太多的经济收益，但是他自己认为非常满足，因为邻里亲朋很满足，通过这种形式收获最大的并非经济效益，而是社会效益。

从访谈中得知，大家都知道老夏在扫帚经营中所获盈利并不多，但是前前后后都需要操心，大家也很愿意尽自己所能去减少老夏的工作量。而老夏也在尽量给大家创造机会，提供方便。在老夏的生产网络中，具体工作时间也会根据扫帚订单的变动，以及员工家里农活儿的临时变动而变化。订单少的时候，大家休息的时间就多一些；订单多的时候，大家就会自觉地去加班，以便让老夏能够按时供货。在农忙的时候，老夏就会少接或者推掉订单，以便员工能够腾出时间完成田间的农活儿。在扫帚需求量最大的时期，员工人数有30多位，需求量最少的时候也将近20位。因此，村里的姜家生产小队（社区）十几户人家几乎都在他的生产链网络中。如果加上上山收集竹子枝丫的那部分非固定人员，那就包括了姜家村80%以上的人群，因为几乎大家都有毛竹山，都会将自己闲置废弃的毛竹枝丫卖给老夏做扫帚的原材料。随着老夏扫帚产业的扩大，邻里亲朋也变得忙碌起来，收入也增加了，老年人偶尔也会帮着凑热闹一起干活儿，大家往往边干活儿边一起聊天。

由于这种劳动形式相对比较灵活，又能够照顾家里的农活儿，不用离开老人孩子，收入也并不比在外边打工低，更重要的是，不用离开人们熟悉而亲切的邻里亲朋的社区生活，因此，人们都说比在外边打工要心情舒畅，尤其享受大家在一起的闲暇时光、亲情网络。老夏的扫帚生产链，发展成为围绕扫帚生产的一个绿色产业网络，在这一网络中，每个人，包括妇女、老人都能以自己的劳动获得相应的报酬，在工作中找到自己的存在感，并且通过这一生产网络，人们的合作变得更紧密了，社区也更加和谐。

因此，在一定程度上可以认为，老夏的扫帚生产链创造了一个社区双重脱贫的睦邻共享模式，即热闹的邻里亲朋网络变成了一个绿色产业链。它的优势至少体现在以下方面。

（1）人们就地就业，减少了留守老人和留守儿童，照顾了家庭这一社会最重要的单元。

（2）保持绿水青山的同时增加了收入，扫帚制作的整个过程几乎没有污染，竹梢和枝丫是废弃物利用；扫帚把和绑带也都是可以回收利用的；

在第二个环节去除的竹叶，也都是用作肥料或者生活燃料，不浪费。因此老夏的扫帚生产是一个利用并维护绿水青山资源的绿色生态的过程。

（3）大家在走上共同脱贫致富的路径的同时，巩固了当地农村传统的邻里亲朋和睦相处的生活模式，处于一个"精神富有"的状态。在这儿，大家都开心而乐观，这就避免了现代生活中人们拥挤在一个单元楼里却邻里漠不关心的"拥挤而孤独"的"精神贫困"状态，实现了现代社会的"精神脱贫"。

四　政策建议

联合国 SDGs 目标强调经济、环境、社会的和谐发展。从贫困到小康的进程，不仅仅是物质财富的增加，也应是幸福指数的提高，而欢乐和谐的乡村社区正是幸福的重要源泉之一。在心理疾病患者与日俱增的现代社会，"精神脱贫"和"物质脱贫"同等重要，甚至可以说是更重要。作为一个贫困户，老夏通过自主创业，在自身脱贫的同时，辐射带动周围的邻居就业增收，共同脱贫。这种经济效益与社会效益、物质致富与精神脱贫统一的模式应该得到支持以便进一步扩展延伸。为此，我们是否可以创造更多的条件来促进类似于老夏的创业者的产生和强大？如，给类似的产业发展一定的资助以便更新设备、建设厂房，提供更安全舒适的生产环境；以一定的政策减免相应的税赋，提高他们的利润空间；以及对于提供本地就业岗位给予一定的奖励；提供更多的订单渠道；等等。总之，相应的政策一定能够激发更多的老夏们带领他们的邻里乡亲走向睦邻共享的经济增长，实现物质和精神的双重脱贫。

期待着……

参考文献

Elvey, Anne and Gormley-O'Brien, David Paul (2013), *Climate Change--*

Cultural Change: Religious Responses and Responsibilities. Preston: Mosaic Press.

傅晨：《中国农村合作经济：组织形式与制度变迁》，中国经济出版社，2006，第136页；

潘静成、刘文华主编《经济法》（第四版），中国人民大学出版社，2012。

UNDP：《中国人类发展报告特别版》中国出版集团、中译出版社，2019。

王晓毅：《积极推动精准扶贫与绿色发展相结合》，《中国社会科学报》2017年12月15日。

周咏南：《习近平在衢州丽水调研时强调深入推进"欠发达乡镇奔小康工程"加快浙江全面建设小康社会进程》，《浙江日报》2007年1月24日。

"产业＋福利＋集体转移支付"的脱贫模式

——江苏王码村的资产收益项目扶贫经验

徐海俊　张宗帅　董艳梅*

摘　要：作为经济发达地区的贫困村，王码村从整体上看更多表现为相对贫困，贫困线界定标准较全国水平高，因此脱贫的模式也有一定的特色。本文在分析王码村贫困特征和原因的基础上，对王码村的脱贫模式进行剖析。通过调研分析，王码村的脱贫模式可以浓缩为"产业＋福利＋集体转移支付"的模式，通过产业发展带动就业，为贫困户提供收入机会。同时产业发展促进集体收入增长，增强利用集体收入对贫困户进行转移支付的能力，成为贫困户脱贫的重要途径之一。福利模式则是各级政府和社会提供的政策保障与转移支付，这也是多数贫困户脱贫的重要支持力量。基于这一模式，对王码村的具体实施政策进行介绍，并结合相应的案例来说明这些政策的效果。最后，对王码村"产业＋福利＋集体转移支付"的脱贫模式的未来发展思路进行展望。

关键词：脱贫模式　产业发展　扶贫经验　王码村

---

* 徐海俊，江南大学商学院副教授，研究方向为农业经济管理、跨国公司；张宗帅，中国社会科学院研究生院博士研究生，研究方向为农村社会与地域文化；董艳梅，江南大学商学院金融 2017 级学生，研究方向为农村金融。

一　王码村的基本情况及贫困原因

王码村地处江淮平原东部，是江苏省淮安市淮阴区西宋集镇下辖村，素有"鸡鸣闻三县"之称。王码村在平原地区的行政村中规模较小，行政面积仅有 4 平方公里，拥有 7 个村民组，分布于 16 个自然村寨中。王码村距离最近车站 1.5 公里，距离淮阴市区 40 公里左右，以 205 国道和 328 省道与外界相连，同时还有新长铁路通过，交通状况比较便利。截至 2017 年，王码村共计 617 户，总人口为 2452 人，皆为汉族人口，常住人口 1000 人左右，全家外出户数约 70 户 300 人。全村户籍人口中拥有劳动力人数约为 350 人，其中外出务工人数约为 280 人，长期在家务农或照顾家人的劳动力人口仅 70 人左右。外出务工人员主要集中在劳动力密集型的工厂与建筑工地，以服务业为主。外出务工劳动力以体力劳动为主，受教育程度不高，初中毕业未升学直接就业的新增劳动力为 30 人左右，高中毕业未升学的新增劳动力 80 人左右。全村处于文盲或半文盲状况的人口约为 300 人，残疾人口为 55 人，大多数残疾人口是因病致残。2016 年，在全村达到省定贫困标准的贫困户为 137 户，建档立卡贫困人口为 289 人，实际贫困发生率为 11.79%。贫困户中，低保户 34 户，涉及人口 49 人；五保户 20 户，涉及人口 20 人。

王码村是江苏苏北地区平原地带的典型农业村，经济总体状况较为薄弱，该村的经济活动基本集中于大宗农产品的生产，既没有工业也没有特色经济作物。村民收入主要来源于农业活动和外出务工经商。2016 年根据村委估算数据，王码村人均纯收入为 12000 元／年左右，人均耕地 1.3 亩，亩均纯收入在 600 元年左右。本村居民的纯收入主要来自外出务工或经商，如果家中缺乏外出务工的劳动力，必然会陷入贫困。依据省定贫困线标准人均 6000 元，王码村人均耕地 1.3 亩，务农纯收入户均不足 1000 元，因此家中无外出务工经商的劳动力是导致贫困的最主要原因。王码村绝对贫困少，相对贫困居多，以人均纯收入水平衡量，江苏的省定贫困户的标准是家庭人均纯收入不足 6000 元，远高于全国水平，在调研过程中未发现基本生活无保障的贫困户。王码村的贫困户绝对收入并不低，基本生活能够得到保障，但相对区域经济水平较低，生活水平因为医疗、教育等刚性支出而下降。

致贫原因主要是缺少劳动力，其次是因病因学。在调查的 31 户样本中，有 27 户进行回答，其中有 10 户直接认为是缺少劳动力，9 户是因病，2 户是因残。实际上因病、因残致贫导致的最终结果还是缺少劳动力。外出务工是获得收入的主要途径，但贫困户普遍缺少劳动力，外出务工的比例不大。贫困户由于家庭劳动力缺乏，外出务工机会较少，所获收入也少，这是农村贫困形成的最主要原因。在受访贫困户中，乡镇内务工为 2 人，在本县内本镇外务工人员为 1 人，省内本县外务工人员 1 人，省外务工为 2 人，其余 25 户中没有人外出务工。外出务工时间在 3 个月以下的有 2 人，在 6~12 个月的有 4 人，这说明就近务工的贫困户由于家中缺乏劳动力，为照顾家庭和农业生产只能选择就近务工。综上，王码村作为东部地区省定经济薄弱村，贫困特征与中西部地区的贫困表现存在一定的差别。王码村的贫困更多体现为相对贫困，绝对贫困相对比例较低；贫困主要是因年龄结构偏大、因病、因残、因学等导致缺少劳动力，无法外出务工获取收入。

二 四户典型贫困户的脱贫案例

（一）案例一

戴加永，男，现年 64 岁。戴加永和妻子育有一儿一女，现在都 30 多岁了，妻子因哮喘病在女儿 3 岁的时候就去世了。戴加永年轻时在深圳打工，打工挣来的钱都给妻子看病用了。妻子去世后，两个孩子由老母亲在老家带大，由于家庭贫困，两个孩子都没有读初中。现在女儿已经出嫁，家中户口上有 4 口人：戴加永、他的儿子和两个孙女。儿子身体也不好，遗传了母亲的哮喘病，一到下雨天就呼吸困难。戴加永的儿媳是外地人，跟戴加永的儿子在外地打工的时候认识的，儿媳在生下两个孩子后不久，就回了娘家，离开了这个家庭。儿子常年在外面打零工，

两个孙女平时由戴加永照看，一个孙女现年 9 岁，上小学二年级，一个
10 岁，上小学四年级。两个孙女上学购买书本、学习材料的花销不少，
成为戴加永身上一项不小的经济负担。同时，由于要将较多的精力放到
照顾孩子上，接送孩子上学、给孩子做饭，使得戴加永无法匀出太多时
间来打工挣钱。由于家中缺乏人手照顾家庭，加上农业生产他只能选择
就近务工，外出务工时间也较短。在享受扶贫政策之前，家里的主要经
济来源就靠儿子在外打工和家里的 3 亩地庄稼。

王码村通过产业扶贫，大力发展瓜蒌产业，使得戴加永能够就近在
家门口利用零散时间去瓜蒌生产基地打零工，给瓜蒌除草、打药，一天
有 50 多元的收入，一年下来能有几千元的收入。戴加永的两个孙女还享
受了教育扶贫政策，两个孙女每人每季度有 500 元的教育补助。这项扶
贫措施给戴加永帮助最大。此外，淮阴区的"城市名人"酒店每年给他
500 元的分红。经过脱贫"摘帽"后，由于对脱贫后所享受的政策和具体
的扶贫做法"搞不清楚"，戴加永说"脱贫就脱贫吧"。戴加永担心脱贫
后会无法再享受这些扶贫政策，但同时他也表示已经很知足了，说"我
们感谢共产党，党能照顾我们的就尽量照顾我们，能照顾一点就照顾一
点，这已经是对我们最大的帮助了，我们也不能总是依赖救济"。戴加永
发家致富的愿望并不强烈，他说自身的条件摆在这里，能把两个小孙女
养大成人就不错了，"等两个孩子长大了，我都 70 岁了，都自顾不暇了，
还发什么财啊"。

戴加永因为妻子的疾病而致贫，他留守在家的两个孩子因为家庭贫
困没有完成义务教育，到了自己的孙女辈又重复着他们父辈的命运，但
教育扶贫减轻了戴加永的家庭负担，使得有意愿让自己的两个孙女接受
完整的教育。教育是人力资本积累的主要途径，在王码村，35 岁以上受
访贫困户总体受教育水平低下，王码村 60 岁以上的受访贫困户对象中其
文化程度均在小学以下，50~60 岁年龄组的受教育情况也不容乐观，14
个人中有 6 人属于文盲类别，小学文化 4 人，初中水平 4 人。这是导致
贫困的最根本性原因。贫困导致过早辍学，从事维持生计的低技能劳动，
反过来导致收入水平低下，较低的收入水平使得子女受教育水平低下，

从而陷入贫困代际传递的恶性循环。戴加永的孙女们显然能够通过教育来改变命运，打破这种循环，教育扶贫政策对戴加永一家的扶贫效果显著。即使是在贫困家庭，人们对下一代的教育都足够重视，这是我们在未来打破贫困循环的代际传递的最有力的武器。由于已年过六十，儿子身体又不好，家中缺乏劳动力，使得戴加永脱贫致富的动力和"志气"并不强，"扶贫先扶志"在戴加永身上体现得并不显著。正是由于自身脱贫的内生动力不足，加之宣传层面对"脱贫不脱政策"的宣传讲解不到位，戴加永对于脱贫后的生活有担心的地方，担心目前享受的政策不能持续下去。

（二）案例二

陈爱菊，女，今年 47 岁，家里 4 口人，有两个小孩：大女儿 20 岁，读大专，小儿子 12 岁，读五年级。陈爱菊的丈夫虽然腿有残疾，但仍常年在外打工，在服装厂做裁剪工，每个月能挣 2000 多元，陈爱菊留守在家照顾孩子，两个小孩上学的花销成为家里最大的支出，陈爱菊每个月要给读大专的女儿 1000 元的生活费。成为建档立卡贫困户后，陈爱菊一家享受了低保兜底的扶贫政策：她的丈夫、女儿和儿子每个月享受 400 多元的补助。两个孩子在学校享受教育扶贫政策：女儿一个季度有 1000 多元的教育扶贫补助，儿子一个季度有 500 元的教育扶贫补助。陈爱菊自己享受到了公益岗位扶贫政策，负责打扫村庄中通村干道的卫生，一个月有 400 多元的收入。每年年底陈爱菊一家还能得到瓜蒌产业扶贫的分红，每人每年有 400 多元的分红。对陈爱菊一家来说，由于缺少劳动力，孩子上学的支出成为家庭经济最大的负担。低保兜底、教育扶贫、公益岗位、产业分红这些组合措施，解决了子女上学的问题，减轻了家里的经济负担，保障了子女接受教育的权利，扶贫脱贫的成效显著，一家人的生活条件得到了较大的改善。根据淮阴区教育扶贫政策，2019 年王码村贫困户总计获得政府教育补助 11125 元，户均教育补助 200 元左右，有效缓解了贫困户教育支出压力，使贫困户子女能够获得正常的教育资源，不至于过早离开学校，提高了未来自身发展的内生能力。值得注意的是，由于不识字，加之是外地人，陈爱菊对扶贫政策了解不清，对自己享受的很多扶贫措施都回答"不知道""我也不懂"，因此需要在扶贫政策的宣传讲解方面多做一些工作。

（三）案例三

史从和，男，61岁。史从和自己有身体残疾，不能进行重体力劳动，史从和的老婆有精神残疾，家里有两个女儿，一个15岁，现在读初一，一个13岁，读六年级。由于妻子经常发病，史从和要守在妻子身边，无法外出务工，只能打一点零工。在没有享受扶贫政策之前，史从和感到压力很大。孩子们的日常花销太多，一个学期要交1600多元的伙食费，还有校车的接送费和每周给孩子们的零花钱，妻子的精神病每次发作，都要花掉1万多元看病。这些支出平时都要靠亲戚接济。成为建档立卡贫困户后，家里四口人都享受低保兜底扶贫政策，一家四口人一个月一共有1200多元的低保收入，低保补助成为史从和一家收入的主要来源。两个孩子在学校每人每个季度享受500元的教育扶贫补助。此外，史从和一家每年年底能从瓜蒌产业扶贫项目获得1200元左右的分红①。逢年过节，史从和的扶贫帮扶责任人还会给史从和一家带一些礼品。史从和对这一系列的扶贫政策都感到很满意，极大地减轻了自己的经济负担，两个孩子的上学也得到了保障。史从和最大的愿望就是能把两个小孩培养成人，对于孩子的教育，他表示要尽力而为，女儿们能念到高中他就支持念高中，能念大学就支持念大学。

（四）案例四

毕卫萍，女，60岁，丈夫早年因病去世，毕卫萍独自一人将儿子抚养成人，儿子结婚后育有一女。2015年儿子因车祸去世，儿媳妇觉得生活没有未来便离家出走，留下孙女在家。从此，毕卫萍老人失去生活来源，还要照顾年幼上学的孙女，也无法外出打工，生活陷入困境。

---

① 此处数据应该为2000元左右，瓜蒌产业收益打卡发放金额为人均495元，4人应该是1980元，由于印象不够深刻、为尊重访谈的真实性未作改动。

2016 年，经村委核实情况，按照贫困户认定程序，毕卫萍被认定为贫困户，并被纳入低保保障范围。2016 年开始，毕卫萍每月可领取 500 元左右的生活保障资金，缓解了生活压力。同时，得益于教育扶贫措施的实施，毕卫萍每年还可领取 625 元的教育扶贫补助金；另外每年来自社会帮扶资金有 500 元。但这样，毕卫萍一家两口的人均收入也仅有 3550 元左右，与当地的贫困线标准人均纯收入 6000 元 / 年相差较远，生活依然很艰难。

2017 年瓜蒌项目正式启动并带来效益后，经村"两委"讨论决定雇用毕卫萍去瓜蒌地做工。瓜蒌地工作多为手头工作，劳动强度不高，白天孩子上学期间出工，时间上不影响照顾孩子。瓜蒌地工作每年 10 个月左右的时间，每天劳动报酬为 60 元，折算下来每年可获得 1.8 万元的劳务收入。除此之外，瓜蒌项目的集体收入给贫困户进行的转移支出为每年人均 495 元，毕卫萍家两口人共获得 990 元的收入。在瓜蒌地务工期间，毕卫萍将自己的 2.8 亩耕地流转给村集体，每年获得近 2000 元的土地流转收入。2018 年毕卫萍一家的收入为瓜蒌地劳务收入 18000 元，瓜蒌项目获得村集体转移支付 990 元，教育扶贫补助资金 625 元，社会帮扶资金 500 元，低保收入 6000 元左右，耕地流转收入 2000 元，全年收入高达 28115 元，家庭人均收入为 14057.5 元，成功实现脱贫。按照脱贫不脱政策的要求，3 年内毕卫萍家将继续保持这一收入水平，在改善生活的同时，还可实现储蓄，为未来生活提供保障。3 年后，即使贫困户的相关福利性转移支付退出，以目前毕卫萍的年龄和身体状况，5 年内可继续在瓜蒌地或其他村集体产业中进行劳动以保持这一收入水平，5 年后其孙女将长大成人，家庭将进入良性循环，实现长效脱贫。在接受访谈时，毕卫萍老人满眼泪花，激动地对我们说："感谢共产党，感谢书记，从来没想到能有今天的好日子。"其实，在王码村通过类似方式脱贫的案例有很多。

在王码村，贫困户主要集中于失去劳动能力的独居老年人和因病因残致贫的家庭，通过现有福利性转移支出很难实现持久性脱贫，从长远来看，产业发展带来内生增长机制才是扶贫的长效机制。产业发展带来就业机会，增强村内集体经济对贫困户的转移支付能力，同时贫困户可以盘活其土地资产，带来持久的收入。随着有劳动能力的贫困户逐步退出，村集体需要供养的贫困户会逐步减少，贫困户人均获得的村集体转移支付也会上升，他们的生活状况会进一步改善，真正实现先富带动后富，共享村集体经济发展的成果。

三 王码村扶贫过程中遇到的问题 [①]

在江苏省这样经济比较发达的东部地区，在脱贫攻坚上并不愁上级的各种相关补助，除了中央政府的财政补助外，当地政府也能拿出不少财政补助。以王码村为代表的苏北农村，从 2016 年到现在，经过 5 年时间的脱贫攻坚，建档立卡的低收入农户获得了实实在在的收益：将农村低保这最后一道安全网扩大覆盖面，将所有符合条件的低收入农户家庭纳入低保范围，做到应保尽保。对家庭生活困难、靠家庭供养且无法单独立户的成年重度残疾人，经个人申请，可按照单人户纳入最低生活保障范围。2016年王码村参加养老保险的户数为 200 户左右，约 300 人，参保率较低；享受低保补助政策 49 户，五保供养人数 20 人，除此之外 60 岁及以上老人和 70 岁及以上老人享受政府统一的养老补助。2016 年全村共获得国家救助资金总额为 25.6 万元，由镇统筹发放给低保户的低保保障和五保户的生活补助与供养；把建档立卡户全部纳入新型农村合作医疗中。2017 年，王码村贫困户应该由自己缴纳的统筹部分由镇统一补贴。参保率开始上升，2019 年基本实现"新农合、新农保、全覆盖"，自 2017 年开始，淮阴区对全区建档立卡低收入人口设立"先诊疗后付费"政策；自 2018 年开始，贫困户人口参加新型农村合作医疗的个人缴费部分是淮阴区政府统一由财政支出代交。在教育扶贫上，淮阴区对全区建档立卡户子女就学从幼儿园到大学分阶段进行补助，幼儿园、小学阶段每人每学期 500 元，初中阶段为 625 元，高中为 500~1000 元（按低收入等级区分），职业高中为 1000元。就读于公办大学阶段给予入学一次性补贴，大专生为 2000 元，本科

---

① 通过对徐溜镇主管扶贫副镇长陆克祥的访谈获得。

为 4000 元。属于低保户的子女在小学和初中阶段给予 750 元和 1000 元的补助，从教育上切断贫困的代际传播。

脱贫攻坚增加了低收入人口的收入，扩大了社会需求，缓解了因贫富差距过大引起的社会矛盾。在王码村扶贫过程中存在的一个比较突出的问题是：虽然没有虚假脱贫，但存在着数字脱贫的风险，脱贫线要达到人均年收入在 6000 元以上，各级政府想方设法增加农民收入，帮助农民脱贫，但在扶贫要扶志、扶贫要扶智上还有所欠缺，这主要体现在以下三个方面。

（一）对脱贫的认可度不高

大量的低收入人口被纳入建档立卡贫困户中，享受到了国家的优惠政策，但他们对政策的认可度并不像想象中的那么高，已经脱贫了的建档立卡户对自己脱贫的认可度在 60%~70%。这是由于农民自认为享受到的社会保障的力度比较小，宁可表现出自己生活还很困难，以希望这些扶贫政策能够延续下去，获得更大的社会保障力度。例如有一位区领导在中秋节刚刚慰问过一户贫困户，镇领导回访时问这户贫困户有没有人来慰问过，这户贫困户说：没人来，从来就没人来过，而区领导送来的新被子就摆在床上。虽然脱贫不脱政策，贫困户在脱贫"摘帽"后会继续享受扶贫的政策，但由于多年积累下来的干部与群众之间的不信任感，贫困户并不相信政策的延续性，不认可脱贫工作。

（二）对扶贫政策理解不到位

很多低收入户之所以成为社会的底层，很大程度上是由于身体或心智上的明显弱势所造成的，他们在对政策的理解上存在困难，虽然享受了很多扶贫政策，但对自己享受的政策"不知道""说不清"，他们对直观的帮助最为看重，如帮扶干部在中秋节带来的慰问品，比较在意这些实实在在的东西，而"记不得"教育、医疗等这些实际上优惠幅度更大的措施；打到存折上的钱对他们来说是更为抽象的数字，不如直接给现金来得直观，但现在的财务制度又无法直接补助现金。因此要解决这个问题，就需要在宣传工作、解释工作上多下功夫，要多花一些工夫将扶贫政策对他们解释清楚、宣传到位，让他们认可扶贫的政策和工作，从而化解村镇干部与群众之间的不信任感。

（三）贫困户脱贫积极性不高

扶贫产业项目落地后，按照江苏省扶贫办的要求，以不低于 50% 的项目收益给建档立卡户分红，平均每户能分到 2000 多元。但这时候村委就发愁，有些贫困户拿到分红后，就不去扶贫项目里打工了，直到把钱花光后，才回来继续打工。在就业扶贫上，对建档立卡贫困户进行就业培训的时候，注重考核培训的贫困户的数量，但培训完之后的就业比重很少纳入扶贫考核中来。政府层面在就业培训上花费很多，建档立卡贫困户接受就业培训每天补助 50 元，但效果并不理想，除了培训的内容缺乏针对性外，很大程度上是贫困户的脱贫积极性不高。因此要建立扶贫的长效机制，就需要想办法将贫困户的思想转变过来，这是扶贫过程中遇到的最难的问题，也是最值得动脑筋的。

四　王码村扶贫过程中成功的经验

为了解决脱贫攻坚中的上述问题，王码村和徐溜镇政府探索出一系列比较成功的经验和做法。

（一）以扶贫项目做支撑，增强贫困户的获得感

通过农业项目、工业项目、固定资产投资项目，让贫困户获得一份相对持续稳定的收益，得到实实在在的实惠。从 2017 年开始，王码村重点发展瓜蒌项目，这个项目是由市农业农村局投资的产业富民项目。之所以选择种植瓜蒌，是因为王码村邻村的村支部书记在安徽亳州的中药材市场考察时，听人介绍这个项目不错，便回来试种，试种成功后，效益非常好。由于是经济薄弱村，王码村获得了市农业农村局的产业富民项目投资，2016 年瓜蒌项目正式启动，在市委农工部的帮扶下实施第一期瓜蒌种植项目，流转村土地 140 亩，2017 年瓜蒌喜获丰收，当年带动村集体增收 15 万元，使得王码

村成功摘掉经济薄弱村的帽子。2017 年在先期瓜蒌项目成功的经验上，在淮阴区政府和徐溜镇政府的大力支持下开始发展瓜蒌第二期项目，二期项目财政投资达 120 万元，建设规模为 254 亩的瓜蒌基地。瓜蒌项目由村集体委托专人进行日常经营管理，所有收益在扣除经营成本后归村集体所有，由集体统一支配，其中 50% 作为集体发展资金进入集体经济账户，另外 50% 作为帮扶资金直接由王码村按贫困人口进行分配。2018 年度二期瓜蒌项目新增收益 11 万元，5.5 万元为集体账户资金，另外 5.5 万元则被贫困居民平均分配，以现金或打卡方式发放，剩余资金结转到下一次进行分配。瓜蒌项目不仅增强了集体经济的实力，直接增加了村集体带动贫困户脱贫的能力，还通过提供工作机会和土地流转的租金收入为低收入户提供了更多脱贫的机会。2018 年项目带动 9 户低收入户实现土地流转的租金收益达 34239 元，通过提供就业机会为 17 户低收入家庭实现务工收入为 10730 元。2019 年，瓜蒌项目进一步扩大规模，对王码村就业带动进一步增强，新增本村就业人口 60~70 人，其中贫困人口 14 人，按每天收入 60 元计，平均给参与的贫困户带来 10000 元 / 年左右的务工收入。

将发展扶贫项目与发展村集体经济结合起来，努力增加村集体收入，将村集体经济收入新增财力的 60% 用于民生方面，如王码村的隔壁村洪北村，通过引进企业的分红，增加了村集体收入，用集体收入将所有村民合作医疗的自费部分承担起来，消除了因病致贫的隐患，村民在与周围村的比较中有了较强的获得感，对于发展村集体经济也有兴趣了。

（二）以工业项目和固定资产投资补充农业项目

由于前期只发展了瓜蒌项目，王码村的村集体经济收入来源还是比较单一。并且，瓜蒌产业的上下游都被其他地方把持，王码村两头够不着，瓜蒌苗在安徽苗木市场被大户垄断，掌握了瓜蒌苗的定价权，种植收获后，收购瓜蒌的仍然是当年卖苗木的人，王码村只负责种植，导致瓜蒌项目的收益率并不高。瓜蒌项目要获得更高的收益，就需要进行深加工，但王码村村"两委"成员年龄偏大，党委中 60 岁以上 5 人，50~60 岁 1 人，40~50 岁 3 人，30~40 岁 1 人，年龄结构偏大。除去交

叉任职重合人选，村委 60 岁以上 3 人，50~60 岁 1 人，40~50 岁 2 人，
30~40 岁 1 人；村"两委"成员文化基础较薄弱，从学历层次上看基本
为高中及高中以下，学历层次偏低；从任职者身份来看，除一人为医生
职业外其余均为农民，缺乏专业技能人才。村中人才有限，技术有限，
思路有限，年轻人不愿意为村庄发展贡献智力和精力，年龄结构的老化
带来思维的僵化和对新事物接受速度慢，跟不上时代发展的要求，很难
发展瓜蒌的深加工。在 2019 年 4 月份的补充调研中，经过 2 年时间，王
码村的"两委"名单没有发生任何变化，平均年龄提高了 2 岁。在与村
支书的交谈中倪书记也表达了自己的担忧。由于村干部收入待遇非常低，
年轻人不愿做，年纪大的虽然有工作意愿，但缺乏工作能力与接受新事
物的态度，导致村里压力都由他一人承担，自己身体这几年由于工作压
力大也出了问题。由此可见，王码村的村干部队伍在可预见的未来仍然
面临这一问题。因此，徐溜镇在积极为贫困村选拔后备干部，选拔一些
有一定文化基础，而且愿意扎根农村为农民提供服务的年轻人作为村干
部的后备人选。但后备干部的培养不是一朝一夕，目前对王码村来说，
在缺乏人才的情况下发展农业项目还是有一定的风险，例如通过土地流
转发展的蔬菜大棚项目就失败了，来承包蔬菜大棚的是个外行，把大棚
设施和土壤都搞坏了，经营不下去后成了老赖。因此，为了降低农业项
目带来的经营风险，王码村和徐溜镇转变思路，尝试通过工业项目和固
定资产投资来助力脱贫攻坚。在镇里利用工业用地来建小型的工业项目，
将这些工业项目的收益作为贫困户收入的稳定来源，事实上也取得了比
较好的效果。徐溜镇 2019 年在工业企业的厂房顶上建了三个光伏项目，
装有光伏的工厂企业优先使用光伏发的电，对企业来说，光伏项目将原
先 1.13 元的电费降低到 0.70 元，对村里来说，有 0.20~0.30 元的收益，
并且这种收益是可持续的，因为光伏电板的发电寿命是 20 年，这样村里
每年固定能从工业企业里结算 10 万元左右的电费收益。

　　除了工业项目，徐溜镇还投资了固定资产，由资产收益带动扶贫。由
扶贫办牵头，联合财政局、农工部、农机局、供销社等部门将乡镇集体所
有资产进行全面清理摸底，对由财政专项资金建设或购买的厂房、门面等

进行对外出租，所得租金收益至少 50% 用于低收入户进行分配；投入设施农业、养殖、光伏、农业机械、乡村旅游等项目形成的资产可折股量化给经济薄弱村和低收入农户，尤其是丧失劳动能力的低收入农户，建立健全收益分配机制，确保资产收益及时回馈持股的低收入农户；支持农民合作社和其他经营主体通过土地托管、吸收农民土地经营权入股等方式，带动低收入农户增收脱贫。例如淮阴区的城市名人酒店项目，通过购买城市名人酒店的房间（50 多万元一间），一间房间每年返还分红 3 万多元，买得最多的村已经购买了 5 间这种酒店房间，一年可以收入十几万元。徐溜镇有 6 个村在淮阴的高新区购买了企业厂房，厂房每年也产生不少租金收益。徐溜镇还做了两个试点项目，在沪江牧业经营的项目里投资入股，不参与经营，只购买猪舍，再将猪舍出租给大户，每年的收益有 21 万元；在志和养鸭厂，用 105 万元购买了 3 栋鸭舍，鸭舍里的设施设备一概不要，只购买固定在地上的资产，每年可以获得 12 万元的租金收益。相比于农业种植项目，这类固定资产项目的收益是比较稳定的。

参考文献

〔印度〕阿马蒂亚·森：《以自由看待发展》，任赜、于真译，中国人民大学出版社，2002。

檀学文、栾敬东、施海波等：《精准扶贫精准脱贫百村调研·永顺村卷》，中国社会科学文献出版社，2019。

檀学文、刘长军等：《霄坑是怎样炼成的——安徽省霄坑村调查》，中国社会科学出版社，2013。

罗兴佐：《完善驻村干部制度助推乡村振兴》，《中国农业大学学报》（社会科学版）2019 年第 3 期。

胡联、孙永生：《贫困的形成机理研究述评》，《生态经济》2011 年第 11 期。

王国敏、张宁、杨永清：《贫困脆弱性解构与精准脱贫制度重构——基于西部农村地区》，《社会科学研究》2017 年第 5 期。

以"叶"知"村"：社区治理也是生产力

——湖北金龙坪村有机茶产业扶贫案例研究

吕 方[*]

摘 要：基于田野观察和深入访谈，本文尝试讲述一个关于农业产业发展与贫困乡村社区"共变"的故事。与既有研究关于产业下乡的社会基础、产业下乡与社区分化等知识图景不同，金龙坪村有机茶产业扶贫项目的案例，揭示出社区作为行动主体，可有效利用国家政策支持和市场资源，实现社区产业发展。同时，村庄"为了发展"的改变以及"发展"的成果，在塑造社区组织、社区治理、社区文化诸领域产生了复杂影响。

关键词：社区治理 产业下乡 精准扶贫 金龙坪村

湖北茶叶，知名者众，如恩施玉露、五峰毛尖、利川红茶和伍家台贡茶。其中，伍家台贡茶以村为名，并且成为宣恩县产业发展的一张名片。初到宣恩，便听当地干部介绍，宣恩县的农业产业发展有定力、不折腾，虽然县乡干部几经变动，但做有机茶产业的初心持之如一，几十年来不断深耕产品品质和产业升级。特别是在精准扶贫的几年间，全县

---

* 吕方，华中师范大学社会学院教授，研究方向为减贫与发展。

茶叶产业迅速发展，种植面积达到24.2万亩，茶叶产量达1.71吨，综合产值17.6亿元，成为带动建档立卡贫困户脱贫增收的支柱产业。其中以万寨乡茶叶产业最为成功，伍家台村即隶属万寨，该乡依托贡茶品牌打造，逐渐成为省内驰名的"贡茶之乡"，目前全乡茶园总规模超过了56000亩，人均茶园面积1.8亩，形成茶叶专业村20多个，有茶叶加工企业74家，其中规模以上企业8家，有自营出口权企业2家。① 毋庸置疑，这些产业发展的成果固然离不开国家政策扶持，亦得益于近年来城市消费革命和工商业资本下乡。然而，如果从过程视角来看，具体的村庄是如何"抢抓"政策和市场发展机遇的？怎样才能够推动乡村产业快速崛起？这个过程又给村庄带来了怎样的变化？本文将以宣恩县金龙坪村有机茶产业精准扶贫的案例为基础，试着以"叶"知"村"，为求解这些问题提供一种可能的答案。

一 引子：金龙坪的产业之变

金龙坪村隶属湖北省恩施州宣恩县万寨乡，地处武陵山区腹地，是典型的深山贫困村。在精准扶贫以前，金龙坪是当地最为贫困的村庄之一，农业生产以传统"籽粒"作物为主，几乎没有成规模的产业，外出务工是大多数家庭的生计选择。家里劳动力能有一技之长，吃上木工、装修等"手艺饭"的家庭就能略微宽裕一些，多数青壮年村民则选择了背井离乡到福建、浙江等地务工。在万寨乡大多数村庄都通过发展有机茶增收致富时，缘何金龙坪村没能如同乡镇其他村子一样搭上发展有机茶的"快车"？并且颇让人感到意外的是，金龙坪村竟是当地最早发展有机茶的村子，换言之，当地大获成功的有机茶产业原本是起源于金龙坪。

相比之下，精准扶贫这几年，金龙坪村的变化则不可谓不大。不仅全面实现了"两不愁、三保障"的脱贫攻坚既定目标，村里的基础设施也有了显著改善，茶叶产业逐渐形成规模，截至2019年底金龙坪全村有

① 根据2017年4月26日赴宣恩县万寨乡访谈资料整理。

茶园近 2000 亩，实现了人均近 2 亩茶园。并且，所有 2000 亩茶园均已通过严苛的有机茶园认证，成为万寨乡有机茶园示范区域。2019 年仅村内企业加工生产干茶 40 余万斤，实现产值 600 余万元，全村鲜叶收入 1200 余万元。在和"裕盛"公司的订单式生产合作下，参观金龙坪茶叶基地的世界各国的茶叶商人络绎不绝，金龙坪的茶叶销往世界各地，形成供不应求的局面，2019 年金龙坪茶叶合作社生产的"绿针"荣获国际有机与公平贸易美食铜牌，出产茶叶 90% 以上出口欧洲。特别是，就在 2020 年，还成功引进一家生态农业投资公司落户金龙坪投资开发"金龙谷生态康养"项目，目前已经签订投资合同，预计投资 2 亿元。

金龙坪村在精准扶贫前后如此巨大的变化，为我们回答前文提出的问题，提供了绝佳案例。一方面，我们需要解释为什么在精准扶贫以前，金龙坪村发展相对滞后，没有能够争取到政策资源，没有能够抓住发展有机茶"第一波"机遇。另一方面，我们将会从金龙坪村的案例中看到，在精准扶贫时期，国家干预和村庄主体行动是如何重塑了政策下乡和产业下乡的路径，是怎样的改变促使金龙坪村步入了发展的"快车道"，这种变化又显现出怎样的知识逻辑。

二 "起大早赶晚集"

在金龙坪村前任村支部书记官家刚的家里，调研组偶遇了到村查看茶园的"裕盛"公司边总。边总的裕盛公司是国际公平贸易组织① 在华机构，整个宣恩县的有机茶产业亦是起源于 2003 年裕盛公司在当地开展的几个有机茶项目，因为笔者较长期观察和了解宣恩茶叶产业，对边总可谓久闻大名。与边总的聊天从官书记家的"灶台"开始，边总与官书记

---

① 所谓"公平贸易"，是社会经济运动的重要实现形式，发端自 20 世纪 40 年代，60 年代以来在国际组织参与经济正义行动中逐渐成为主导的项目模式。"公平贸易"运动强调，要通过重塑既有的全球农产品贸易体系，特别是拆解复杂的供应链条，让产品终端的销售商和消费者能够和从事农产品生产的小农建立更为直接的联系，从而一方面扩大小农生产经营活动的利益回报，支持社区经济发展，另一方面为消费者提供更加安全和高品质的农产品。在过去的几十年中，公平贸易的产品覆盖了咖啡、香蕉、可可、茶叶等多种类型。

是多年老友，便在官书记家展露厨艺，简单介绍后我就坐在灶台前一面添柴加火一面与边总聊天。边总告诉笔者，最早是在 2003 年裕盛公司就来到了万寨乡，并且率先与时任村支部书记的官家刚合作，动员村民种植有机茶。同时还在伍家台、马鞍山等几个村子开展了项目，但与伍家台和马鞍山相比，金龙坪发展一直比较滞后，只是在近几年金龙坪村的有机茶产业才逐渐发展壮大起来。最早起步，反倒最后才发展起来，可说是"起大早赶晚集"。官书记介绍，村民们看着同乡的伍家台种有机茶发了财，都很想把这个产业做起来，但一直没有成功。笔者随即追问缘由，官书记只是说当时村里基础设施条件差等，便不再多说。于是找到这个问题的答案，随即成为我们调研活动的重要问题意识之一。

调研中，县里、乡里、村里的干部和村民普遍对交通问题带来的限制表示出关切，一些干部和村民甚至认为，只要路修好了，村子发展的基础还是很好的，自然就能够富起来。当然这种认识带有较大的局限性，但确实也折射出深山贫困村最大的困境。特别是乡里干部的一番话，给课题组带来了很深的触动。

> 要说路，对我们这些山区村来说是第一要紧的。大概是在 1998 年，也就是国家八七扶贫攻坚计划期间，金龙坪村才修通了一条乡镇通村的道路，这条路至今也还没有完全硬化，天晴一身灰、下雨两脚泥，属于典型的"三选路"[①]。以往我们每次到村里面，村干部和村民都会提出修路的问题。但是我们是没法儿做出承诺的[②]，只能说一定反映上去，争取县里面能够支持。（为什么说修路很重要呢？——访谈员问）
>
> 打个比方吧，以前村里面农户养猪，到了要出栏的时候，由于道路不便往往需要请几个帮忙的人把猪抬到乡镇集市去售卖，这样收益甚至不够雇人的，当然大家也都是互相帮忙，但你想一下，路不好自

---

① 指的是选天气、选车、选司机，具体来说，"选天气"说的是需要晴天才能通行，"选车"指不能是大型车，也不能是小轿车，车的底盘要高，"选司机"指的是司机要熟悉路况。

② 税费改革以后，乡镇一级财力下降明显，特别是中西部地区乡镇财政往往处于空转状态，基本没有能力安排公共建设，并且乡村公路建设的事权也相应纳入全县统筹安排。

然限制了生产。村里面发展茶叶，机耕道都还是很多年前的，农用车都进不去，生产成本就高了很多，全靠肩挑背扛。外面的老板即便是看好这个地方（发展茶叶产业自然基础好——补注），但也不愿意来投资。另外，从县里面来说，能拿出来的钱也是非常有限的，自然要讲求个发展的效益问题，建设成本低、见效快的一些村就要优先去安排。像金龙坪这样的深山村，建设成本太高，规模不大的财政资金进入能解决的问题也是很有限的。

——资料来源：20171205WZXZYL 访谈

可以说，由于地理位置偏远，金龙坪村发展生产成本很高，生活亦颇多不便。同样是由于地理位置上的"边缘性"，在整个乡镇和县域的"发展版图"上，金龙坪村同样处于"边缘地位"。在精准扶贫以前，虽然说国家持续加大对农业农村工作领域的投入，但与庞大的需求相比，资源的总量仍显非常有限。有限的资源如何分配，成为县域发展体制最为核心的问题之一。而可以肯定的是，类似金龙坪这样的深山贫困村很难享受到政策红利。理由在于，地方政府倾向于将有限的资源投入那些"基础较好""建设成本低、见效快"的村，这样不仅能够凸显政绩，用地方干部的话说，也能够"给其他村做出示范"[1]。复杂性在于，同样由于"地理上的边缘性"，加之难以享受政策扶持的阳光雨露，金龙坪这样的村落，即使有着不错的资源禀赋，但在资本看来依然是缺乏"潜力"的，从而难以吸引老板来投资。

更有意义的是，我们在对金龙坪村的调研中发现，地理位置上的边缘性对社区治理本身也会带来一定影响。金龙坪村以往在当地被认为是"问题村"，干群关系时常是比较紧张的，村"两委"的威望和凝聚力都不够好，并且常会有村民上访。在我们的追问中，发现所谓"矛盾"，并

---

[1] 吕方：《治理情境分析：风险约束下的地方政府行为——基于武陵市扶贫办"申诉"个案的研究》，《社会学研究》2013 年第 2 期。

不是村里的干部如何优亲厚友，处事不公，而是起源于"误解"，而这种误解竟也和"地处偏远"颇有些关系。

> 其实你说侵害农民利益的事情或者干部怎么样，是没有的。准确来说，是百姓办事不方便，就认为村干部刁难。打个比方，县里面教育局发困难家庭子女教育补助，需要填报一些表格，然后村里面审核、乡里面审核之后再报到县里。之前交通不便，往来乡镇肯定得专门拿出一整天，村民要申报补助，就得停下其他事情。到了乡镇可能因为材料填报不规范或佐证资料不全，就白跑一趟。一来二去，为了两三百元的补助，往来跑很多趟，村民就认为是村干部在有意为难。村干部也很委屈，这几年村里服务阵地建设有了很大改变，这种情况才少得多了。

——资料来源：20171205WZXZYL 访谈

老百姓身边事大多数看起来很琐碎，很细小，但关系老百姓对国家政策的看法，更关系对村干部、村"两委"班子的看法。"偏远村"村级服务阵地建设滞后、村民办事多有不便，而这种不便给村民带来不利影响，往往村民不会也无法分辨具体的原因，从而逐渐沉淀为对村干部和村"两委"的不信任感。特别是，这种不信任感颇有些"塔西佗陷阱"的意味，在遇到矛盾的时候就会将问题导向尖锐化，造成社区团结的进一步削弱。金龙坪一度被称为当地的"问题村"，原因则是几户村民对前任的村干部有意见，不断上访。追溯上访的原因，则很大程度上也是由这种不信任感和误解不断升级所致。复杂性在于，当金龙坪被视为"问题村"，则更加剧了其"边缘性"，不论是对县乡政府来说，还是对有下乡愿望的企业来说，往往是不愿意和"问题村"打交道的。以前在金龙坪村当支部书记、后来通过公务员考试到乡镇工作的常主任感慨道，"基础设施建设项目，老百姓支持，那么一个村花 400 万元、500 万元都不是问题，假如你这个工作做不下去，比如路修不下去，工作做不来，那么一分钱也没有"。①

　　不难发现，金龙坪村的产业发展之所以 "起大早赶晚集"，很大程度上是受制于地处偏远、基础设施薄弱，从生成性的 "过程视角" 来看，金龙坪村 "错失" 发展机遇，原因在于 "多重边缘性叠加"。即地理位置上的偏远，带来了在县乡发展体系中的边缘性，以及决定了该村对外来资本缺乏吸引力；同时，与村级组织建设和社区团结问题叠加，则进一步加强了其边缘地位。如果我们认同上述解释，便不难发现，精准扶贫给金龙坪村带来的巨大变化，就不能仅仅从国家加大了政策投入力度的单一维度来理解。接下来，我们将结合金龙坪村的案例来说明，精准扶贫对于金龙坪来说，可称得上一场 "社区治理革命"，社区权力运行规范化、更加紧密的党群干群关系和积极向上的社区文化，不仅是精准扶贫的成果，也正是这些改变，帮助金龙坪村抓住了新一轮的发展机遇，带动了政策和资本下乡。

三　让有机茶产业运转起来

　　在看到同乡其他村陆续都靠发展有机茶增收致富以后，村民发展有机茶产业的愿望更加强烈。精准扶贫阶段，县乡党委政府、驻村工作队和村 "两委" 下定决心，一定要把金龙坪的茶叶产业做起来。然而，做好有机茶产业至少需要解决两个层面的问题。一是解决产业发展的基础设施瓶颈问题，以及形成相对完整产业链条；二是需要全村农户都能够遵照有机标准安排农业生产。

　　从所需的经济基础设施和技术条件来讲，发展产业主要包括整修产业路、电网改造、茶厂建设、品种改良、技术培训几个方面。相对来说，电网改造、品种改良、技术培训等几项工作进行起来更容易一些，而整修产业路则必然涉及争取政府资源和与相关农户协商占用部分土地。脱贫攻坚期间国家集中力量保障扶贫投入，钱的问题相对容易解决，但涉

---

① 根据金龙坪村访谈资料整理。

及与老百姓协调则需要下更大功夫。同时，有机茶种植不同于其他产业，是需要集中连片发展的，即全村所有农户的农业生产安排中，都不能使用化肥和农药，而是要代之以有机肥料和生态杀虫除草方式。可以想见，这些工作都需要村民的理解与配合，因此，摆在扶贫干部面前的首要难题就是改善村民对村干部、村"两委"的看法，动员村民参与和支持相关工作。

而实际上在精准扶贫开始的前一两年里，村里面的情况还是没有大的改观。其主要原因是当时扶贫干部对于"建档立卡"的工作认识不够到位，以为只是简单地延续之前的方式，报个表格、填上数据就行。加之受政策设计本身的影响，2014年第一轮"建档立卡"精度不高，甚至有一些"硬伤户"在里面。村民对此亦颇有情绪，一方面，几番入户填报信息，村民觉得麻烦；另一方面，识别的结果村民也认为不够客观和准确。此后经过了几轮精准扶贫"回头看"，仍然存在一些问题。2015年中央扶贫工作会议以后，国家精准扶贫攻坚战的顶层设计逐渐清晰，各级党委和政府将脱贫攻坚作为第一位的民生工程来推动。其中做好"建档立卡"数据核实、提升数据质量成为首要的工作。结合大数据比对、入户查访、"负面清单"制度等，金龙坪村剔除了之前的"硬伤户"，村"两委"和驻村工作队在"回头看"和"动态调整"中坚持标准、坚持程序，做到了公正公开。除了对是否"错评"和"漏评"进行了自查自纠、整改调整，村"两委"和驻村工作队同时将致贫原因和发展意愿的采集作为重要工作推进，完成这个工作的过程，用驻村工作队的话来说，就是得多去走访，让老百姓相信你，跟他拉家常，帮他解决问题。一开始标准不明确、工作不细致，加上反复填报，确实村民有一些不理解和抵触情绪。但后来证明，只要我们把工作做实、做细，关注老百姓的困难和需要，真心实意地帮着去解决问题，老百姓还是欢迎的，干部做了实在事，心理上也有获得感。做实做好"建档立卡"工作，对于金龙坪来说，不仅是完成了精准扶贫的"规定动作"，更重要的是村民逐渐增进了对村干部和驻村工作队的信任感和亲切感。可以说，这个过程完成了金龙坪村"社区治理革命"的第一步，其直接的成果体现在村里面工作好沟通了，事情更好办了。

在县乡党委政府的大力支持下，金龙坪村村"两委"和驻村工作队积极调动各方面资源，村级精准扶贫规划内容逐步落地、展开。在基础设施方面，金龙坪争取到电力部门800余万元资金，新增7台变压器，村里面供电状况明显改观，为茶叶就地加工提供了基础。很多农户购置了茶叶烘干机、揉捻机等设备，能够挣到一部分茶叶加工的收入，并且由于有了加工能力，也不必急于在短时间内集中出售茶青，而是可以在粗加工后待价而沽。全村12个村民小组的道路全部硬化完成，生产便捷程度有了很大的提升。同时，村里面成立了茶叶专业合作社，与裕盛公司合作生产有机茶，大部分产品可以销往国际市场。围绕着有机茶园管理的技术培训、品种改良和品控制度也得到了村民的支持和认可。这其中几件细小的事情，让驻村工作队记忆深刻。

> 说起村里面的产业路（通组循环路——笔者注），一开始村干部和驻村工作队都犯难。说起来现在种粮收益不高，但凡是涉及要占用些老百姓的耕地，工作都不容易做。但工作的时间节点要求在那儿摆着，就得多想办法。所以，我们一开始商量的是联户协商，就是修路修到哪里，涉及的农户自己商议好，达成共识了我们就动工修路。这样的话，村民也会有压力，自己感受到其他地方路都修好了，就我这边出了状况。然而，让村里扶贫干部感到意外的是，修路这个事情，进展非常顺利，村里面没有补偿款，但村民没有任何反对，甚至有村民还主动提出我这边需要占多少就只管占。这确实让我们非常感动。
>
> ——资料来源：20181107JLPMSJ访谈

或许驻村干部的这番话轻描淡写了一些。但从我们走访农户来看，精准扶贫期间，干部和老百姓的"心"比之前确实更近了。让农业产业运转起来，类似基础设施投入、良种推广、技术服务自然离不开政府支持，但这些资源要顺利实现"下乡"则显然需要村庄和村民的配合。就此而言，如果说在精准扶贫以前，地方政府在分配有限资源的过程中，倾向于选择那些"基础好"的村子，那么在精准扶贫阶段，要完成每一个贫困村脱贫出列，则必然要求一场"社区治理革命"。事实证明，这场社区治理的"革命"给金龙坪村带来了巨大的改变。有机茶生产需要建立严格的品控制度，特别是要求全村所有的农业生产都按照有机标准来组织。为了实现"水改旱"，村两委干部和驻村工作队开展了耐心细致的工作。村里有一户，子女长期在外务工，收益还不错，家里只剩下老人留守，老人更习惯于种植水稻、玉米和薯类。为此，村干部多次到老人家里做工作，告诉老人口粮是有保障的，老人自己不愿意种、不愿意管，可以把土地交到合作社，由合作社请人代管。并且，除了给土地入股（流转）的租金外，代种代管的部分收益也归老人所有。村干部经常到老人家拉家常，去的时候还不忘给老人带点小礼品，为老人耐心讲解为什么一定要"水改旱"，逐渐赢得了老人的支持。还有一些家庭，对发展有机茶意愿不强，帮扶干部就跟着一起想办法，发展其他一些产业，比如成立了养蜂专业合作社带动了一些对种茶热情不高的农户。可以说，这种"绣花"功夫，不仅是精准扶贫精准脱贫基本方略的内在要求，也是到农户家里去、关心农户身边事，与农户一起共谋脱贫发展的情感联结过程。

四 社区治理也是生产力

在精准扶贫过程中，涉及大量的群众工作，老百姓对精准扶贫政策的认可和满意，很大程度上取决于村"两委"的凝聚力和战斗力，取决于扶贫干部的用心、用情。在这一过程中，村庄层面实现了社区治理的"革命"，促使其更好地抓住发展机遇。并且，在脱贫攻坚推进的过程中，社区治理的"革命"仍在持续，其突出特征是强调要规范村级权力运行，要加强基层党组织的凝聚力和战斗力。特别是对村级党支部工作和村级议事规则的建设，整体性重塑基层政治生态和乡村公共事务运行的法则。这些举措，既是确保精准扶贫攻坚战目标实现的有力保障，也为推进乡村治理体系现代化和治理能力提升打下了坚实基础。经过一系列的密集行动，党的基层组织凝聚力和战斗力明显增强，形成了引领乡村社区减贫发展的"战斗堡垒"，促进了社区团结，降低了外部资源进入乡村的交易成本，提升了政策运行绩效。

按照中省和州里的部署，宣恩县启动了全面加强基层党组织建设、规范村级权力运转的系列行动，打出了一整套的"组合拳"。包括选优培强村子班子，实行党员先锋指数评议制度；持续推进基层党支部组织生活制度化、规范化、程序化；落实"四议两公开"和村务监督等工作制度等。2018年12月《中国共产党农村基层组织工作条例》颁布实施以来，村级组织运转更加规范和高效。用驻村工作队干部的话来说，精准扶贫工作时期给村干部的工作提出了更高的要求：

> 我们需要经常性地去了解贫困户的困难和需求，然后把这些需求和问题带到村"两委"的会议上，如果有必要，还需要召开党员代表会或者党员大会来讨论决定一些事项。这样的话，如果平时工作不到位，老百姓的诉求就不能够得到及时响应。当然，遇到紧急事项，我们也是本着老百姓利益第一的原则去工作。比如村里面有一户因为电路老化引起火灾房子烧着了，你看到我们这儿的房子都是以木质结构为主，我们去的时候还在烧，损失很大。我们马上联系了省盐业公司，协调资金帮助这一户渡过难关。

> ——20171202 金龙坪村驻村工作队 YYGSYB 访谈

综上所述，在精准扶贫阶段，围绕着贯彻落实精准扶贫精准脱贫基本方略，精准扶贫的技术逻辑和规程要求给村级扶贫工作带来了根本性的变化，全过程的"档案管理"显著不同于之前的"简约治理"，扶贫干部、村级组织的行为规范化制度化程度明显提升。从实践层面来看，这场"社区治理革命"仍在持续，并且显示出其巨大的意义。恰恰是在精准扶贫过程中，金龙坪村的村级组织、干群关系、社区团结发生了巨大的变化，才使得其能够抓住政策机遇和市场机遇，实现脱贫出列和持续发展。通过茶园有机管理，结合牲畜养殖，形成了"猪—沼—茶"有机循环生态链，群众通过有机茶叶种植收入再创新高。精准扶贫给金龙坪村容村貌带来了巨大变化，依托传统土家族建筑集群和古树，金龙坪成功申报为中国传统村落。特别是，就在今年，还成功引进一家生态农业投资公司落户金龙坪投资开发"金龙谷生态康养"项目，目前已经签订投资合同，预计投资2亿元。随着村里发展面貌改变，不少年轻人陆续回到了金龙坪，村里面的年轻人、孩子又逐渐多了起来。金龙坪脱贫出列以后，工作队没有离开，而是继续服务于金龙坪村巩固脱贫成果，抢抓新一轮发展机遇。巨大的改变，沉淀在金龙坪每一个村民的心中，在每年举办的金龙坪"村晚"上，各家各户喜气洋洋地讲述脱贫故事。村里面举办出彩评选活动（出彩家庭、出彩个人等），对村级发展贡献大、脱贫致富等典型人物进行推选表彰，老百姓对生活的获得感、满足感、幸福感不断增强。

五 结语

金龙坪村的案例是中国脱贫攻坚的缩影。在大规模的政策下乡和城市工商业资本下乡为乡村改革发展提供良好环境的时代背景下，村庄如何抓住机遇，成为值得认真思考的问题。金龙坪村案例的知识价值恰在于其映照出新时期农村发展体制的内在逻辑。即如果我们承认，税费改革以来，政策下乡、资本下乡、金融下乡等政策和要素力量，构成了推动乡村社区发展的支撑性体系，那么我们同时也看到良好的"村治"状态，是保证一个村子能够抓住发展机遇，将良好发展环境转化为实实在在发展成果的关键。对于贫困社区而言，"村治"层面的改善，甚至可以称得上是发展的"先手棋"，也是社区内生动力的核心要素之一。

参考文献

陈义媛：《资本下乡的社会困境与化解策略——资本对村庄社会资源的动员》，《中国农村经济》2019 年第 8 期。

黄宗智：《集权的简约治理——中国以准官员和纠纷解决为主的半正式基层行政》，《开放时代》2008 年第 2 期。

焦长权、周飞舟：《"资本下乡"与村庄的再造》，《中国社会科学》2016 年第 1 期。

吕方：《治理情境分析：风险约束下的地方政府行为——基于武陵市扶贫办"申诉"个案的研究》，《社会学研究》2013 年第 2 期。

梅琳、吕方：《"新社会经济运动"：非政府组织与"私营标准"——基于公平贸易标签组织 (FLO) 案例的讨论》，《福建论坛》(人文社会科学版)2015 年第 10 期。

王春光：《扶贫开发与村庄团结关系之研究》，《浙江社会科学》2014 年第 3 期。

王晓毅：《社会治理与精准扶贫》，《贵州民族大学学报》(哲学社会科学版) 2017 年第 1 期。

徐勇：《"政策下乡"及对乡土社会的政策整合》，《当代世界与社会主义》2008 年第 1 期。

荀丽丽：《从"资源传递"到"在地治理"——精准扶贫与乡村重建》，《文化纵横》2017 年第 6 期。

折晓叶、陈婴婴：《项目制的分级运作机制和治理逻辑——对"项目进村"案例的社会学分析》，《中国社会科学》2011 年第 4 期。

高山资源何以巧变脱贫资本？

——湖北璞岭村的茶叶产业扶贫实践

宁亚芳*

摘　要： 璞岭村地处武陵山特困连片地区东北部，距县城110公里，是一个偏僻的山村；因地处深山，发展条件差，是该县精准扶贫的重要"战场"之一。但这座偏远的山村在精准扶贫中又恰恰是幸运的，2015年成为全县精准扶贫识别试点村，2018年大璞农公司投产建设茶叶加工厂，璞岭村守住的高山有机茶叶终于在政府和市场的双重驱动下，实现了由产品到商品、由规模种植到产销一体的两个重大转变。发展茶叶产业不仅帮助了贫困户摆脱绝对贫困，更重要的是凝聚了全体村民团结建设美好家乡的愿景与信心。也正是由于茶叶产业的逐步发展，村庄、村民的内生发展愿望与能力不断增强，强村富民的成效也逐步显现。

关键词： 茶叶　产业扶贫　产业现代化　璞岭村

* 宁亚芳，中国社会科学院民族学与人类学研究所副研究员，研究方向为铸牢中华民族共同体意识、民族地区反贫困。

一 大山阻隔：璞岭何以难脱贫

2002 年，在经历"撤乡并镇、合村并组"之后，原璞岭村、内溪村、肖坪村三村合并成现在的璞岭村。璞岭村是位于湖北省长阳土家族自治县都镇湾镇西南部的一个偏僻的农业山村，村域面积 32.7 平方公里，距县城 110 公里。由于坐落在武陵山深处，自然环境对全村发展的制约十分明显。用当地干部群众自己的话说，是"山大人又稀、山山像屋脊，中间三条溪（内溪、刘家溪、大溪沟）、三坪（东坪、西坪、顶坪）一烧箕"，全村 8 个村民小组就分布于海拔落差在 300~1800 米的大山之中。长期以来，从村里开车到县城要 4 个小时，村民到最近的麻池集镇的距离也有十几公里，交通不畅导致璞岭村在改革开放和小康社会建设的进程中一直步履艰难。早在 2013 年该村就被列为整村推进扶贫村，形成了以核桃、魔芋种植为主的扶贫产业。但由于无法实现规模生产和创收效果不明显，全村在农业产业发展方面一直停滞不前。据村民介绍，在精准扶贫以前，村内没有真正产生经济效益的农业产业，包括 20 世纪 80年代建下的老茶园也长期无人问津，农产品基本属于自产自销，部分如稻米等主粮因产量低，还需从山下集镇买入。因此，村内青壮年劳动力绝大多数都外出务工甚至搬离，剩下了一个偶见炊烟的静悄悄的山村。

（一）大山阻隔的制约

大山阻隔对交通的制约最为明显。因群山阻隔，又地处所在乡镇的边界地带，璞岭进村公路和出村道路均只有 1 条，整个村落与外界的联系一直不方便，全村经济社会发展水平在较长时期内偏低。截至 2015 年，全村当时有主线公路 50 公里，入户公路 80 公里，但硬化里程仅有 8 公里（仅占全村道路的 6%）。农户未通公路的仍达 53 户，2017 年调研组深入村民小组调研时，1、2、3 组仍有不少农户入户路为泥路，且与村道的距离较远，人和车辆通行极为不方便、不安全。此外，一旦遭遇大雨、大风等恶劣天气，道路通行就受阻。

大山阻隔对商贸的制约也十分严重。长期以来，璞岭村因为山高路远、地处偏僻，村外的菜贩子很少到村民农户家中收购农民种植的蔬菜，因此农户往往要用农用车或三轮麻木车[①] 等交通工具经多次转运，才能在麻池集镇集中装运。这种耗损极大的转运模式导致农产品销售的交通成本极高，且转运对农产品新鲜度、完整度等造成的损耗降低了其售价。在养殖业方面，位置偏僻和交通不畅导致农民对市场信息不了解，往往以过低的价格将猪、羊等卖给收购商贩。据估算，璞岭村农民卖一头猪或一只山羊的价格要比璞岭村所在乡镇的镇区收购价低300元左右。[②] 因此，长期以来，村民在市场交易活动、拖运建筑材料建房等方面受到严重影响。村主任王朝东说："过去这里'大车进不来，下雨车停开'，啥都卖不起价。村民种的蔬菜、养的猪羊，要经过多次转运才能卖出去，运输成本高、转运时间长，村民积极性不高。"[③] 商贸物流和物资交换缺乏地利之便，产业结构相对单一，农户普遍以种植玉米、土豆等粮食作物为主，亩均收入约300元/年。村民也没有固定日期赶集的习惯。在对年纪大的村民访谈中了解到，只有生产生活物资用完了才会下到麻池（老麻池乡政府所在地，现已并入都镇湾镇）买东西。

　　大山阻隔也制约了全村生产服务设施水平。在用电方面，全村供电变压器11个，但大多数电线杆均为木头杆，电压低且不稳的问题十分严重，村民在农忙季节经常需要错峰打磨，生产活动十分受限。[④]2013年，全村有一个农家书屋，但无任何娱乐设施。1、2、3组还有不少村民居住的是茅草房。

　　改革开放初期，村内一部分村民跟随当时在村内修路的浙江老板外出务工做裁缝，成为长阳土家族自治县劳务经济的一大亮点。但受地理位置的影响，村内居民在耕地开发、粮食作物种植等方面受到限制，而

① 鄂西地区对三轮摩托车的俗称，属于地方语言。在中国除了鄂西地区以外，有土家族生活的地区也有这样的称呼。
② 参见《璞岭村调查》。
③ 文凯:《璞玉生金——湖北省长阳土家族自治县璞岭村脱贫攻坚记》，荆楚扶贫网，http://hbfp.cnhubei.com/2019/0723/409897.shtml。
④ 根据都镇湾镇精准扶贫调查发现，璞岭村存在低电压改造不彻底的问题，常用电压在160伏左右，勉强照明，洗衣机、干湿磨等农村常用电器无法正常使用，经常"转不动"，木电杆、散股线仍然大量存在。

在获取医疗、教育、通信、电力等方面也长期受到制约，加之村内难以有效发展加工业，种养殖业受基础设施影响等无法形成规模，使得整个村庄的发展缺乏经济活力、社会动力。而长期身居山中，璞岭村的村民对外界讯息的了解不足，自给自足程度较高，市场经济意识相对较弱，因而村庄自身在整个改革开放以来的社会主义现代化建设过程中，未能获得充分的发展与提升。这些综合因素导致了璞岭村的整体贫困。总体而言，大山阻隔不仅制约了村民的物质生产生活，也影响着村民的精神世界和发展观念。

（二）璞岭村的贫困"相貌"

总体而言，地理位置偏僻、基础设施差、思想较为保守、公共服务供给缺乏、年轻劳动力加速外流等，这些都是璞岭村的致贫原因，同时也是该村贫困问题的重要表现。具体来看，主要表现为以下七个方面。

一是基础设施差，村民市场参与能力不强。道路不通畅且安全性差是璞岭村整村贫困的首要制约因素。四面环山的地形导致璞岭村全村的进出路等级低，路面狭窄且大多为泥沙路。加之距离镇区和县城都十分遥远，因此村民们的生产生活极不方便。

二是产业结构单一，农户依靠本地农业增收难度大。长期以来在可用的耕地中，一半以上的农户大面积种植玉米（亩产在300~500公斤）；另外还有小面积种植水稻、土豆、黄豆等，产量均不高。村民的家禽和牲畜养殖均以自用为主，仅有少部分拿到市场上销售。2015年，全村当年出栏100头猪以上养殖户仅4户，年出栏数不高，收入较低。此外，茶叶、核桃、药材等经济作物种植未成规模。以茶叶为例，2014年5组某村民种植8亩余茶叶，但茶叶年收入仅3000元，每亩茶叶收入不足400元。[①] 在核桃种植方面，受2013年以来整村推进项目的扶持，全村累计种植核桃700亩，但是由于缺乏专业的培育管理技术，很多果树无

---

① 参见《璞岭村调查》。

法结果。总体而言，长期的产业结构单一，导致全村的农产品加工业没有发育起来。全村仅有1家作坊式茶厂进行茶叶初加工，茶叶加工能力十分有限。

三是基本公共服务供给不足，村庄发展能力薄弱。受地处深山和撤乡并镇的双重影响，村内原有的肖坪小学、麻池乡驻璞岭办事处等公共机构在21世纪初陆续被撤销。这对该村村民获取教育、医疗、对公业务等服务造成了一定的不利影响。璞岭村仅剩下一个卫生室，并且村卫生室仍然租用之前作为供销社的危楼，缺乏最基本的诊疗硬件设施。[1]村卫生室内仅有1名年近退休的医生，卫生室仅配备了一台血压计等日常监测的电子化设备。医疗资源的配备极为紧缺。大多数情况下，村民只能下山到麻池卫生院进行初步就诊，而如果要到县城医院就医则路途遥远，且租车十分不方便。[2]村内教育资源匮乏，也导致村内家庭子女从学龄前教育开始就得离家到10多公里之外的镇区就读，陪读之风盛行。从幼儿园开始一直陪读到高中，这种陪读方式对璞岭村家庭而言"既减收又增支"。因此，璞岭村培养一个学生的成本要明显高于其他地区。此外，长期以来因电力、网络等基本公共服务配置不足，村内缺乏基本的公共娱乐设施，在精准扶贫之前没有村村通小喇叭，也没有图书室或者基本的文化活动室。除了偶尔打一下长阳花牌[3]外，村民之间几乎没有公共娱乐活动。实际上，由于村民们要早出晚归在山林或坡地劳作，一年到头村民也很少有时间看电视，智能手机因信号不稳也没法上网。因此，长期

---

[1] 按照《长阳土家族自治县医疗机构分级诊疗实施方案》对就诊范围的划分，村卫生室的诊疗范围是一般常见病、多发病门诊治疗。乡镇卫生院主要负责常见病、多发病及慢性病的防治工作和提供分级诊疗首诊服务即公共卫生服务，协助上级医院抓好中间或院后服务，合理分流病人。主要接诊病种单纯，病情较稳定的一般门诊、住院病例以及与技术水平、设施设备条件相适应的病例，包含：一般常见病，多发病病人；诊断明确，不需要特殊治疗的病人；急性期治疗后病情稳定，需要继续康复治疗的病人；需要长期治疗与管理的慢性病人；老年护理病人；各种恶性肿瘤病人的晚期非手术治疗和临终关怀；具备条件的一级手术诊疗；上级医院下转的康复期病人。
[2] 目前村内开通了上下午各一班去往县城的班车，而平时如果遇有突发疾病，只能自行租用面包车或摩托车等下山就诊，交通成本和时间成本极高。
[3] 长阳花牌是流行于湖北宜昌、荆州、天门，以及湖南、四川等地的纸牌游戏。花牌（又名"上大人"）是中国传统长牌类纸牌游戏的一种，呈长条片状，约一小拃长，半寸宽，用硬纸刷清漆制成。每副牌110张，20世纪80年代戏称打花牌为"学习110条"。

在村内劳动的村民对村外的世界和信息了解很少。

四是因病致贫问题严重，村民灾难性支出压力大。璞岭村地处高山，村民患风湿、腰椎损伤等农村常见慢性病比例较高。而这些慢性病对从事农业耕作的农民影响更大，体力劳动会受到上述关节类疾病的严重影响，家庭因病丧失主要劳动力的现象较为普遍。加之基层医疗资源严重不足，璞岭村很多村民在生病后也大多采取"小病扛，大病拖"的策略。此外，由于村民家庭本来就很难形成可观的稳定收入，在长期慢性病或突发重大疾病的情况下，这些脆弱的农村家庭不仅面临灾难性医疗支出，同时也意味着丧失劳动收入。《璞岭村调查》发现，2015 年，全村患重大疾病（治疗费用在 2 万元以上）的贫困户共有 150 户，占户籍总数的 20.20%。截至 2015 年上半年，该村健康人口所占比重为 64.25%，患长期慢性病贫困人口所占比重为 26.81%，患大病的贫困人口所占比重为 7.66%，残疾贫困人口所占比重为 1.28%。贫困人口身体健康状况堪忧，居高不下的患病率，患病、残疾等健康问题成为贫困人口摆脱贫困最大的障碍。[①] 村内很多家庭一开始"小病硬扛"，等拖到大病难医时又不得不面临灾难性医疗支出，疾病压垮了许多村内家庭。

五是受教育程度低，村民人力资本积累薄弱。璞岭村自 20 世纪 80 年代以来，有很多青壮年劳动力外出到北京等地从事裁缝"行当"，这部分村民也较早地参与到现代市场工业生产活动中，并完成了一定的家庭资本积累。但是，总体而言，璞岭村长期以来大部分村民的受教育水平偏低，村民的人力资本积累薄弱，青壮年劳动力人力资源也未得到较好开发。《璞岭村调查》对 2015 年全村贫困户的受教育程度调查发现，全村 227 户贫困户中，因学致贫的贫困户占 18.75%，66.83% 的贫困低保户认为当前或最近三年面临的最大困难是子女上学开支问题。除贫困户人口受教育程度低外，贫困户的劳动技能掌握情况也并不理想。该村绝大多数农户无一技之长，227 户贫困户中，无劳动能力人口占 37.69%，丧失劳动能力的人口占 9.04%，普通劳动力人口占 52.48%，仅有 0.79% 的

---

① 参见《璞岭村调查》。

人具有一定的劳动技能。

六是自我发展主观能动性不强，对产业发展与村庄治理缺乏积极观念。上述多方面因素的综合作用，实际上都导致璞岭村村民整体上思想偏于保守。对外界经济社会发展的状况缺乏比较，又加上缺乏发展条件，因此璞岭村村民，尤其是贫困村民主动发展产业和参与乡村治理的主观能动性不足。具体表现在，中老年村民较易安于现状，在生产生活中缺乏创新意识，主动参与村内公共事务的积极性较弱。《璞岭村调查》的个案访谈资料显示，"我们都饿怕了，也穷怕了，不敢东想西想，没有钱用不要紧，只要有吃的就行"，普通群众缺乏向贫困宣战的勇气和斗志。①该村贫困家庭的极端案例之一，就是居住在海拔 1000 米以上的一位 58 岁村民，至 2015 年都从未走出过大山，就连仅有 30 公里的庄溪集镇（镇政府所在地）都没到过，全家人住的是茅草房，睡的是破棉絮，属于极度贫困。此外，驻村第一书记将璞岭村创新求变不足的现状概括为缺乏三类人：引路人、带头人和明白人。绝大部分农民看不懂报纸杂志或读不懂科技书籍，②无法与外界交流，不能及时获取科技信息和市场信息，传统种植和养殖业（种植玉米、土豆、红苕和分散养猪）是行家里手，发展现代农业是地道的"门外汉"，全村贫困户基本没有真正意义上的政策明白人、科技明白人和市场明白人。

七是山区灾害频发，村庄发展环境缺乏稳定性。长阳土家族自治县因山高坡陡、山势险峻、河谷深邃、新构造运动活动频繁、降雨丰沛、人类工程活动强烈等因素，地质灾害发生种类多、分布广、频率高、灾情重，是湖北省地质灾害多发县之一。因灾致贫返贫，也是璞岭村贫困的重要原因之一。璞岭村自然条件恶劣，农业生产条件差，旱灾、水灾、

---

① 据了解，璞岭村一村民家中有 3 个劳动力，11 亩土地全部用于种植玉米，然后用玉米喂猪，一年下来，全家纯收入只有 3000 多元。其他群众田边地角种的也是多种多样，什么都有、什么都不成规模，产出来的也就是自家用，比如老百姓种的茶叶，只采一季芽茶，只要卖个几百块钱就心满意足了，根本没把心思放在规模化、标准化、专业化的发展思路上，完全是望天收。该村老百姓一年勤扒苦挣，平均每亩收入也就 500 元左右，只能实现温饱，根本无法致富。

② 关于这一点，笔者在实地调研中发现，村民每天上山辛苦劳作，山高路远，每天劳动时间普遍在 10 个小时以上。回家之后劳累不堪，没有心情也没有时间看电视。加之村民几乎从不订阅报纸、杂志或书籍，因此对外界的信息了解不多。

火灾等灾害频繁。2016 年 7 月 19 日，璞岭村发生洪涝灾害，导致璞岭村 1 组 4 户贫困户发生房屋倒塌，涉及受灾人口 16 人、房屋 16 间。村内 6 条主要公路通道发生大面积垮塌，公路路面严重受损，老百姓出行难，运输中断。农业生产和基础设施遭受极大破坏，部分已"摘帽"的贫困户返贫，部分未"摘帽"的贫困户贫困程度进一步加深加重。①

二 精准扶贫：璞岭喜成幸运儿

在国家精准扶贫战略下，璞岭村这个被喻为长阳土家族自治县的"十八洞村"，搭上了精准扶贫的高速快车，实现了脱贫致富的华丽转变。2015 年，璞岭村扶贫迎来了历史性机遇。长阳土家族自治县县委、县政府在学习贵州毕节精准识别贫困户经验的基础上，决定在全县范围内的 54 个贫困村和特困村实施贫困状况摸底调查。

（一）璞岭成为长阳县精准扶贫"第一个吃螃蟹的村"

在随机抽样中，璞岭村成为全县 54 个贫困村和特困村中的第一个试点调查村。长阳土家族自治县的精准扶贫在璞岭拉开帷幕。在确定璞岭村作为精准识别摸底调查的样本村后，2015 年 6 月，长阳土家族自治县县委主要领导同志带队，抽调县镇干部 30 余人组建了 9 个调研小组。先后三次走进璞岭村开展为期 1 个月的调研，形成了 1 个主体报告《璞岭村调查》和 9 个分报告，湖北省委、宜昌市委分别发了参阅件。在璞岭试点中，长阳土家族自治县提出了"四看四算"精准识别办法和"一看二算三会四评"精准识别程序。湖北省委将璞岭村的精准识别实践作为扶贫工作经验，号召在全省范围内进行学习。根据《璞岭村调查》的数据，璞岭村 2015 年的贫困发生率为 36.5%。在实施精准识别工作过程中，璞岭村党员群众对精准扶贫热情很高、信心很足、参与积极。村党支部书

---

① 《长阳土家族自治县脱贫攻坚工作情况汇报》，2017 年 2 月。

记说："现在璞岭村被纳入全县精准扶贫试点，这是上级政府对本村最大的信任，我们不管脱几层皮、流几身汗，都要把工作做好！"在召开的村民代表会议上，村民普遍反映"这次工作搞得实，工作组火眼金睛，算得让人服气"。

（二）"1156"模式的诞生

在延续整村推进"1321"帮扶模式①的基础上，基于前期璞岭村精准识别试点和对全县范围的精准识别摸底调查，长阳土家族自治县确定了对贫困村精准扶贫的"1156"模式。"1156"模式作为长阳土家族自治县整合多方资源、发动扶贫行动主体多方协作的精准扶贫模式，将精准扶贫的"五个一批"理念和基层党建充分结合起来，较为全面地对贫困村、贫困人口实行多维度、多层次的救助与帮扶，体现了扶贫资源整合与扶贫措施执行的组织化，也体现了精准扶贫多维反贫的理念，对贫困村和贫困户形成可持续的生计具有重要的现实意义。"1156"模式的具体内容如下：建强一个农村党组织，筑牢一个政策底线，织密产业发展"五张网"，实施精准扶贫"六个到户"。在"1156"模式的指导下，璞岭村被县委、县政府定位为边界贫困村，并作为精准扶贫重点村进行扶持，村干部将此形容为"百年难遇的好机会"。

在这一扶贫模式下，璞岭所在的都镇湾镇制定了《长阳土家族自治县都镇湾璞岭村精准扶贫精准脱贫规划（2015~2017）》，旨在进一步加快璞岭村脱贫致富奔小康建设步伐，加强基础设施建设，大力发展支柱产业，完善公共服务体系，改善生产生活条件，到2016年与全镇同步在全县率先实现脱贫目标。该规划的总体思路是：以富民强村为目标，以项目建设为载体，以完善基础设施为切入点，以发展主导产业为着力点，以增强内生动力为落脚点，深入实施"五大工程"，推进"精品茶叶大村、高山药材名村、宜居宜业新村"建设，呈现"山间循环路、遍地黄金业、庭院农家乐，人均翻两番、生活似城镇、和谐一家亲"的繁荣图

① 实施整村推进"1321"帮扶模式，是指由1名县级领导带领3个以上部门，连续2年帮扶1个整村推进村。

景，打造全县精准扶贫精准脱贫示范村。

可以说，璞岭村在精准扶贫浪潮中，摇身变成了幸运儿。从长阳县精准扶贫识别的试点村，到县委书记包村帮扶，璞岭村一下成为长阳县精准扶贫脱贫攻坚行动中的"明星"村庄。在各方资源汇集和多元主体关注下，璞岭村脱贫步伐迈出了新高度，产业发展迎来了新契机。

三　规模种植：璞岭按下茶叶产业"加速键"

（一）产业发展的独特优势

璞岭虽身处大山深处，但高海拔的特点也给璞岭发展高山有机茶和药材的种植提供了得天独厚的优势。早在20世纪80年代，全村就兴建了第一批茶园。但农户考虑到茶园会挤占粮食作物的耕种用地、[①] 茶叶知名度不高销售难等问题，因此近几十年来全村村民靠种植茶叶发家致富的积极性并不高，并没有将种植业重心放在茶叶上。但是，璞岭村的高山茶园在海拔1000~1200米的山地，植被繁茂、空气纯净、日照充足，土壤富含锌、硒等微量元素，对茶树生长特殊有益营养物质的形成和积累极为有利。一直以来，由于缺乏产业资本的投入和运作，璞岭的有机茶正如"璞玉"一般，一直未能有机会完成商品化转型。

（二）茶叶产业规模化发展的新实践

结合高山区的生态优势，在规划中，璞岭村将产业发展脱贫定位为以发展茶叶、药材、经济林果为主，并确立了"茶叶药材上规模，发展果树扩畜牧，旅游劳务增效益"的产业协同发展脱贫思路。在产业协同发展脱贫规划中，璞岭村首先实施了"四个三千"工程，集约发展种植业。"四个三千"工程是指3年内建成带状分布的"四个三千亩"基地，

---

① 笔者在对村民们访谈中发现，村民对于产业结构的调整心存担忧。例如，在用种植茶叶替换种植玉米这件事情上，受访村民提出的一个代表性观点就是："种植茶叶，就是个树叶子，卖不出去的时候又不能当饭吃；而种植玉米就很可靠，就算卖不出去也可以留作粮食，至少可以解决口粮问题。"

即三千亩药材、三千亩茶园、三千亩果树、三千亩草场。[①] 璞岭村发展三千亩茶园也是旨在发挥已有老茶园优势，充分利用好已有的资源禀赋，加速推进全村农业发展的规模化。按照规划，预期到 2017 年，全村高效经济作物种植面积可达到 9260 亩。为助推全村产业发展，璞岭村以整合退耕还林政策为契机，规划对全村 25 度以上坡耕地实施退耕还林 1000 亩，将生态保护与产业发展脱贫致富相结合。

2015 年 8 月，全村确立规划新种植茶叶 2266 亩，涉及农户 448 户 1800 余人；改造老茶园 734 亩，计划分两年实施。除 1 组外，全村其余 7 个村民小组均有新建茶园和改造老茶园规划。为提高贫困户和一般农户种植茶叶的积极性，璞岭村采取了政策补贴和技能培训两个方面的办法。在政策补贴方面，璞岭村依据"以奖代补"政策对茶苗定植给予了相应的补贴。在 2018 年实施的新一轮茶叶发展补助政策中，茶苗补助 1000 元 / 亩，其中种植 700 元 / 亩，验收成活率在 85% 以上再补助 300 元 / 亩；茶籽 100 元 / 亩，每亩 30 公斤；老茶园改造 200 元 / 亩。在技能提升方面，璞岭村组织产业示范户、贫困户代表 100 人次到大堰千丈坑、宜都潘湾、五峰渔洋关参观学习茶叶产业发展模式。

为了激励全村非贫困户和贫困户联动种植茶叶以形成规模效应，璞岭村村"两委"班子合理利用专项扶助资金公开招标采购茶叶种苗。一方面，将茶叶苗免费发放给精准扶贫建档立卡户；另一方面，也发放一定数量的茶叶种苗给村内一般低收入户和有意愿发展茶叶产业的农户。在种植范围上，首先从壮大村内茶叶种植规模出发，综合考虑了村内精准扶贫建档立卡户和非建档立卡贫困户的真实需求，形成了非贫困户与贫困户共同发展村内规模产业的态势。此外，为加大对贫困户的扶持，

---

① 三千亩药材是指，海拔 1000 米以上区域，在现有 336 亩药材面积的基础上，发挥林下药材良性伴作优势，大力扩大种植规模，新发展药材 2924 亩，达到 3260 亩，其中在 1、6 组发展独活 1100 亩；在 1、2、3、5、6 组新发展贝母 794 亩和天麻 430 亩，在 6 组新发展木瓜 600 亩。三千亩茶园是指，海拔 1000 米以下完成高标准、绿色有机茶园 3000 亩的建设目标，在 2、3、4、5、6、7、8 组改造老茶园 734 亩，并新发展精品茶叶园 2266 亩，达到 3000 亩，达到产业区户均 5 亩以上茶叶园。三千亩果树是指，在全村 8 个组改造核桃基地 800 亩，在 2、3、4、5、6、7、8 组新发展核桃 700 亩，在 6、7、8 组新发展良种板栗 1000 亩；对不宜药、茶种植的区域种植特色水果，即在 4、5、7、8 组新发展李子 500 亩。三千亩草场，是指全村发展草场 3000 亩。

璞岭村还在专项扶贫资金中，安排一定比例的资金采购农药化肥，发放给建档立卡贫困户，帮助贫困家庭减少农业种植成本。此外，璞岭村也注重加强对茶叶种植户的技能培训。2015 年，璞岭村开展茶叶等实用技术培训 10 场次 800 人次。

"人民有了主心骨，干事格外有动力！"在党委、政府的科学规划下，免费供苗供肥的举措解决了全村贫困户种植茶叶的后顾之忧，大家逐步抛弃过去种茶叶是"种叶子"的想法。一位贫困户大妈对调研组谈道："过去我早就想发展茶叶，自己还到处挖苗子栽，现在国家给我们免费发苗子搞，那我们就要当事搞，而且搞就要搞好，光搞苞谷不行，背的工不说，还搞不到钱，真是几头都不划算。"茶园修剪服务帮扶和茶叶种植技术的培训，也不断增强了大家种植茶叶的信心。通过多方努力，璞岭村的茶叶发展完成了向规模化种植的转变。

截至 2019 年 4 月，璞岭村的茶叶种植总面积为 3000 多亩。在全村围绕茶、药、草、果四个主导产业发展生态高山脱贫致富产业中，茶叶的规模化种植成为产业扶贫的中坚力量，加速了璞岭村产业发展的步伐。

四 "璞红"茶叶：璞岭扶贫产业现代化的"名片"

完成规模化种植，是璞岭村茶叶产业扶贫的第一步。"卖得出、卖得好"才是完成璞岭村茶叶变成"黄金叶"的关键，这就离不开对璞岭村茶叶的核心竞争力塑造及品牌化运营。而这又恰恰是深处高山的璞岭村最为紧缺的外部资源。为了完成璞岭茶叶产业的现代化转型，在各级帮扶单位和村两委干部的带动下，璞岭村在"使茶叶卖个好价钱"上做了几篇大文章。

（一）"富硒"品质认定

2017 年，璞岭村的茶叶经权威机构检测每 100g 茶含硒量 5.8。2018 年 3 月，湖北省地理标志产品企业联合会专家技术委员会专门到璞岭村就硒茶产业发展和品牌扶贫进行了专题调研，璞岭村也加入了"国家富硒农产品产业技术创新战略联盟中试基地"。"富硒"品质得到公认后，璞岭的高山有机茶获得了参与市场的核心竞争力，以前村民视为"树叶子"的茶叶成了大家口口相传的"黄金叶"。

（二）龙头公司入驻

俗语语，"酒香还怕巷子深"。促成高品质茶叶的顺利出山，还需要现代化的加工工艺和产品营销。幸运的是，从璞岭村走出去的"老乡"肖东阳成为重要牵线人。肖东阳是湖北大璞农业开发有限公司（以下简称"大璞农公司"）总经理，早在2013年他就"牵线搭桥"促成公司对都镇湾镇进行帮扶。2013~2019年，该公司累计向都镇湾镇的麻池中小学捐款达40万元。在精准扶贫的大背景下，大璞农公司由"捐资"转向"投资"，2018年开始在璞岭村开办起了茶叶加工厂，实施农工贸一体化精准产业扶贫。在具体帮扶中，大璞农公司投入700余万元资金帮扶璞岭村茶叶产业扩大种植规模、提升茶叶加工品质，并根据不同市场需求进行品类细分，相继打造了"璞红""高山野生硒绿茶""高山野生硒红茶"等璞岭产业品牌。2019年4月，由大璞农公司援建的"革命老区产业扶贫项目"璞红茶业加工基地在璞岭村顺利投产。"璞红"茶叶品牌斩获中国武汉2019年茶叶博览会金奖。该公司也在2019年被璞岭村村"两委"评为"助力脱贫攻坚 璞红一马当先 优秀企业先锋"。

龙头公司的引入，加速了璞岭村茶叶产业的现代化转型。一是璞岭村村民通过产业致富的利益联结机制发生了改变。大璞农公司成立璞岭红茶专业合作社，以招工、茶园入股等方式，帮助了部分贫困户就地就业，也促成了村民收入结构的多元化。二是增强了璞岭村村民的技能和信心，使他们开发和利用本地资源的能力不断增强。村民评价道："有了大璞农公司的带动，今年我们村茶叶增收有希望了，教我们种，帮我们销，家里搞茶叶产业更有信心了！"三是优价、优先收购茶叶的举措彻底解决了贫困户和非贫困户齐心种植茶叶的后顾之忧。村内63岁的贫困户吕学潘采摘新茶半个月，日均收入约500元。与去年相比，2019年茶厂可为每户增收约2000元。四是茶叶加工厂的建成，使茶叶可以摆脱销售周期影响的优势真正发挥出来，深加工帮助村民有效地避免农产品价格波动的难题。2019 年，大璞农公司完成收茶叶鲜叶 9 万斤的任务，总金额 30 多万元。随着粗茶生产线的进一步增加，加工厂一年四季都可以收购茶叶鲜叶，产能也进一步扩大。按照规划，2019 年大璞农公司继续在璞岭建设 100 亩高标准产业化示范茶园，并以"璞红"品牌为核心，以"农业＋科技＋金融＋扶贫"一体三翼的产业发展模式，夯实璞岭村产业现代化发展的各项基础。

五 市文明村：璞岭产业扶贫的强村富民成效

在经历过茶叶规模化种植和湖北大璞农公司的企业化运作后，璞岭茶叶产业逐步显现出了积极的强村富民成效。截至 2019 年 7 月，璞岭村已建成 3800 亩高山茶、4100 亩中药材，此外还发展了高山小水果 3000 亩、退耕还草生态畜牧区 5000 亩。当年定下的"四个三千"目标已经实现。

发展茶叶产业，不仅让璞岭村的现代农业有了"主心骨"，也让璞岭村的小康社会建设有了"发动机"。作为当年的长阳"十八洞村"，璞岭村在牢牢抓住产业扶贫的主线下，逐步完成了基础设施升级、居住环境升级、生产条件升级、乡村治理升级和美好生活期望升级。从 2015 年的精准扶贫识别试点村，到 2019 年全村建档立卡贫困户全部脱贫"摘帽"，集体经济收入超过 20 万元，昔日身居深山偶有袅袅炊烟的偏远村也被评为宜昌市文明村。只有产业才能聚人气，只有产业才能聚人心。璞岭村的精准扶贫项目与茶叶产业项目发展等紧密结合，围绕"聚民本地就业、共建美丽家园"的目标，推动了产业与各项基础设施的协同发展。2015 年以来，璞岭村完成了硬化农村公路 53 公里，维修及改扩建 50 公里；农村电网高低压改造实现全覆盖；新建集中供水池 12 个，铺设管网近 10 万米，新建通信基站 3 座，实施农村危房改造 200 户，易地扶贫搬迁 64 户 216 人。全村也建立了雪山坪、杨树湾、水井湾、聂家坝 4 个感恩奋进脱贫帮带示范区，形成了"帮精神鼓励、帮政策宣传、帮产业带动、帮经验共享"的"四帮模式"。

璞岭巨变，是长阳土家族自治县 39 个重点贫困村的样本。当年璞岭干群口口流传的"山大人又稀、山山像屋脊，中间三条溪、三坪一烧箕"，如今也已经换成了"山大人稀变宝地，高山药材梯连梯，中山茶叶绿挨绿，洋房楼房栋栋起，网线有线传信息，群众生活好欢喜"。

参考文献

韩长赋：《中国现代化进程中的"三农"问题（修订版）》，中国农业出版社，
　　2011。

张丽君等：《中国少数民族地区精准扶贫案例集（2018）》，中国经济出版社，
　　2019。

马楠：《民族地区特色产业精准扶贫研究——以中药材开发产业为例》，《中南民族
　　大学学报》（人文社会科学版）2016 年第 1 期。

梁琦、蔡建刚：《资源禀赋、资产性收益与产业扶贫——多案例比较研究》，《中南
　　大学学报》（社会科学版）2017 年第 4 期。

王春萍、郑烨：《21 世纪以来中国产业扶贫研究脉络与主题谱系》，《中国人口·资
　　源与环境》2017 年第 6 期。

蓝海涛、张义博、周振：《我国产业扶贫的模式分析与思考》，《中国发展观察》
　　2017 年第 17 期。

胡伟斌、黄祖辉、朋文欢：《产业精准扶贫的作用机理、现实困境及破解路径》，
　　《江淮论坛》2018 年第 5 期。

王伟：《乡村振兴视角下农村精准扶贫的产业路径创新》，《重庆社会科学》2019
　　年第 1 期。

小村庄大变化

——对青海寺儿沟村乡村发展和精准扶贫的考察

王 红[*]

摘 要： 贫困村庄是我国接受国家扶贫政策的最基础单位，是我国脱贫攻坚战的最前沿阵地。本文通过 2016~2019 年对青海省海北藏族自治州门源回族自治县东川镇寺尔沟村的村庄调研，考察了这个半农半牧的高原小村庄这几年在社会保障、乡村发展、产业扶贫等方面发生的巨大变化。对该村村企生态养殖产业扶贫实践的考察则重点讨论了产业扶贫理念与行动的内在矛盾所引起的一系列问题，包括政策环境与项目管理的矛盾、行政力量与市场力量的不平衡、项目的技术经济规律及利益分享和利益冲突等方面的问题。

关键词： 产业扶贫 精准扶贫 乡村发展 寺尔沟村

寺尔沟村是青海省海北藏族自治州门源回族自治县东川镇一个半农半牧的自然村落，位于达坂山脚下、浩门河南岸，依山傍水、多民族混居。浩门河支流寺尔沟河由南向北流过村庄的房屋、农田和草场。河谷地带地形开阔平坦；沿寺尔沟河逆流而上，就进入了高山地区林地与草

---

* 王红，中国社会科学院数量经济与技术经济研究所副研究员，主要研究方向为技术经济与循环经济。

场兼有的"脑山"区。寺尔沟村的四季都是秀丽和安静的，夏天大片盛开的金色油菜花、紫色马铃薯花和高原草场上多彩的野花，更给这个地方增添了一分色彩和香气，使人沉醉。

与当地很多多民族混居村落一样，寺尔沟村主要是 1949 年后随着土地改革和人口迁移而逐渐形成规模的。课题组于 2016~2019 年对寺尔沟村开展了历时几年的精准扶贫精准脱贫的调研，这一时期也见证了该村在社会保障、乡村发展、产业扶贫等方面的发展变化。在整个村庄的发展史上，这些变化是巨大的，更是让村民普遍受益的。

一　社会保障扶贫工作的大力度推进

寺尔沟村是青海省脑山半脑山地区的一个省定重点贫困村，近几年，国家以前所未有的力度为村庄贫困人口提供了各种扶持和帮助，目标就是根本改变贫困人口的自身状况及其所处环境，培养贫困村民的自我发展能力。

2016 年该村有精准识别建档立卡贫困户 45 户 152 人，贫困户比例和贫困发生率分别为 18% 和 14%，高于当地的平均水平。从人均耕地面积、户均耕作机械、农户住房条件、户均食品支出、出行条件等贫困程度的基本生活指标来看，寺尔沟村已不再是缺衣少食、无庇护房屋的生存贫困。

疾病、残疾和劳动力创收能力低是寺尔沟村贫困户的主要致贫因素。2016 年底该村填报的《青海省扶贫对象清单》中，全村 45 户贫困户中，仅有 3 户是因为家庭缺乏劳动力，仅 1 户是因为缺乏技术，其他 41 户都是由疾病或残疾致贫。村庄和入户调研的结果也证实了这样一个评判。贫困人口与非贫困人口的健康率存在明显的差异，贫困户家庭有病的人口多，医疗总支出大，自费数额也大，对贫困家庭产生了更为沉重的负担。贫困户与非贫困户的人均生活消费支出存在显著的差别，主要就体现在医疗费用方面。疾病残疾减少了贫困户的劳动力人口，降低了他们通过本地务农和外地务工创收的能力，再加上贫困人口的技能水平较低，贫困户与非贫困户在劳动力数量和结构、务工天数、日均收入等方面存在显著的差异，影响了贫困户的劳动创收能力。贫困户收入增加缓慢、家庭支出成本增加，造成了寺尔沟村贫困人口的"收少支多型"贫困。

实现"真脱贫"需要区分两种不同的贫困群体。对那些没有条件通过自身努力和市场回报实现脱贫的贫困人口，需要为他们提供风险保障和兜底保障来实现脱贫。因此，社会保障是精准扶贫的一个重要内容。国家对贫困对象中符合农村低保、医疗救助、临时救助、住房救助等条件的，及时落实相关政策，给予了相应补助救助。2016 年，寺尔沟村村民获得的国家救助扶助金共计为 1346506 元，极大地减轻了村民的经济压力。其中，发放农村低保金 21.0 万元、五保金 4.3 万元、残疾人生活补贴 0.96 万元、大病救助 5 万元、临时救助 0.7 万元、困境儿童补助 0.72 万元。为 60 岁及以上村民发放养老金共 12.6 万元，为 70 岁及以上高龄老人发放高龄老人补贴 3.6 万元。为村民报销医疗费达到 28%。同时，对符合农牧区危旧房改造条件的帮扶对象，优先安排改造，2016 年共为 9 户村民提供了危旧房改造资金，共计 17.7 万元。这些社会保障政策给予了村民真正的实惠，极大地减轻了村民的经济压力。

二 美丽乡村建设：生活环境的显著改善

寺尔沟村距离镇政府 13 公里，距离县城 35 公里，距离高铁门源站 40 公里，最近的公交车站距离村址步行距离 1.5 公里，因此村庄还是比较偏僻的，村民以前很难享受到城镇才拥有的便利的生活和居住条件。不过最近几年，各级政府积极整合各种渠道的资金，开展基础设施扶贫到村到户，村庄的生活条件有了极大的提升。从 2016 年起，当地政府先后整合党政军企共建、村容村貌综合整治、高原美丽乡村等项目资金，在寺尔沟村开展了最美乡村建设。该项目实施了道路、水电、文化广场等一大批基础设施工程，共硬化道路 11.6 公里，完成了寺尔沟村危岩体治理、河道治理等工程，修建了桥涵 2 座。2017 年门源县发展和改革局批准投入了 1326 万元建设资金，实施了寺尔沟村高原美丽乡村生态广场建设项目。建设内容主要是生态广场，其中包括建设生态园林 5000 平方米，木亭 36 平方米，园艺林 400 平方米，广场 1000 平方米，太阳能路灯 40 盏；建设体育广场，其中包括建设园林 1500 平方米，篮球场 800 平方米，健身器材、篮球架各 1 套，太阳能路灯 20 盏。项目完成后，村庄面貌发生了翻天覆地的变化。如今的寺尔沟村已经变成了一个田园美、村庄美、生活美的"最美乡村"。

随着寺尔沟村各类公共设施的建设，村民们日常的文化娱乐休闲活动日益丰富。新建的村文化广场已经成为村民休闲娱乐开展社会活动的主要场所。村委会办公大楼修建在村广场的北边，建筑面积有 220 平方米，于 2015 年 3 月开始修建，于 2016 年 12 月完成，蓝瓦白墙，宽大明亮。办公大楼门前的村文化广场上有为年轻人配备的篮球架，老人们在那里悠闲拉家常、晒太阳，村民每天在广场上活动，业余活动更丰富也更健康。村幼儿园里，孩子们在早教点老师的带领下享受着快乐的时光，旁边的"幸福大院"则让村里集中安置的 7 位五保老人能够安度晚年。

三　产业扶贫项目的启动和运行

针对那些有全部或部分劳动能力，但是受自身条件及当地经济发展水平的制约而创收能力差的贫困村民，开展产业扶贫。寺尔沟村开展产业扶贫的思路是依托村庄的高原草场资源优势，带动规模养殖产业发展。2016~2019 年的调研见证了寺尔沟村企生态养殖专业合作社产业扶贫项目的从无到有、从启动到运行。这是该村第一个政府主导的村集体产业扶贫项目。

寺尔沟村具备发展高原特色养殖业的环境、资源和区位优势。寺尔沟村位于达坂山下，远离工业污染源，大气洁净，水质良好。村庄气候相对暖和，土壤比较肥沃，水资源相对丰富，具备生产绿色农产品的条件。分布在寺尔沟河流两侧的草场长达 13 公里，有林草结合可利用天然草场 40630 亩。该草场为未承包到户的村集体高原天然草场资源，具有纯天然、无污染、原生态的特点，产草量高，牧草营养丰富，适口性强，养殖牛羊的肉质好，适合发展饲草料基地和舍饲半舍饲养殖业。为了解决冬春季节天然草场缺草的问题，寺尔沟村年种植牧草 2500 亩左右，平均亩产鲜草 1800 公斤，全村年产鲜草 4500 吨。多年来，村民在天然草场、牧草种植与牛羊养殖之间形成了较为良好的平衡。根据村干部和村养殖能手的介绍，这样大面积的草场资源，按照半牧半舍的养殖方式，可承载 5000 多头牛和 1 万多只羊而不会对草场生态产生不利的影响。目前寺尔沟村的牲畜存栏量低于该载畜量，从而为寺尔沟村发展规模养殖业留出了空间。近年的基础设施升级改造极大地改变了村庄的生产条件，为村庄与外界的商品、信息交换提供了必要的条件。村庄所处的门源县是青海省重要的牛羊肉、牛奶等特色畜产品的生产基地，为寺尔沟村特色养殖业的发展提供了良好的市场大环境。寺尔沟村村民也一直有从事养殖业的传统，很多村民都具有一定的家庭或较大规模养殖的经验。

发展养殖业是农户家庭收入的重要来源。根据村民和村干部介绍，一头西门塔尔肉牛包括牛犊、饲料和人工的养殖成本在 4000 元左右，一只羊的养殖成本在 400 元左右；牛的出售价格为 15000~16000 元，平均为 15500 元；羊的出售价格为 600~1000 元，平均为 900 元左右。肉牛一般两年出栏，羊为一年出栏。因此，一头牛折合一年内可收入 5000 元左右，一只羊可收入 500 元左右。

不过，寺尔沟村的养殖业仍然是传统的家庭零散生产，产品结构单一、规模小、附加值低、抗风险能力弱和基础差，限制了贫困农牧民增加收入的途径。为了提高村民的创收能力，使贫困村民实现真正的脱贫脱困，2015 年 11 月，时任驻村第一书记进村开展工作，经村"两委"和部分党员多次协商，决定要充分利用寺尔沟村的优势，因地制宜发展特色养殖业，推动村庄产业扶贫。经讨论后，村委会决定建立养殖专业合作社，由该村推荐选举该村养殖业带头人、村主任为合作社董事长。

2016 年 3 月 1 日寺尔沟村企业生态养殖专业合作社正式成立。合作社发展思路经上报东川镇人民政府后，获得了政府的大力支持。2016 年上半年，东川镇人民政府决定扶持寺尔沟村实施精准扶贫的产业扶持项目，项目承担主体为寺尔沟村企业生态养殖专业合作社。2016 年 6 月，门源县东川镇人民政府制定了《门源县 2016 年东川镇寺尔沟村精准扶贫产业扶持项目实施方案》，项目主管单位是东川镇人民政府，申报单位是东川镇寺尔沟村委会，项目责任人为东川镇人民政府镇长。该规划对项目的建设条件、建设目标和内容、投资估算、效益分析、运行机制和组织管理等进行了详细的设计。产业扶贫项目的实施地点位于东川镇寺尔沟村大东沟滩，是寺尔沟村海拔较高的地段。项目建设方案是以"合作社＋贫困户"的形式，将扶贫资金入股到村企合作社，并由合作社分阶段发展种植、养殖业。

合作社的入股与分红方式由门源县扶贫局和东川镇政府审核认定。合作社与村委会签订协议，以"合作社＋贫困户"的形式，按照贫困户的个人意愿，将精准脱贫户的扶贫资金（按藏区每人6400元）投入村企生态养殖专业合作社中，按照"负赢不负亏"的原则，无论企业盈利或亏损，年底按照注入资金额度10%的比例分红。分红时，合作社将分红资金交由镇政府，由镇政府向精准扶贫户发放分红资金。

项目建设实际总投资326.72万元，其中门源县扶贫办拨付了贫困户扶贫资金94.72万元；合作社利用扶贫专项资金做担保金，向门源县农业银行申请贷款180万元；海北州民宗委扶持了33万元发展资金；联点单位帮扶3万元、县级补助资金6万元。非贫困户社员入股10万元。受益于项目的贫困户共计42户贫困户，受益人口为148个贫困人口（低保兜底户除外）。

项目建设的固定投资达200多万元，占总投资的60%以上。合作社在村大东沟滩建设了生态养殖场，占地面积30.05亩，总建筑面积4632平方米，其中有养殖大棚为4座，共2184平方米，每座的基建投入达19万元，4座的建设成本接近80万元，700米围墙的建设成本达70万元。建设了储草棚585平方米、办公附属用房8间。2017年养殖基地的基建完成后，水电路等配套基础设施才陆续建成。生态养殖场位于寺尔沟村的深山处，因此投资修建了3公里长通向养殖场的沙石路。2018年供电部门为养殖场从村里接通了3公里多的电线。饮用水源为井水，由合作社投资3000多元在养殖场内打井供应。合作社还安装了监控器，主要用于监控牛犊生产。

2016年合作社正式开始运行。根据对合作社董事长兼村主任的访问，2016年至2019年上半年，合作社的生产经营活动正常开展。2016年合作社购入羔羊，经育肥后出售了1200只羊。每只羊的销售收入平均为

860 元左右，共收入 109 万元。这批羊的人工、饲料等可变成本为 23 万元，羔羊的购入成本约为 55 万元。2016 年，门源县村企生态养殖专业合作社向寺尔沟村 42 户 148 人贫困人口分红 9.472 万元，人均分红 640 元；非贫困户亦按入股金的 10% 分红，红利所得为 1.0 万元；两项分红合计为 10.472 万元。2016 年银行贷款利息为零，不计入固定资产折旧的收入约为 20 万元。

2017 年和 2018 年，合作社调整了养殖品种的结构，养殖场运行正常，但收入逐年下降。2017~2018 年，合作社购入了 70 多头西门塔尔肉牛架子牛，产犊 20 多头，还养殖了 200 多只羊；2018 年 10 月购入了 700 只大母羊，产羔 500 多只。2017~2018 年出售了 50 多头肉牛和 200 多只羊，销售收入约 121 万元。牛羊的购入成本和产羔产犊成本约为 42.4 万元，人工、饲料等可变成本为 46 万元，两年向入股贫困户和非贫困户村民分红 20.944 万元；向银行还贷款 60 万元后，剩余 120 万元贷款的利息为 10.08 万元；各项成本合计为 119 万元；2017~2018 年，计入贷款利息、不计入固定资产折旧后合作社亏损约 2 万元；其中 2017 年账面纯收入为 10 万元左右，而 2018 年则亏损 8 万元左右。

2019 年牛羊养殖比例进一步调整，目前养殖有 30 多头牛和 600 多只羊。由于牛犊羊羔的购买或繁育成本已经计入 2017~2018 年度的成本中，因此在 2019 年无须重复计入，但是 2019 年的收入除去剩余的 60 万元贷款的 5 万元利息、23 万元人工和饲料成本以及红利后，合作社的赢利情况仍然不太乐观；在贷款还清后，合作社的流动资金来源堪忧。

四 产业扶贫：理念与行动的内在矛盾

近几年寺尔沟村产业扶贫项目的实施，对于寺尔沟村来说更像是一种从未有过的产业发展实验。在项目实施的过程中，组织者、实施者和参与者都直接或间接感受到了产业扶贫项目理念与行动的内在矛盾所带来的冲突。这种冲突对产业扶贫项目所涉及的各个方面都产生了一定的影响，使产业扶贫模式的实施遇到了一些现实的挑战与困难，最终甚至对项目的可持续发展产生了阻力。

产业扶贫这一理念和行动本身就客观存在着一定的内在矛盾。产业扶贫的目标是扶贫，发展产业是扶贫的手段；"产业化"意味着市场经济在资源配置中起到重要的作用。然而，产业扶贫的措施本身属于社会政策范畴，各级政府制定社会政策，行使行政手段，开展制度安排，配置公共资源，从而实现提升贫困群体自身发展能力、改善贫困地区经济发展环境的目的。因此，在产业扶贫过程中，需要合理调节市场力量与行政政策之间的矛盾，一方面政府要尊重市场力量，另一方面要合理运用行政力量，政府不应该大包大揽甚至包办代替，而是要提供充足的专业技能公共服务，促进农户广泛参与，协调村民合作，培养村民的自我发展能力。

在国家产业扶贫政策的扶持下，寺尔沟村产业扶贫项目的运行机制设计是系统完整的，投资来源也是有保障的。不过，由于产业扶贫理念和行动本身存在内在矛盾，在项目的实际运行中还是遇到了一些矛盾和问题。主要表现如下。

（一）政策环境与项目管理的矛盾

就寺尔沟村产业扶贫项目而言，项目实施的政策环境是良好的。在中央政府的大力支持下，青海省制定了全面精准的产业扶贫政策，全面构建了到县、到村、到户的产业扶贫体系，投入了大量财政扶贫资金，也有了该省泽库县宁秀乡拉格日村这样可以学习参考的优秀案例。项目具体的组织者和协调者东川镇政府制订了产业扶贫实施方案，规定了项目实施和运行机制、扶贫资金及入股分红方式等，对寺尔沟村开展产业扶贫项目给予了充分的支持。

不过，良好的政策支撑环境并不能消除项目实施管理中的实际困难。作为寺尔沟村产业扶贫项目的基层管理机构，东川镇政府就提出，产业项目实施过程中政府管理的难度大。保证贫困户扶贫资金的安全和分红资金的按期发放，实现贫困户的预期脱贫任务，是东川镇政府的首要责任。为此，东川镇政府在项目实施前认真审核项目实施方案，协调政府的扶贫资金，经过多方论证后，将入户扶贫资金注入村企专业合作社，并利用扶贫资金作为"杠杆","撬动"当地农业银行为合作社提供商业贷款，并在第一年予以免息优惠。但是在这一过程中，镇政策遇到了切实的困难。寺尔沟村专业合作社刚刚起步建设，没有任何具有较高价值的有效抵押物资产，无法进行评估和办理公证等手续，在扶贫资金注入时无法以有效抵押保证投入资金的安全。另外，作为一家新成立的合作社，其组织者和经营者并没有大规模生产经营和市场运作的经验。为鼓励村集体合作社的发展，东川镇以"利益共享、风险共担"的原则进行投资分红，因此具有一定的经济风险。对此，东川镇政府明确表达了对项目风险的担忧。

（二）行政力量与市场力量不平衡的矛盾

产业扶贫既需要国家制定多种政策、行使行政手段、开展制度安排、配置公共资源，也需要市场经济在资源配置中起到重要的作用，从而合理调节行政力量与市场力量间的平衡。在村庄调研中发现，在产业扶贫项目实施过程中，政府的行政力量远远超出市场力量，二者之间存在显著不平衡的矛盾。

地方政府在项目实施过程中工作积极认真，但也承担了超出范围的责任。东川镇政府在村合作社没有较高价值的有效抵押物资产时，仍然顶着较大的压力，为项目协调落实了无息或低息商业贷款。村产业扶贫项目在投资、固定资产建设、流动资金、赢利等方面对政府扶持的依赖性一直很强。该项目总投入达到了326.72万元，其中向当地农业银行申请的商业贷款为180.00万元，仅占总投入的55%。该商业贷款由当地政府允许合作社利用扶贫专项资金做担保金，享受政府提供的第一年免息的优惠政策。其余投入均为贫困户扶贫资金、县级补助和帮扶单位的发展扶持资金。在合作社的建设和实际运营中，国家各项扶持资金占据了固定资产投入大部分；第一年免息的商业贷款为合作社提供了全部的流动资金。从赢利情况来看，合作社虽然于2016年和2017年实现了一定的赢利，但这是在未考虑固定资产折旧的情况下实现的，且从2017年起合作社的收入和赢利明显下降；如果考虑固定资产折旧，合作社即使在第一年也未必能够真正赢利。在合作社运营期间，门源县委书记曾两次来到寺尔沟村调研，他非常认可合作社产业脱贫的工作，但也发现了合作社发展中遇到的资金困难，之后给寺尔沟村提供了 30 万元的扶贫奖励资金，用于合作社的生产经营。合作社董事长认为这笔资金对合作社是"雪中送炭"，非常重要，但也反映了寺尔沟村产业扶贫项目过分依赖政府扶持的事实。

为了保障产业扶贫项目实施后的市场化运营，必须在培育产业项目之初就要遵循市场规律选择、设计和运行产业扶贫项目。从赢利情况来看，根据合作社董事长提供的信息，2016~2018 年的 3 年间，在没有考虑固定资产投入的情况下，合作社从赢利 20 万元、赢利 10 万元到亏损 8 万多元，生产规模持续缩小，经营效益持续下降，现金流缺乏，没有利润积累。按照合作社与银行的贷款合同，2019 年是合作社还贷的最后一年，合作社目前缺乏按时足额归还贷款的能力。由于养殖尤其是较大规模的养殖业需要大量的流动资金用于购买牛犊、羊羔等，因此合作社在还贷后缺乏能力继续维持或扩大生产规模。合作社未能实现真正的市场化运营，缺乏市场竞争力，项目的可持续性欠缺。

（三）负责人心态变化背后的项目技术经济问题

2016~2018 年寺尔沟村产业扶贫项目实施的 3 年时间里，合作社董事长对项目的态度发生了明显的变化。在 2016 年底和 2017 年 2 月第一、二次入村调研时，合作社养殖项目正处于启动阶段，合作社董事长对项目的发展前景充满了期待。2017 年 7 月入村调研时，养殖基地的基建基本完成，水电路等配套基础设施正陆续建成。当时，合作社董事长充满信心地带领调研者参观了养殖基地的养殖大棚、储草棚、办公间等设施，介绍了合作社的养殖计划，认为该村 4 万亩的优质资源能够为该村村民尤其是贫困村民带来明显的增收效益。合作社还为村民提供了两个就业机会，为他们带来了实实在在的收入。2018 年 7 月入村调研时，合作社董事长带领调研者参观了养殖大棚内的肉牛和养殖情况，这时候他有些担忧，提出养殖社的流动资金不足，希望国家能够予以资金扶持。仅仅 3 年，合作社董事长满满的信心就已经变成了深深的担心。

合作社董事长对合作社产业扶贫项目信心减弱、担忧加强，这种主观心态转变的背后，掩藏着项目从启动前就存在的内在缺陷：该产业扶贫项目从最初就没有开展科学的技术经济分析与合理的项目设计，使资金没有得到优化合理的利用。农牧产业发展项目大多具有固定投入高、流动资金需求大、投资回报率低、投资回收期长的特点，对于扶贫产业的良性市场化运营是一个巨大的挑战。一般来说，在分配资金投入的时候，需要充分考虑养殖项目的这种投资特点，合理分配固定资产的投入比例，科学估算和保障项目的流动金需要量，以保障项目的正常运营。在生产经营的过程中，需要合理配置产品规模和结构，在考虑市场需求的情况下，使销售收入能够保证充分的资金流入，在满足现金流需求的同时获得一定的收益。在项目的实际运行中，最初的投资计划、产品计划和收益估算会发生一定的变化，需要根据市场情况和经营情况进行及时调整。

村庄调研发现，在合作社养殖基地建设的过程中，合作社只开展了简单的投资和成本估算，进行了产品设计，开展了效益分析；对项目缺乏合理的技术经济分析，没有充分考虑固定投资的折旧成本，没有合理规划固定投资与流动资金的关系，没有根据经营和市场情况合理调整产品规模，使得资金没有得到优化合理的利用，合作社的生产规模、现金流入和收益水平也没有达到使项目正常运转的水平，影响了项目的正常运营。合作社董事长说，养殖基地建设的固定资产投入达200多万元，仅4座大棚的建设投资就在80万元左右，700米围墙的建设成本达70万元，另外还有修建通往养殖场道路、饲料存放加工厂房和宿舍的费用，以及摩托车购置等的费用；固定资产投入比重太高，占总投资的60%以上，严重影响了项目资金的健康运转。由于资金主要用于固定资产的建设，在合作社的账户上剩余的流动资金很少。另外，项目启动后，最初的产品设计发生了变化，原计划的鸡养殖没有开展，藏羊养殖改为了湖羊养殖，产品发生了变化；养殖规模也缩小了。没有足够的产品规模，就没有充分的现金收入，使合作社从一开始就没有达到使项目正常健康运转的现金流入和收益水平。

从寺尔沟村实践可以看出，地方政府和基层管理部门在实施产业扶贫尤其是农牧业扶贫项目时，一定要充分了解农牧业产业的技术经济特点，对产业扶贫项目开展准确的项目成本收益的技术经济分析，使资金得到优化合理的利用。对于固定资产投资占比高、流动资金需求大的项目，需要合理分配固定资产的投入比例，科学估算和保障项目的流动金需要量。为了顺利实施产业扶贫项目，政府应该事先对带动能人在开展生产技术培训之外，还要开展企业管理的培训，使其掌握产业化经营管理的技能，在生产过程中能够按照市场需求合理配置产品规模和结构。如果在项目的实际运行中，最初的投资计划、产品计划和收益估算发生一定的变化，还需要根据市场情况和经营情况进行及时调整。

（四）利益分享和利益冲突的平衡

寺尔沟村产业扶贫项目在实施过程中，不可避免地遇到了项目参与者与非参与者之间、项目参与者内部之间的利益冲突与利益分享的平衡问题。寺尔沟村产业扶贫项目得到了政府的资金支持和各部门的全力协调与组织，获得了商业银行的限期无息贷款扶持，在村庄层面，还获得了默认的村企合作社产业扶贫项目对村集体草场的优先使用权。这些政策和资源的倾斜，对参与的村民是一种落到实处的利益倾斜，但对于其他村民则可能意味着一定程度的利益分享不公平。在去往合作社养殖基地的路上，有一位大妈搭顺风车去自己位于草场处的养殖大棚给牛喂草。她有些抱怨地说自己是家庭搞的养殖，没有参加合作社，什么优惠也没享受上呢。

项目参与者内部之间的利益分享则通过门源县扶贫局和东川镇政府审核认定的分红机制进行了公平的设定。合作社与村委会签订协议，按照"负赢不负亏"的原则，无论企业盈利或亏损，年底按照注入资金额度10%的比例进行分红。分红时，合作社将分红资金交由镇政府，由镇政府向精准扶贫户发放分红资金。2016~2018年的3年中，入股合作社的贫困户如期足额获得了既定的分红收入。不过，合作社利益共享的机制目前也面临两个难题。第一，在产业扶贫项目经营不良、盈利下降甚至亏损的情况下，入股农户的利益也会受损，这也是政府扶持资金的损失。第二，目前在合作社的运营中，村书记并不太清楚合作社详细的经营情况，贫困农户参与也不多，合作社经营情况的透明度、规范度还需要进一步提高。

产业扶贫项目的另一个重要目的是使贫困农户通过积极参与产业发展，获取一定的生产和经营经验，提高自身创收增收的能力，这是另一种利益分享的机制。在具体实践中，当地能人或大户主导实施产业扶贫项目，他们自身就比一般农户拥有更多的市场、技术和产品优势，参与国家产业扶贫项目使他们拥有了更多的优势与能力。而这些是散户很难通过学习得到的。对于贫困农户而言，他们虽然能够通过分红机制保障自己的经济收益，但还缺乏一种有效的参与机制，使他们能够在参与过程中学习生产和经营经验，提高自己的创收增收能力。在这方面，政府应当坚持公平公正的原则，合理分配公共资源，为贫困村民提供学习和实践机会，从而建立起真正的农户参与、学习共进和利益共享的合作机制，使贫困农户不仅能分享经济利益，还能有学习的机会和进步的空间。

参考文献

达哇才让：《多民族杂居村落中不同文化的一致性和差异性研究——对青海省农牧区互嵌式居住村落的抽样调查》，《青藏高原论坛》2017 年第 4 期。

苑尔芯、彭必源：《改革开放以来青海省农村居民收入状况分析》，《科技信息》2010 年第 15 期。

左停：《稳定脱贫的制度设计和路径选择》，《光明日报》2018 年 9 月 25 日。

王春光：《社会治理视角下的农村开发扶贫问题研究》，《中共福建省委党校学报》2015 年第 3 期。

马斌毅、朱成青：《青海省民族自治地区精准扶贫问题研究——基于海北藏族自治州的调查》，《攀登》2018 年第 1 期。

陈来生、霍学喜：《我国绿色农业发展途径和体系建设探讨——以青海门源盆地为例》，《开发研究》2006 年第 4 期。

申红兴：《构建青海藏区产业扶贫动力机制研究》，《宁夏社会科学》2014 年第 4 期。

梁晨：《产业扶贫项目的运作机制与地方政府的角色》，《北京工业大学学报》(社会科学版) 2015 年第 5 期。

一个太行山村落的旅游文化兴村之路

——河北阜平骆驼湾村的脱贫实践

王月金　李　静*

摘　要： 本文考察了河北省阜平县辖下的一个处于燕山—太行山中的深山村落脱贫之路。笔者于2017~2020年通过对骆驼湾村脱贫奔小康过程进行参与观察，发现骆驼湾村的致富经验在于把劣势环境变为优势旅游资源，从而为这个即将消亡的山村注入了活力，形成了旅游文化兴村和其他产业相协同的致富格局，骆驼湾村的嬗变开拓了深山脱贫新模式，这种探索建立在开发式和精准式扶贫协同并进基础之上。本文还思考了如何让返乡青年农民工更多地参与家乡的建设以及今后面临的相对贫困问题。

关键词： 精准扶贫　奔小康　文化兴村　骆驼湾村

目前我国大部分的贫困村处于地理条件恶劣的山区，贫困山村是扶贫攻坚的主战场，处于太行山深处的骆驼湾村就是一个这样的穷山村。2012年12月30日，骆驼湾村迎来了历史的转折点。这天，习近平总书记一大早就踏着皑皑白雪，来到大山深处的骆驼湾村。在这次调研

---

* 王月金，湖州师范学院讲师，主要研究方向为金融与贫困；李静，中国社会科学院农村发展研究所研究员，主要研究方向为贫困与福祉、农村金融。

中，习总书记提出"帮助困难乡亲脱贫致富要有针对性，要一家一户摸情况"①，这为中国扶贫方式从开发式扶贫转向精准扶贫提供了依据，更为骆驼湾村的脱贫攻坚指明了方向。从此，骆驼湾村展开了改天换地的脱贫攻坚奋斗史，如今8年过去了，当初的穷山沟变成了现在的旅游胜地，骆驼湾村的脱贫模式为我国的脱贫攻坚开辟了一种新模式。

一　骆驼湾基本情况及贫困原因

"九山半水半分田，山高沟深骆驼湾"，村民用简短的一句话来形容骆驼湾的境况。骆驼湾自然村在阜平县西，太行山深处，西部毗邻山西五台山，是龙泉关镇下设的行政村，距龙泉关镇约5.4公里，明洪武年间因卫河码头商道成村，是清朝康熙帝五次西朝五台、雍正一次瞻礼、乾隆六拜圣地、嘉庆一次进香的古御道必经的小村庄。康熙微服私访路过阜平去五台山，在此大山涧中走不出去，最后骑着该村的骆驼走出山涧到了五台山，故该村得名骆驼湾村。

骆驼湾行政村辖骆驼湾、瓦窑、辽道背、木桥、菜树塔、朱行塔、杨树塔、青石塘沟和藏粮沟等9个自然村，目前村民主要居住在骆驼湾和瓦窑2个自然村。骆驼湾所在的阜平县是典型的山区贫困县，是属于全国连片特困区，是老区、山区、贫困地区"三区合一"的地区，这里所属的晋察冀边区是中国共产党和八路军创建的第一个敌后抗日根据地，聂荣臻曾与这里的人民群众结下了最深厚的感情。他后来在一次干部会上用深沉的语调说："的确阜平是穷，好多百姓吃树叶度日。阜平那种穷的印象，使我对阜平人民产生了一种强烈的同情心，常常想着如何去改善他们的生活，减轻他们的负担。"②阜平自国家八七扶贫攻坚计划以来就是国定贫困县。据阜平县扶贫办数据，2012年全县209个行政村中有164个贫困村，占78.5%；2014年初建档立卡贫困人口10.81万人，占

---

① 《在河北省阜平县考察扶贫开发工作时的讲话》（2012年12月29日、30日）《做焦裕禄式的县委书记》，中央文献出版社，2015，第17页。
② 聂荣臻：《聂荣臻回忆录》，解放军出版社，1983，第123页。

总人口的 47.0%（总人口 22.98 万）。贫困程度深，各项经济指标在省市均居后位，远低于全国、全省、全市的平均数。

阜平穷，骆驼湾（下文所指均为行政村）更穷，骆驼湾平均海拔1510 米，所处地理位置山高沟深，地势险峻，环境恶劣，从龙泉关镇到骆驼湾村过去只有一条小山路，车辆不能到达，主要依靠步行，需要数小时才能到达龙泉关镇，连不少阜平当地人都不知道有这么个村子存在。而且，骆驼湾村人口居住极为分散，全村 245 户分布在 9 个自然村，最远的自然村距离中心村 7 公里山路，最小的自然村只有 4 户 8 口人。

山高沟深的自然环境是村民贫困的最主要原因，骆驼湾前村支书顾润金从 1995 年就带领全村与贫困抗争。据顾润金介绍，2000 年阜平县畜牧局从山西进了 100 头奶羊送到骆驼湾，村里 20 户每户分到了 5 头。正在村民们准备大干一场的时候，国家开始实施退耕还林工程，骆驼湾被划进了林区，原本放养的奶羊断了顿，村民们只得将羊卖掉。之后顾润金又鼓励村民利用林地优势种植速生林，结果是山地土壤贫瘠，速生林根本长不成。最后的希望是种土豆，"骆驼湾的土豆个小、营养价值高、好吃，到县城里面可以卖个好价钱，但好景不长，由于缺乏技术指导，土豆产量低，土豆太小，很快就没了销路"。

在老书记的眼里，骆驼湾是有资源的，骆驼湾西邻五台山，附近还有天生桥瀑布，而已成规模的天生桥风景区和骆驼湾之间的距离极近，穿过骆驼湾的高海拔地区的大面积氧吧森林直接就到了天生桥瀑布，而来五台山旅游的人很多会顺带到天生桥瀑布游玩，如果把这些游客分流一些来骆驼湾旅游，骆驼湾旅游产业将自然被带动起来。尽管如此，但这需要山村整体开发，没有大资金是办不成的，而且道路不通是首要问题，想来搞旅游开发的企业家都望而却步。

几经脱贫抗争下来，骆驼湾的村民还是"人均一亩地，种点小玉米；喝点糊糊粥，盼望吃大米"。骆驼湾平整连片土地较少，耕地资源不足，"九山半水半分田"，除了面积狭小的水浇地之外，剩下的大多是用石头块垒在山梁上的"薄田"。骆驼湾村村域内的农业种植一直以土豆和玉米为主，而且作为粗犷性种植，玉米和土豆主要为人畜使用，经济收入微乎其微。2012年，村里共有608口人，其中428人为贫困人口，村民的主要经济收入是种植业和外出打工，人均年收入不足900元。

贫穷加剧的结果就是劳动力流失，年轻人都走了，剩下年迈多病的老人。长期的劳动力流失，骆驼湾几乎变成了一座空村。越来越多的年轻人开始算起了投入、产出的经济账，2012年只剩下了200多人，其中最大的83岁，最小的42岁。由于受教育程度低和缺少职业晋升的技能，大部分外出务工的村民徘徊在城市贫困群体中，依靠外出务工收入回馈家乡也很难行得通。

穷得出名的骆驼湾在2012年的最后两天终于迎来命运转机。2012年12月30日，习近平总书记冒着严寒，来到海拔1512米的骆驼湾村访贫问苦。在这次考察中，习近平提出，"全面建成小康社会，最艰巨最繁重的任务在农村，特别是在贫困地区。没有农村的小康，特别是没有贫困地区的小康，就没有全面建成小康社会"①。而且，他还提出了扶贫开发工作的四项原则：因地制宜、科学规划、分类指导、因势利导。

在总书记考察阜平县不久，阜平成为中国扶贫新的地标和样本，骆驼湾村也迎来了命运转机。阜平县被确定为"燕山—太行山片区区域发展与扶贫攻坚试点县"，国务院扶贫办成立"燕山—太行山片区阜平试点"协调小组，河北省专门针对阜平成立了扶贫攻坚领导小组。国家部委把阜平县确定为特别帮扶对象，阜平获批了省级经济开发区，投入1600万元搞基础建设，仅在2013一年，阜平就接收各级专项资金12.61亿元，是当地财政收入的7倍。

2013年，在国务院扶贫开发领导小组办公室指导下，阜平县立足县情编制完成了《燕山—太行山片区阜平县区域发展与扶贫攻坚实施规划》，确定了"三年大见成效、五年稳定脱贫、八年建成小康"的奋斗目标。2013年以来，阜平县以脱贫攻坚统揽经济社会发展全局，坚持脱贫与建小康两步并作一步走，统筹推进脱贫攻坚与县域发展。阜平县提出

---

① 《习近平：没有贫困地区的小康 就没有全面建成小康社会》，新华网，http://www.xinhuanet.com/，2012年12月29日。

六大目标：一是燕太片区区域发展与扶贫攻坚试点，率先实现燕太片区规划目标，在政策上先行先试、在体制机制上有所创新，在燕太片区有示范意义。二是绿色安全农副产品生产加工供应基地。三是科技引导型先进制造业基地。四是中国北方知名旅游目的地。五是华北地区重要物流节点。六是京津冀都市圈生态发展示范区。

二 在探索中寻找到脱贫奔小康之路

习总书记访问骆驼湾后，阜平县把骆驼湾村纳入了燕太片区区域发展与扶贫攻坚试点，首先解决了骆驼湾通路的问题，一条新修的宽超 6 米的柏油路北向连接了阜平县去往山西的 382 国道，路修好了前来参观的人接踵而至。据顾润金回忆，"想来投资建设的、考察项目的，差不多天天都有新的人来，但他们早上开车来到骆驼湾，溜达一圈儿之后，晚上就驾车离开，来的各地牌照的车多得数不胜数，但没有哪支队伍愿意踏实停留些时日"。

从骆驼村再往南走就是海拔近 2300 米的辽道背、菜树塔等村落，辽道背村是位于太行山深处一个自然空中村，周边就是原始森林，宛如仙境，山里有 2000 多种植被和几百种药材，这里被称为天然氧吧，习总书记的到访又为骆驼湾村增添了名气，骆驼湾发展旅游富村成为很多村民的梦想。"这么多人来旅游，哪怕他们在这里住一日，吃上两三顿饭，整个骆驼湾村民的收入就上来了。"一些村民抱着试试的心态办起了农家乐。

但 2013~2016 年这 3 年里，骆驼湾的农家乐并没有很好地发展起来，尽管前来旅游参观的人很多，但想留下来住进农家乐的不多，很多人开车来是带着干粮的，也很少来农家乐吃饭，原因出现在哪里？一是农户自己办的农家乐的档次太低，各种设备不齐全，吸引不了游客入住；二是当地农户做的饭菜不合外来游客的口味，花样不多，没有特色。

为把骆驼湾村打造成旅游胜地，2015 年开始，阜平县对骆驼湾村进行了翻天覆地的改造提升工程，邀请了中国乡建院对骆驼湾的民居进行统一规划改造，按照本地传统民居特色，结合户主意愿逐户设计施工。据驻村干部介绍，一开始老百姓是有抵触情绪的，有些人感觉自己的白墙不是很好吗，怎么要变成土墙颜色，但当老百姓看到别人家破旧低矮的土坯房变成了青砖灰瓦黄土墙的太行特色民居时，都纷纷加入了改造升级的行列。如今，一排排整齐划一的特色民居，走在其中不仅能体验到传统古朴的气息，而且远眺村落周围的环山，植被茂密，让人顿时忘掉一切烦恼，享受大自然。2018年，国家把骆驼湾村列入全国第五批中国传统古村落。

随着民居的改造完成，骆驼湾农家乐从2015年2家发展到2018年的13家，2019年一支北京的专业团队来到这里，为骆驼湾量身打造特色民宿，阜平县顾家台骆驼湾旅游发展有限责任公司把农户的民居租过来统一高规格打造骆驼湾民宿生态旅游，自2019年5月1日营业以来，骆驼湾村几乎每个周末都有文化活动。如今的骆驼湾村，村里交通、公共设施、村民精神面貌发生了很大改观，充满了活力和希望，成为百姓安居乐业的美丽家园。山货特产店、望山茶室、骆驼湾年画馆、民俗技艺坊、酒坊、豆腐坊、古朴的新民宿、飘香的小食街随处可见，昔日的贫困山村变身成远近闻名的旅游胜地。2019年骆驼湾村被评为中国最美丽的休闲乡村。

2012年12月30日，习近平总书记来到阜平县骆驼湾村，来到唐荣斌家，坐在炕上与唐荣斌一家谈心，如今唐荣斌的家成为前来骆驼湾旅游观光人的必看之地——骆驼湾1号院，这里还保留着习总书记来时的布置，成为骆驼湾的旅游景点，每天来参观的游人接踵而至，很多游客来骆驼湾的目的就是一睹骆驼湾1号院景象。据唐荣斌回忆，当时灶台上的铁锅还冒着热气。总书记揭开锅盖察看，只见里面蒸着馒头、玉米饼子、红薯、土豆和南瓜。唐荣斌老伴儿从锅里拿出一块蒸土豆递给了总书记。总书记掰了一块放在嘴里："味道不错！"还让同行的人都尝尝。然后，总书记坐在炕上与唐荣斌一家拉起家常。让唐荣斌印象最深的是，总书记叮嘱他要把小孙子的教育搞好，说希望在下一代，下一代要过好生活，首先得有文化。如今唐荣斌家的骆驼湾1号院被村里租去成为旅游景点，唐荣斌一家在 2015 年搬入了由政府出资翻修的新房，房外墙有保温，屋里是地暖，冬天可暖和了，住着也舒坦。唐荣斌以前打零工和种地，一年也挣不了几个钱。现在有养老金、低保金，承包地也与公司合作了，每亩地每年给 1000 元流转金，还可以在公司里打工挣薪金，另外，地又入了股，见了效益还可以五五分红得股金。

习近平总书记去探望的另一家是唐宗秀家，唐宗秀家 2017 年脱了贫，土地流转金、股金分红等收入不少。2019 年 5 月 1 日，阜裕投资公司开发的民宿旅游项目正式开张营业，唐宗秀老两口主动报名，打扫卫生、打理花草，每人每月进账 2000 多元。"一天三顿饭，全在公司吃。烩菜、米饭、面条，天天不重样，比在家里吃得还好！"过去，有些村民天天抄着手闲转，现如今也都有了工作，村里难见闲人。光阜裕投资公司一家，就吸纳了骆驼湾 30 多人和周边村 60 多人就业。

2018 年笔者前来骆驼湾调研时，骆驼湾正在做拆旧房、盖新房的收尾工作，村街道上正在铺设各种管道，尽管每天都有前来参观的游客，但游客们到来后参观一下 1 号院就匆匆而去。当时笔者住进了一家民宿，虽然里面设施也说得过去，但总是感觉不上档次，民宿一夜 100 元，因为很少有人入驻，民宿准备的饭菜也不多，吃了一碗鸡蛋面给店家留下 20 元，店家说 10 元就可以了。如今再次造访骆驼湾，村民的民宿统一租给了阜裕投资公司，在柜台前办理入住手续笔者等了半个多小时，因为来办理退房和入住的人太多得排队，柜台两个业务员忙得不可开交，民宿价格每天 200~500 元不等，等入住民宿小院房间后，笔者发现房屋内各种设备一应俱全，和阜平县城里的酒店档次差不多，上档次、上规格，价格也上来了。入住民宿后，在骆驼湾街道上走一走，这里有豆腐坊、飘香的小食街，进入豆腐坊，这里已有好几桌客人在吃饭，拿起菜单点了两个菜、一碗粥总共花费 50 元，吃着饭，看着来来往往的游客，品味着太行山的味道，昔日的穷山沟骆驼湾永远成为回忆。骆驼湾的另一个变化是，阜平县来该村上班的人多了，2018 年笔者 4 天的入村调研接触到的都是本村的人，如今入住民宿办理手续时接触的业务员家是县城的，在骆驼湾阜裕公司上班。骆驼湾村民告诉笔者，前来上班的人挺多的,他们住在骆驼湾职工宿舍,吃饭在骆驼湾食堂,骆驼湾现在已是名副其实的旅游胜地,很多村民在阜裕公司打工。

三 年轻人返乡为骆驼湾注入活力

通过打造旅游龙头产业,骆驼湾村实现了脱贫,在驻村第一书记刘华格看来,旅游产业现在做得很大,完全带动了村民脱贫奔小康,但骆驼湾村并没有止步于旅游产业。省里派来的驻村工作队利用扶贫资金,引入一家专业公司养殖肉鸡,但本村没有空闲土地。村党支部、驻村工作队转变思路,将养鸡场开到平阳镇,搞起"飞地经济"。养鸡场2019年4月投产,村集体每年收益20多万元。以旅游发展为龙头,香菇、高山苹果种植等项目也在统筹推进。

2018年5月骆驼湾还成立了村集体企业——骆驼湾实业发展有限公司,确定了以旅游产业为龙头、特色养殖和光伏产业统筹并进的发展思路。2019年就见到了效益,春节前村民拿到了分红。2019年骆驼湾还成立了骆驼湾集市电商平台,销售西红柿4000多斤、苹果2000多斤、黑木耳3000多斤,帮村民解决了农产品的销路问题。随着各项产业的发展,全村人均可支配收入由2012年的950元增长到2019年的13620元;村集体每年收入40多万元。

笔者了解到,现在骆驼湾村担心的不是没有产业项目,而是有了产业项目没人来做,因为年轻人大部分在外地打工,虽然近几年有些年轻人返乡,但是人数有限。吸引青年返乡是摆在骆驼湾村的一件大事,当然也有踊跃返乡创业的青年,任二红就是其中之一。

1978年出生在骆驼湾的任二红和中国的改革开放同龄,那时的骆驼湾很穷,家家户户都是土坯房,窗户上糊着报纸,后来改成了塑料布。风一吹,呼呼直响。冬天更是难熬,屋里冰凉冰凉的。2000年任二红从军队复员后到北京打工,第一次到大城市,看到那么多的高楼大厦,任二红觉得眼睛都不够使。住在租住的房子里,电梯直接送到房门口,夏天有空调,冬天有暖气,任二红再也不为天气冷暖发愁。有一次,任二红和同事去门头沟游玩，就住在了一家农家乐里，任二红产生了想法："老家的风景不比这里差，如果把老家建好了，自己住着舒心，开农家乐也有稳定收入，这不是两全其美吗？"从此，任二红一直关注着骆驼湾的发展，可过了好几年村里也没什么变化，回到村里还是住在土坯房里。2012年底，习近平总书记来到骆驼湾村终于开启了骆驼湾村的巨大变化。2015年春节任二红回村时，入村道路快要修好了，当得知村里要建设美丽乡村，把老房子拆了盖成新民居时，任二红当年5月就把北京的工作辞掉回到骆驼湾办起了农家乐。2017年5月1日，任二红的农家乐开张了，成为美丽乡村建设之后村里开的第一家农家乐"六号院客栈"。任二红的农家乐一共上下两层，建筑面积300平方米左右，能住宿的房间有6个，都有独立卫生间，通了上下水，厢房设置了厨房、餐厅。任二红自己总共花了十多万元，占全部建设资金的1/3左右，其他都是财政资金补贴的。自此之后，任二红的农家乐每年净收入4万元左右。

看到哥哥在骆驼湾的事业越做越大，在北京打工的妹妹任永花接到村委会动员年轻人回乡创业的信时，毫不迟疑地下决心回骆驼湾村发展。如今，任永花一边在村里的民宿公司打工，一边帮哥哥打理骆驼湾小超市。她精选品牌商品，比起城里的大超市，这儿的货品质量毫不逊色。一到旅游旺季，小小的铺子，顾客盈门。谈起为什么返乡发展，任永花告诉笔者，在异乡总有漂泊无根的感觉，而且孩子也要上学，没有北京户口，在北京很难找到学校上学，还有就是看到骆驼湾也发展起来了，有很多就业机会，就回来了。1982年出生的任永花2000年就来到北京打工，干过超市收银员，当过商场导购员，本来因为孩子上学打算2021年回骆驼湾的，因为看到骆驼湾发展起来了，而且有很多就业机会，2019年就返回了骆驼湾，目前在民宿公司打工，一月工资2000元，这些工资虽然没有在北京赚得多，但是花钱也少，几乎没有什么开销。在北京每月赚6000元，减去房租几乎也剩下2000元，但那是加班加点赚的钱，不像在骆驼湾工作自由，在家门口工作，一边带孩子一边工作，两不耽搁。在骆驼湾工作令任永花唯一感觉不足的是在北京那边打工，公司都给交五险一金，而在骆驼湾民宿公司打工没有五险一金，"如果这一块解决了，相信会有更多的年轻人返乡，你看现在骆驼湾的老人在民宿打工工资也是 2000 元，我们这些年轻人也是 2000 元，我们干的活儿更多，当然很多年轻人不愿意返乡，如果五险一金解决了，肯定年轻人不愿意在外打工，毕竟这里是他们的家，有谁不愿意为发展家乡做更多贡献呢？"。

如今，大约有 100 名年轻人回村创业，他们有的筹划开餐馆，有的搞特色养殖，有的做电子商务，也有的开农家乐，有了年轻人，整个村子显得更热闹、更年轻。驻村工作队里，当然也少不了年轻人的身影，河北省农业厅派出三位工作人员驻村，还有两位是下基层锻炼的，他们大部分是年轻人，不仅给骆驼湾村带来了大城市的文化气息，而且把骆驼湾村在外的年轻人吸引回来。2018 年来驻村的 90 后队员唐超男，青春写满她稚嫩的脸庞，但当谈起驻村工作，骆驼湾一共有几条街、几个门、几口人时，她了然于胸；哪家缺米缺面、哪家有人生病住院、哪家着急孩子上学，谁家有啥难事需要帮忙，都来喊小唐。

"以前山里种地没出路，村里只剩老人，很多院子走空了。如今县里有产业，村里有事干，许多年轻人冲这回来，越干越有劲！"在最近参加的一次村党员会议上，唐超男就发现，年轻党员们为了骆驼湾的发展贡献出不少好想法，"特色农业得错位发展，利用海拔高咱种冰葡萄，别的地方可没有啊"，"种中草药，也是好项目"，"建立动物乐园，留住带孩子来玩的游客"。听他们的讨论就知道，骆驼湾的年轻人正拧成一股绳，铆足劲向着美好的明天再出发。

四 民俗文化丰富了村民生活

乡村文化是农村生活的重要组成部分，一个地方农村发展得如何，不仅要看物质生活，更要看文化生活，农村的脱贫不仅是物质的脱贫，更是文化的脱贫。脱贫攻坚前的骆驼湾处于太行山深处的深山沟里，这里很多农户连电视都没有，更不要谈网络了，对吃了上顿饭就为下顿饭发愁的贫困户来说更谈不上传承发展乡村文化。脱贫攻坚以来，随着骆驼湾村基础设施整体提升，农户收入增加，发扬民俗文化走到了前台。

"农民是需要文化生活的"，驻村第一书记刘华格说，此前骆驼湾村治理比较松散，也没有村规民约，我们从党建抓起，积极发挥党员的带头作用，以各种形式组织村民参加文化活动，慢慢地村民的干劲被激发，人心由"散"到"聚"，人心更齐、干劲儿更足。骆驼湾村中心有个老戏台，是20世纪80年代建的，总书记来了之后，村子对老戏台进行了重建，如今骆驼湾大戏台每周末都有文化演出，而且村里也经常组织大秧歌、广场舞、山歌、戏曲等文艺表演，极大地丰富了村民和游客休闲假日的文化生活。

骆驼湾村把民俗文化和旅游结合在一起，不仅丰富了村民的日常文化生活，而且带来了赚钱机会。2020年1月2日，以"民俗骆驼湾、小村过大年"为主题的民俗活动在骆驼湾拉开序幕，以民俗文化体验为主旨，多种互动形式将民俗文化、民俗演出、年货大集等融为一体，并精心准备了各项体验活动，这是一场别开生面的民俗文化之旅。民俗技艺坊的民间艺人的虎头鞋、刺绣、剪纸、泥塑等工艺品，把村民家用的老手艺变成了能卖钱的商品，帮村民脱贫致富。

前来的游客不仅能领略一下太行山的自然风光，更主要的是体验一下传统的民俗文化生活，其中的"非遗民俗大互动"活动不仅邀请了民俗手艺人在现场展示各类民俗美食和传统手工艺品，将其包装成伴手礼送给游客。还为游客安排了剪窗花、纳鞋垫、制作手工鞋、写对联、画年画、手工磨豆腐、制作特色花馍、压饸饹、放风筝等一系列"非遗"民俗活动。据刘华格介绍，这些传统文化如果不好好发掘即将消失，之前骆驼湾因为太穷，村民对这些传统文化手艺虽然有一定的传承，但随着年轻人的外出打工，这些传统手艺将消失，如今这些手艺不仅可以丰富老百姓的生活，而且可以赚钱，很多返乡创业年轻人也开始学起来了。

如今的骆驼湾民俗文化已经走向了网络平台，抖音、快手等网络平台开始推出骆驼湾公众号，目前负责直播的是驻村青年唐超男，通过网络直播让骆驼湾的名声更大了，很多人可以通过直播了解到骆驼湾，还通过村民的各种手工艺品制作直播节目，让观众在看直播的同时可以下订单购买骆驼湾的民俗手工艺品。虽然现在直播只有几个月，但已经陆续接到了不少网上订单，网络直播带货将引领骆驼湾村的民俗手工艺品、土特产等走向全国市场。唐超男打算培养几名骆驼湾村的返乡大学生做大网络直播，这些大学生本来考出骆驼湾村打算在外地发展的，如今看到了骆驼湾村的发展变化，纷纷想回家乡创业。他们对网络直播比村民更有优势，他们是伴随着网络长大的一批"90后"，为了家乡的建设他们对网络创业充满了信心。传统手工艺品的制作也离不开村里的老年人，令唐超男感到意外的是，做网络直播的时候，村民都很配合，在网络直播镜头下表现得非常自然。

五　结论和问题

从2012年底到2020年，短短的8年时间，骆驼湾从一个寂寂无闻的太行山深处的深度贫困村嬗变成一个旅游胜地，这里面体现了国家整体山地开发式扶贫和精准扶贫相结合的战略实施，也见证了整个骆驼湾村民一步一步探索脱贫致富奔小康的过程。在此过程中，旅游成为引领骆驼湾村发展的主导产业，先是村庄整体设施的改造提升，后是传统民俗特色文化的跟进，再是整体形象的推介，旅游兴村不仅使骆驼湾村脱贫，而且使村民实现了小康。土地流转赚一部分、民宿房屋出租赚一部分，还有养老金，还可以在旅游公司打工赚工钱，现在的骆驼湾再也看不到站大街倚在墙上晒太阳的闲人。村民们在小康路上，争先恐后地努力工作，村里的文化生活也多了起来，村民不仅物质脱贫，精神上也脱贫了，把自己的传统手艺展现出来，继承好传统民俗文化也成为村民关心的事情。

笔者于2017~2020年，数次来到骆驼湾村调研，发现村庄整体环境的改变是村民脱贫致富的关键因素，环境改变了人也改变了，环境没有改变之前村民是以"等靠要"的态度对待脱贫，环境改变后村民是以努力工作的态度争先奔小康。同时，环境改变了年轻人也回来了，快要从历史上消失的骆驼湾村现又充满了活力。

　　笔者在走访农户过程中还发现，尽管农民都过上了小康生活，但有些曾经因病致贫农户的生活还处于紧平衡状态。"三高"和心脑血管疾病人群在骆驼湾还占相当大的比例，尤其是中老年人。尽管骆驼湾村居民有各种健康医疗保障，如基本医疗保险、大病医保、医疗救助等，对特殊人群还实行医疗兜底保障，但这些保障仍难以弥补大病、重病、慢性病患者的各种开销。有不少农户尤其是患心脑血管疾病的人群，吃的很多药都是子女从外地购买的，这些药本地买不到也不纳入医保，而纳入医保的药吃了又不见效，如果没有子女的帮扶，这些人的收入难以抵销买药的支出。有的大病重病患者长期卧床不起，虽然政府有兜底保障，但这样的农户要有人在家护理，一个人得病就少了两个人打工赚钱，随着时间的推移，这部分患病的农户与其他农户的收入差距会越来越大。从骆驼湾的情况来看，对因残因病致贫返贫人口的长期扶持是一个亟待解决的大问题，这或将是全国脱贫攻坚奔小康后解决相对贫困问题的主要方向。

参考文献

习近平：《做焦裕禄式的县委书记》，中央文献出版社，2015。

李静、王月金：《健康与农民主观福祉的关系分析——基于全国 5 省（区）1000 个农户的调查》，《中国农村经济》2015 年第 10 期。

檀学文、李静：《习近平精准扶贫思想实践深化研究》，《中国农村经济》2017 年第 9 期。

中共中央宣传部：《习近平总书记系列重要讲话读本》，人民出版社，2016。

中共中央党史和文献研究院编《习近平扶贫论述摘编》，中央文献出版社，2018。

易地扶贫搬迁的可持续性机制研究

——基于福建赤溪村的调研

黎　昕　王绍据　耿　羽[*]

摘　要： 本文考察了"中国扶贫第一村"赤溪村的易地扶贫搬迁脱贫历程。自 20 世纪 80 年代以来，赤溪村经历了"输血—换血—造血"三个阶段的扶贫开发，赤溪村通过实施易地扶贫搬迁"造福工程"及后续配套措施，跨越了"空间贫困陷阱"，让村民不仅搬得出，还能稳得住、安下来、富起来，实现"可持续生计"。

关键词： 易地扶贫搬迁　空间贫困　可持续发展　赤溪村

赤溪村是福建省宁德市下辖的福鼎市磻溪镇的一个畲族行政村，被称为"中国扶贫第一村"。赤溪村干部群众经过十年"输血"就地扶贫，十年"换血"搬迁扶贫，十年"造血""旅游＋产业"扶贫，因地制宜、精准发力，终于走上了脱贫致富的小康路。2015 年赤溪村的扶贫开发工作得到了习近平总书记的批示肯定，2016 年 2 月 19 日，习近平总书记还通过人民网与赤溪村民视频连线，在线交流。2015 年 12 月 7 日，时任国务院副总理汪洋亲临视察，将赤溪村作为精准扶贫"宁德模式"的典型之一。

---

* 　黎昕，原福建社会科学院副院长、研究员，研究方向为应用社会学与社会发展；王绍据，宁德市委宣传部原副部长、闽东日报社总编辑、高级记者，研究方向为乡村建设与乡村脱贫；耿羽，福建社会科学院社会学所副研究员，研究方向为农村社会学与文化社会学。

一 赤溪村"输血"扶贫历程（1984~1993 年）

20 世纪 80 年代，宁德被国务院认定为全国 18 个集中连片贫困地区之一，全区 9 个县有 6 个被定为国家级贫困县，120 个乡镇有 52 个被列为省级贫困乡镇。全区农民年人均纯收入不足 160 元，徘徊在温饱线上下的农村贫困户超过 77 万人，占当地农村总人口的 1/3。赤溪村是宁德典型的贫困村落，山陡、坡险、溪弯、地狭、村僻、人穷。该村 14 个自然村都散落在太姥山西麓崇山峻岭的僻壤旮旯里，九鲤溪和下山溪夹村环绕。出村唯一的路是盘踞山间的羊肠小道，往返路途在 100 华里，要从村里去往集镇，只有徒步崎岖山路，村民所需要的生产和生活物资，全部依赖肩挑手提，人员和货物的进出都非常艰难。该村仅有 500 余亩不肥沃的水田种植稻谷，大多数都用于缴纳公粮和统购粮，唯靠人均 0.5 亩的贫瘠农地种番薯当主粮，1/3 的人家还得挖野菜充饥。山下自然村的群众虽有一些传统副业，但限于交通不便，信息闭塞，只能搞些竹筏运输柴片，做一些毛竹加工品，以补贴家用。下山溪是赤溪村地理环境最为恶劣、生活条件最为艰苦的自然村，是个挂在半山腰的畲族村寨，18 户村民散居在 6 处山旮旯，分别是岗尾、羊头坑、石壁头、水井面、大墘下、樟臭弯，从这些地名就可以看出村民居住条件十分恶劣：房屋紧贴在山崖边上，只闻悬崖下的溪流声却不见其形。有一首民谣这样唱道："昔日穷村下山溪，山高路险足迹稀。早出挑柴换油盐，晚归家门日落西。"

随着市场经济的发展和国家公共服务体系的建立，村民更需要与外界加强联系，山高路远与对外交流形成了一对矛盾关系：村民买日用品必须买好几个月的储存，否则临时要个打火机都找不到；将化肥农药运上山要花几个小时；外出打工尤其是到邻近打零工很麻烦；生了病很难及时到医疗机构医治；高山村的孩子去一趟中心小学要走一两个小时。恶劣的地理环境让医疗、教育等民生公共物品供给困难。早期下山溪村里聘请邻村的民办教师沈朝连，每月 10 元报酬，只教到三年级，四年级的学生就得到赤溪完小续读。提起昔日上学的事情，村民李乃松记忆犹新，他说："我念四年级时，早晨天蒙蒙亮就得赶走15华里崎岖山路到赤溪上课，傍晚还得赶这么远路程回家。一路上野猫叫、猴子跳，我全然顾及不上，后来越想越害怕……"下山溪远离乡镇卫生院，缺医少药，一旦患上急病，轻则病上加病，重则听天由命。雷文进一家三兄弟，因为患病缺医少药，更没钱请医生，长兄病亡之后，两个弟弟也因病无法治疗，相继去世，成了无主户。下山溪村民小组组长李先如说："我们村里既无一分水田，也没大块农地，主粮番薯都是在石边岩角的斗笠丘和眉毛丘上种植的。唯一的经济收入是靠砍柴扛竹到山外的集市出售，半天砍竹，半天扛运，每百斤毛竹一元钱，单肩扛着百来斤毛竹走在弯曲坎坷的山路，比在平坦路里挑三百斤还吃力，起早摸黑才卖个块把钱。我就是靠这点收入攒了一点积蓄，23岁时娶了一门亲。贫穷夫妻多恩爱，一年后我的爱人雷菊花有了身孕。当我妻子分娩时，忽然出血不止，昏迷不醒，亲戚和邻居们跪地求神拜佛，祈祷母子平安。当大约3斤重的男婴无声坠地后，她却再也没有醒过来。大家放声号哭，呼天唤地，痛苦得很。当年要是村里有医有药，要是没有大山阻挡，要是距离卫生院近些，我爱人的生命就不会过早断送了！"

1984年，时任福鼎县委办公室副主任兼新闻科科长（报道组组长）的王绍据来到下山溪这个被深山老林湮没的村里，亲眼看到了村民们食不果腹、衣难遮体的艰难与窘迫，震撼不已，迅速写成《穷山村希望——实行特殊政策治穷致富》一文。王绍据将文章寄给了《人民日报》编辑部，1984年6月24日，《人民日报》头版刊发了一封反映赤溪下山溪畲族自然村贫困状况的来信和《关怀贫困地区》的评论员文章，引起党中央的高度关注和全国各地的强烈反响。1984年9月29日，中共中央、国务院下发《关于帮助贫困地区尽快改变面貌的通知》，全国性的扶贫攻坚工作由此拉开序幕。

1984年6月，刚上任的福鼎县委书记周义务就赤溪村贫困问题开展讨论，商定扶贫方案，并率领农业、粮食、林业、供销、畜牧、民政、老区等部门的负责人，随身带着救济金、大米、鱼、肉、衣服、棉被等物资，沿着崎岖的山路至下山溪。大家挨家挨户访贫问苦，根据每户人口多少，分别送去米、鱼、肉等物资。畜牧部门免费送去了60多只山羊崽和50多只长毛兔种，林业部门免费送去了3000多株杉树苗、2000多株水果苗，农业和医药部门免费送去了药材种子及种植方法。中共中央、国务院《关于帮助贫困地区尽快改变面貌的通知》下发后，福鼎县党政领导再次率领扶贫、粮食、教育、计生等有关部门负责人进山"把脉"。鉴于下山溪没有水田难产谷子、少量农地种番薯不能自给的实际，县长当场拍板表态，实施特殊政策，从当年夏季开始一律免交征购粮，免售加价粮，一定5年不变。第二年，赤溪行政村也享受到这一政策。

相比当时大多数村庄尚处于资源提取阶段，赤溪村已经得到政府较多方面的资源输入和补助，不仅免于缴交农业税，还在产业、教育、医疗等方面享有帮扶，但纯粹的"输入式"扶贫难以改变赤溪村"一方水土养不了一方人"的困苦境地。由于下山溪村过于贫瘠，加上当年干旱少雨，种下的杉树苗不到一年枯死一大半，存活下来的长不高，成不了材，一大批桃、李果树挤在眉毛丘、斗笠丘等狭窄农地上，虽能长出几粒果，但还没到收成，却让野猴子抢先偷摘了。山羊崽分散到各户饲养，由于山里茅草过于粗硬，啃吃后羊嘴巴普遍冒血泡，接着化脓溃烂，这60多只山羊崽没能长大。许多长毛兔也由于缺乏饲养技术，不是患病死亡，就是被野狗叼个精光。村民种下一批适应性极强的根茎药材，原本有望收获到手，结果却被无情的野猪挖咬得惨不忍睹。"就是这种割我们脸和手的茅草，羊吃不了，吃了就得'烂嘴病''烂耳病'，树苗也一样，山地太薄不长根，年年种年年死。"前几年从邻村聘请的那位民办教师兼"赤脚医生"，由于报酬太低，收入过少，连对象都难以谈上，最终辞职跑到山外打工去了。"全年人均收入才120元呵，谁家姑娘肯嫁村里来？""自身骨头不长肉"，根本改变不了一穷二白之面貌。至1993年，全村农民人均纯收入还不足500元，部分已脱贫的畲族群众也由于自然灾害及后劲不足等很快再度陷入贫困，畲族群众贫困面依然很广。据统计，1993 年全村畲族贫困户仍有 41 户，占畲族总农户的 31%。十年"输血"扶贫，收效甚微。

二 赤溪村"换血"扶贫历程（1994~2003 年）

1994 年 8 月，下山溪 22 户 88 名畲族同胞被纳入福建省第一批造福工程整村搬迁，1995 年 4 月迁至赤溪中心村所在地的长安新街。1995 年 5 月 26 日桑园水库建成蓄水，这是福鼎历史上最大的扶贫项目，也是转变赤溪人民命运最关键的项目，电站建设期间赤溪村民务工增收，建成后赤溪村扶贫开发、脱贫致富步伐加速。从 1994 年开始，共有 12 个自然村 350 多户村民陆续通过造福工程搬迁至中心村，长安新街也随之不断延伸，如今赤溪中心村规模已达 1520 多人。大山里的畲族群众陆陆续续从破旧的茅草屋住进了宽敞明亮的砖瓦房，人均住房面积也从原先的 8.5 平方米提高到 40 平方米，彻底告别了穷山恶水。

表 1 赤溪村易地搬迁扶贫历程

年份（年）	搬迁户数（户）	搬迁人数（人）	优惠政策
1994	22（下山溪）	88	党委、政府和社会各界人士共给予建房补助金约 32 万元
1995	28	124	村给予地基优惠，在各项费用上给予一定的照顾减免
1996	19	84	党委、政府每户补助 3500 元，村给予地基优惠，且在各项费用上给予一定的照顾减免
1997~2007	208	922	村给予地基优惠，且在各项费用上给予一定的照顾减免
2008	5	20	每人补助 2500 元
2011	11	43	每人补助 2500 元，其中计生户每户增加 2500 元；少数民族每人增加 600 元
2012	29	106	每户 1 万元或每人 3000 元，另对少数民族、计生户、五保户、低保户、贫困户给予 600~15000 元不等的补助金
2013	6	18	

年份（年）	搬迁户数（户）	搬迁人数（人）	优惠政策
2014	4	19	每户 1 万元或每人 3000 元，另对少数民族、老区基点村、计生户、五保户、低保户、贫困户给予600~15000 元不等的补助金
2015	31	107	

赤溪村移民搬迁工程，最大的阻力在于村民的观念。下山溪村既没水又没土，"一方水土难养一方人"。面对这种情况，时任赤溪村党支部书记黄国来的想法是，从村里再修条路接上水电站的沙石路，把分散的 14 个自然村集中起来。时任磻溪镇党委书记许文贵则考虑，能不能把水电站移民搬迁的办法"移植"到赤溪？两人一碰撞，一个"搬"字脱口而出，不约而同。于是，在"输血"无效的情况下，下山溪村准备整村搬迁，异地"造血"。搬迁的消息传到村民中间，好比油锅里滴入了一滴水，立刻沸腾起来，议论声一浪高过一浪。"全村搬迁？怎么有可能呢？""到一个陌生的地方去，我们老的幼的都难适应呀！""下山干啥呀？天不是我们的天，地不是我们的地，死后都没地方埋呵！""祖宗三百年前就定居这里，我们过惯了山里生活，哪里都不想去！""命里有富自然富，命里属穷就得受。"还没搬迁就遇到"反搬迁"，县、镇、村三级领导合计商定"换血"先得换思想，要把老传统、老理念、宿命论彻底扭转过来，才能顺利开展搬迁工作。于是，干部们分头挨家挨户做思想工作。他们第一个协商对象是村民小组长李先如。李先如说："我原本也不想搬，几百年几十年都这样过来了，苦就苦些吧！后来，村党支部书记到家找我谈心，戳到了我内心最痛处。我千辛万苦娶个老婆，好不容易盼个儿子刚出世，她就撒手而去了。要是能在交通方便的地方，不是窝在这山旮旯，她的生命也不会那样早消失……如果不响应政府号召搬迁，别说是大家生活过不好，还会有第二个、第三个女人像我的老婆一样悲惨！"李先如一番痛彻心扉的真心话，打动了许多村民。

1994 年安置的新房为两栋 22 户砖木结构的统一格式楼房（沿着

规划线两侧各 11 户），盖房用的沙石、水泥、空心砖等建筑材料，钱全部由赤溪村"两委"和镇里在上级帮助下筹集，下山溪村民只从山上带下来 80 根木头，孩子们一并转入赤溪小学，就连老人们担心的坟地，镇里村里也考虑到了：坟墓可以迁到村后山里。新房经过半年多时间就陆续落成，1995 年 5 月 4 日，下山溪村村民全部搬进了新房。

赤溪行政村所在地原来是没有街道的。随着下山溪自然村 22 户 88 人加入，有规划地沿着 15 米宽的道路两侧整齐而对称地建设，逐渐形成了一条新街，以"长住久安"之意，命名为"长安新街"。镇、村领导有规划地将新街铺上水泥路面，显得平坦又硬实。两侧多为三层小楼，统一规格，一楼是店面，二三层为住家，每单元均为 3.8 米幅宽、12~15 米进深，彼此相接，不留间隔。畲汉两族，融洽相处，人气越来越旺。常住人口由原来散居的 93 户 400 多人剧增到现在的 356 户 1580 多人，占全村总人口的 86% 以上。半山、小溪、丘宅、东坪里 4 个纯畲族自然村和排头、溪东、旗杆里、赤溪坪等畲汉混居的自然村分三期陆陆续续搬迁出山、下山或移居。原来在赤溪散居的坑里弄、赤溪店、旗杆兜等小地方居住的汉族村民也纷纷聚居在长安新街两侧，甚至连杜家行政村南柄畲族自然村也搬迁至此。

在新的环境中，移民搬迁农户面临着生计再构建与恢复的过程。搬迁之前，安置农民大多是生活在山村，常年以田间农业种植或者山间林地劳作为主，其所掌握的生存技能主要是简单的农业耕作、林木采伐等初级技术，对农业生产和山林劳作的生存依赖度较高，加上与外界相对隔绝，交往甚少，缺乏对于新技术、新成果的了解。

在扶贫搬迁安置工程实施过程中，被安置农民不可避免地会对搬迁安置前后的收入水平和生活状况进行横向或者纵向的比较，当前后变动小于期望值时，就会感觉受到了不公平的待遇，因而产生不满情绪，更严重的会产生挫败感、愤怒感甚至破坏心理。在没有配套程序的情况下输入大量资源，只会激发部分村民对于权利的过度想象，同时理所当然地缩小自己的义务，只讲权利而不讲义务的人越来越多，最终关于农村公共物品会形成一套古怪但又在现实中成立的逻辑链条：政府投入大量公共物品资源→农民形成依赖思想→更加依赖政府投入→政府需要投入更多资源，仅是投入资源而不同时塑造民主政治风气，政府发现资源投入竟成了破坏村庄治理的负面力量，资源输入越多，则民众"等靠要"的思想越发滋生。赤溪村在实施搬迁后，一些村民手头稍微宽裕，就产生了不良情绪，有的大手大脚、铺张浪费，有的求神拜佛、建宫修庙，有的聚众赌博、酗酒闹事，有的甚至挑起姓氏、宗族之间的矛盾……几年间，赤溪村一度乱象纷纷。一个典型事例是：出生于赤溪村赤溪坪自然村的乡贤吴敬禧，早年曾在赤溪行政村担任过文书、会计，后来考干录取，调到霞浦县政府办工作，并负责该县杨家溪景区的旅游开发。而杨家溪风光旖旎的九鲤溪则在赤溪九鲤溪下游，能否实施联体互动？有心惦念家乡经济发展的吴敬禧，通过一位好友认识了万博华旅游公司董事长并邀请其到赤溪、湖里等山山水水考察。该董事长一看到赤溪的秀丽山水，就下决心投资赤溪村的旅游开发。赤溪村少数村民思想保守、观念陈旧，有的人只盯着眼前小利，在征地方面借机漫天要价，地给你了，但你要挖土还得再给钱，搞基建，必须雇我施工……最终逼得该董事长放弃赤溪而转移到邻村乌杯村开发户外拓展。

三 赤溪村"造血"扶贫历程（2003年至今）

精准扶贫精准脱贫需要久久为功持续发力，赤溪村经历"输血"和"换血"后，在党的扶贫政策支持下，干部群众发扬顽强拼搏、滴水穿石的精神，因地制宜，努力"造血"，确立了"生态立村、旅游富民"的发展思路，大力发展特色产业，推动精准扶贫与移风易俗相结合、与基层组织建设相结合，实现了从远近闻名的贫困村向小康村的华丽变身。

（一）精准扶贫与发展茶产业相结合

发展产业是实现搬得出、稳得住、能致富的根本之策。产业扶贫需要和嵌入村庄社区的本土村民对接，实现经济生产、社会关系和文化价值在村庄内部生成并循环，才能富有成效并实现可持续。以白茶产业为例，赤溪村以基础设施投入为股本，与多家企业合作，建设畲村白茶体验馆，销售赤溪纪念茶，目前销售额达 500 多万元。村民们通过参与经营分红和务工增收，年收入在 10 万元以上的家庭近 180 户，占全村的 44%。1990 年出生的杜赢，是土生土长的赤溪人，毕业于广西玉林师范学院，原本可以就地应聘教师，但他放弃了在城里就业的机会，毅然偕同学及女朋友陈春平回到生于斯长于斯的村里。他看到村民们几乎每家都种植茶叶，却没有一家像样的加工厂，只卖茶青，附加价值体现不了，头春茶青可以卖个好价钱，到了二三春，茶青价钱还不够采茶的工夫钱，直接影响到茶农经济收入。于是，他承接了自己父亲办的一家小茶厂，决心把它做大做强。杜赢注册了自己的公司，创建了"尚亦溪"品牌，通过互联网线上线下结合搞销售，"第一桶金"就赚到了 10 万元。村党支部把杜赢作为"造血"的好苗子培养，村书记一有空就到他的公司看看问问，热忱帮助解决具体问题，恰逢国家对大学生创业实施好政策：杜赢每月可领取 300 元的生活补助，获得一次性开业补助 3000 元，享受免税 3 年，3 年内每年可获得场地租金补助 6000 元。福鼎市人力资源和社会保障局两年给予杜赢创业基金 12 万元，贴息贷款 10 万元。杜赢为了扩大加工场地，还需中国农业银行低息贷款 10 万元，村党总支书记杜家柱二话没说为他作担保，还同村委会主任吴仪国及时商定挤出 400 平方米场地让杜赢如愿以偿扩办加工厂。2016 年初，杜赢再次扩大生产，除了添置自动烘干机等中高端设备，还在镇村的支持下，流转了 400 多平方米的土地，建起了标准化新厂房，产品也顺利通过了 QS 质量认证。通过基地合作建设与部分村民形成经营共同体，公司运营 30 多亩生态茶园基地、600 多平方米白茶体验园，带动一批乡亲共同致富。杜赢的梦想，在利好政策扶助下逐步实现。如今，像杜赢一样依托政策支持回乡创业就业的大中专毕业生已有 30 多人。他们去城市读书学知识、学本事，回来后则把知识的种子撒在希望的田野上，让村民们有了看得见、摸得着的实惠。他们勇于同旧传统决裂，敢于打破旧有的产业发展模式，探索新时代的"电商扶贫"，村民们有了实实在在的获得感。

（二）精准扶贫与生态旅游相结合

"绿水青山就是金山银山。"1988 年 8 月，习近平同志在考察福鼎后，曾留下一段话："抓山也能致富，把山管住，坚持 10 年、15 年、20 年，我们的山上就是'银行'了。"而今，这份根据讲话录音整理的《福鼎通讯》复印件，摆放在赤溪村村史展示室。发展休闲农业与乡村旅游，是促进农业增效和农民就业增收的新途径、推进美丽乡村建设和统筹城乡发展的新引擎、丰富旅游资源和提高居民幸福指数的新平台。赤溪村旅游资源丰富，拥有各类旅游资源单体 35 个，是太姥山风景名胜区的重要组成部分，主要分布有九鲤溪水域风光带、下山溪河段峡谷型水域风光以及杜家堡古民居群和田园自然风光等旅游资源，形成了以九鲤溪、下山溪为纽带，以畲族文化和扶贫工作为特色的旅游资源布局，具有较高的旅游开发价值。

随着周边旅游业的发展，赤溪村民眼界打开了，观念也转变了。在村干部和村民们下决心选择生态旅游立村之后，旅游公司重新入场。从 2005 年开始，立足生态，依托太姥山景区，利用九鲤溪旅游资源，赤溪村先后引进万博华、枫林园艺、耕乐源等旅游公司及专业合作组织，投入 7800 多万元进行畲族特色旅游景点开发建设，致力发展景区依托型乡村旅游，现已建成竹筏漂流、峡谷运动乐园、真人 CS 野战基地、露营野趣等旅游项目，挖掘乡村古道、杜家古堡、田园风光等乡村特色游，打造蝴蝶坪、"七彩农场"、珍稀苗木花卉观赏、名优果蔬采摘、水乡渔村观光体验以及采茶、挖春笋农事劳动体验等系列农业观光体验游产品，发展农业观光体验游。

乡村旅游开发需要交通等基础设施全面提升。2010~2012 年，政府对通城关公路改造提升，使赤溪至国省道行车时间从 2 小时缩至 1 小时；为加快赤溪融入太姥山大景区，对赤溪村连接太姥山景区的近 10 公里旅游公路进行改线，新建龙亭至杜家段 3.62 公里，改造杜家

至赤溪段 6 公里，从而打通连接太姥山景区的"最后一公里"；2013
年 11 月在宁德市委的重视支持下，启动了杨家溪风景区至赤溪村的旅
游公路建设，已建成通车的杨赤路，使赤溪村至高速公路的行车时间
缩短为 20 分钟，从而实现"太姥山—赤溪—杨家溪"旅游融合发展。
同时，通过省级扶贫整村推进帮扶、部门挂点、专项资金扶持，赤溪
村的基础配套设施不断完善。目前已完成水利部小流域治理项目，新
建环村两条溪的防洪堤与沿溪景观带及村内水系改造，实现环村路堤
结合的绿道、慢道，如今的赤溪村"村在景中、景在村中、缘山近水"
的美丽景观更加突出。依托省民宗厅挂钩帮扶整村推进扶贫开发及被
列为全国少数民族特色村寨保护与发展试点村的机遇，实施村庄立面
改造、畲族风情购物街、绿化美化及畲乡山水木屋维修等项目，致力
打造闽东畲族特色村寨。此外，随着旅游企业进入，景区还建成 3 个
停车场、2 座游客服务中心、3 座生态休闲山庄和旅游公共厕所等旅游
服务设施。赤溪村正立足新定位，完善提升景区及旅游相关配套设施，
抓紧融入宁德大旅游格局。

　　旅游业的发展带动了农家餐馆、农家住宿、旅游产品、劳务服务、
山地农业等延伸产业发展，拓宽了村民的增收路子，村民稳定增收的
"造血"功能不断增强，村民直接或间接从旅游业中获得受益。"这些年
在党的领导下，干群一条心，我们这里发生了翻天覆地的变化，村子越
变越美，游客越来越多，日子越过越好。"赤溪村妇联主席钟丽眉高兴地
说，"我将家里剩余的 4 间房间装修后改作民宿，旅游旺季接待游客，一
年下来也有几万元收入，在家里就轻轻松松把钱挣了。"近年来赤溪村旅
游业常态就业人员有近 200 人，工资性收入达 600 万元左右，另有临时
雇工，旺季时达 400 多人，工资每天 130~150 元。现有特产店（含小吃
店）36 家、农家乐 12 家，住宿床位 400 多个。2019 年，赤溪村共接待
游客 27 万人次，旅游相关产业收入超过 2160 万元，占到全村产业收入
的一半。此外，赤溪村还引进了"品品香""忠和食品"等农业龙头企业
落户建设基地，流转全村 1070 亩耕地，群众既可收取每年每亩 500 元的
租金，又可以通过在公司、合作社务工增加收入。同时，在旅游业的带

动下，村里还成立赤溪生态产业发展有限公司，以外包鱼塘、出租土地、土地入股旅游企业和村基础设施投入合作收取公共服务费用等形式，盘活村集体资产，增强村集体经济造血功能。

（三）精准扶贫与移风易俗相结合

全面建成小康社会需要物质与精神的统一。贫穷不是社会主义，而只有物质的畸形发展同样不是社会主义。习近平同志指出，真正的社会主义不能仅仅理解为高度发展的生产力，还必须有高度发展的精神文明，"一方面要让人民过上比较富足的生活，另一方面要提高人民的思想道德水平和科学文化水平，这才是真正意义上的脱贫致富"。有的村民受益于扶贫政策，经济收入日益增加，却由于攀比炫富、大操大办、打牌赌博、参与迷信等迅速致贫返贫。既要富口袋，还要富脑袋，乡风文明是生活富裕持续长久的基础，只有在推进贫困地区物质脱贫致富的同时加强精神文明建设，才能顺利实现"仓廪实""衣食足"与"知礼节""知荣辱"的衔接。

赤溪村干部群众头脑清醒、主动作为，他们坚决破除"穷自在"、"等、靠、要"、怨天尤人等懈怠思想，变"要我脱贫"为"我要脱贫"，以时不我待的担当精神，顽强拼搏奋斗，创新发展思路，心往一处想，智往一处谋，劲往一处使，团结一致走向富裕。同时，持续推动移风易俗，树立乡风文明新风尚。针对村庄环境脏、乱、差，族群邻里不和，打架斗殴、赌博、迷信等问题，赤溪村召开党员大会、村民代表大会，实行党员干部分片包干，并在村 LED 显示屏广为宣传，定期组织卫生清理，逐步约束村民养成良好卫生习惯；组织妇女们组成"反赌联盟"、德高望重的长辈们成立劝导队，设立警务室，加大对聚众参赌人员查处力度，狠刹边界赌博的歪风；与福鼎市人民法院开展"无讼村居"示范点建设，对群众之间的矛盾纠纷、群众与旅游公司之间的矛盾及时掌握、及时化解；积极完善人民会场、农家书屋、农民健身工程等文化设施，并通过开展丰富多彩的文体活动（畲族歌会、微义演等），引导村民弘扬践行文明礼貌、尊老爱幼、民族团结等良好道德风尚，并将具体规范写入村规民约，凝聚发展正能量。

村里有个二十出头的年轻小伙子，身强力壮很勤劳，起早摸黑干农活儿，什么苦都能吃，依靠劳动发了家，摆脱了贫困，还攒了一笔钱准备娶媳妇。没想到两年之后，他感觉到手脚乏力，走路难支，渐渐面黄肌瘦，入夜难眠。有一个深夜，他刚迷迷糊糊入睡，忽见一头水牛朝着他的腹部顶来，疼痛难忍，他吓出一身冷汗惊醒，原来是噩梦一场。接一连三几个晚上的梦魇，让他精神恍惚，言语错乱。父母亲赶紧跑去求神问卦。据"跳神"指点迷津：得罪了牛魔王，需做三天三夜法事敬神才能保住平安。他的父亲打听到邻县有个能"驱神赶鬼"的赤脚大仙，不惜重金邀请到家做了三天三夜法事，各种花费六七千元不见好转，腹痛更加厉害。为了治儿子的病，父母竟动用了娶媳妇的钱，发动亲友分头到寺庙烧香拜佛，祈祷佛祖保佑。其结果，钱花光了，病情却越发严重。后来，村干部得知此事，带着一位村医上门诊断，经过详细过问病情，终于水落石出：这个憨厚老实的小伙子，凭着年轻力壮不知疲倦，经常没吃饭就下地干活儿，挨到饿得受不了才回来饱吃一餐，撑到肚子胀痛才肯罢休。如此饮食不节，闹出严重胃病。梦牛顶腹是由于：这个年轻人有一天下田犁地时，没喂过饲料的老牛消极怠工，他忍不住使劲抽它一顿，没想到这牛掉转头来狠狠地瞪了他一眼。蓦地，他心里咯噔一下，一股莫名的歉疚感涌上心头，从此怏怏不乐……梦中被牛顶撞的病根找到了。他被送到镇卫生院做胃镜检查的报告出来了——胃溃疡。医生对症下药治疗，加上他本人遵照医嘱注意科学饮食，没半年时间胃病痊愈了，他又生龙活虎地干活儿了。通过这件事，村民们深刻地体会到，迷信神鬼害人，治穷还得治愚根。

（四）精准扶贫与基层组织建设相结合

习近平同志指出，摆脱贫困最根本的只有两条：一是党的领导，二是人民群众的力量。赤溪村强化以党支部为核心的村级组织建设，着力发挥扶贫领导核心作用。通过选优配强村"两委"班子，并从省、市先后下派 2 位驻村第一书记及选派 2 名优秀大学生村官到村工作，提升村"两委"整体水平，增强班子找政策、拉项目、引资金的能力。村党支部始终坚持党的群众路线及"马上就办"等优良作风，着力推行"六要"群众工作法，健全村民自治和民主管理各项制度，保障村民参与村级重大事项决策和监督，并实行组织目标管理和骨干设岗定责，将各个扶贫重点项目分解落实到各类组织和骨干成员身上，公开承诺，接受监督，推动落实，强化班子战斗力、带动力。

赤溪村通过支部坚强引导，带领群众脱贫致富。在赤溪村党支部引导下成立7家农民专业合作社，以"公司＋合作社＋基地＋农户"模式，发展名优水果300亩、珍贵苗木100亩、油茶900亩、淡水养殖基地80亩，推进现代特色农业发展和山地农业综合开发。同时，12名支部党员发挥带头表率作用，以自身的致富实践，引导贫困群众发展淡水养殖、珍稀苗木、名优果蔬等特色种养，带动30户畲族群众走上了脱贫致富路。

赤溪村着力培养少数民族干部，密切畲汉两族群众关系。赤溪村实行少数民族"三优"政策（少数民族造福工程搬迁优先落实、少数民族群众创业就业优先扶持、少数民族干部优先培养），通过2020年村级组织换届选举，积极推选"三有三带"的畲族青年人才充实到村"两委"，建立一支由畲族优秀青年、优秀大学毕业生等30组成人的"大手牵小手"工作队和志愿者队伍到村中参加扶贫实践；加强队伍建设，积极转变工作作风，融洽干部与畲汉群众的关系，准确掌握畲汉群众思想动态，及时了解他们的建议诉求，让扶贫工作找准切入点，实现精准扶贫。

四 结论

习近平总书记高度评价了赤溪村的扶贫脱贫经验，"30年来，在党的扶贫政策支持下，宁德赤溪畲族村干部群众艰苦奋斗、顽强拼搏，滴水穿石、久久为功，把一个远近闻名的贫困村建成了小康村"；"'中国扶贫第一村'这个评价是很高的，这里面也确实凝聚着宁德人民群众、赤溪村的心血和汗水。我在宁德讲过，滴水穿石，久久为功，弱鸟先飞，你们做到了。你们的实践也印证了我们现在的方针，就是扶贫工作要因地制宜，精准发力"。

　　赤溪村的实践证明，建立健全精准扶贫和易地扶贫搬迁的可持续性机制，必须切实贯彻以人民为中心的发展思想，把增进人民福祉、促进人的全面发展、朝着共同富裕方向稳步前进作为经济发展的出发点和落脚点；必须深化改革开放，不断完善政策体系和扶贫开发长效机制；必须坚持从实际出发，找准路子精准施策；精准扶贫精准脱贫必须充分发挥贫困群众的主体作用，"扶贫先扶志""扶贫必扶智"；必须滴水穿石，久久为功，习近平总书记的扶贫战略思想确立了福建及赤溪村扶贫工作的基本原则和努力方向，福建及赤溪村始终把"摆脱贫困"作为工作主线，一张蓝图绘到底，一任接着一任干，团结带领广大群众不懈努力、艰苦奋斗，把扶贫开发融入全局工作，在全局中把握、谋划和推动。

参考文献

Jalan J., Ravallion. M., Spatial Poverty Traps, The World Bank, Development Research Group , 1997 .

〔美〕阎云翔:《私人生活的变革》，龚小夏译，上海书店出版社，2006。

陈全功、程蹊:《空间贫困理论视野下的民族地区扶贫问题》，《中南民族大学学报》(人文社会科学版)2011 年第 1 期。

高聪颖、吴文琦、贺东航:《扶贫搬迁安置区农民可持续生计问题研究》，《中共福建省委党校学报》2016 年第 9 期。

李博、左停:《遭遇搬迁：精准扶贫视角下扶贫移民搬迁政策执行逻辑的探讨——以陕南王村为例》，《中国农业大学学报》(社会科学版)2016 年第 2 期。

李聪、柳玮、冯伟林、李树茁:《移民搬迁对农户生计策略的影响——基于陕南安康地区的调查》，《中国农村观察》2013 年第 6 期。

李培林、王晓毅:《移民、扶贫与生态文明建设——宁夏生态移民调研报告》,《宁夏社会科学》2013 年第 3 期。

李小云、叶敬忠、张雪梅、唐丽霞、左停:《中国农村贫困状况报告》,《中国农业大学学报》(社会科学版)2004 年第 1 期。

单志强、范陈春、蔡雪玲:《村子美了,日子好了》,《福建日报》2020 年 7 月 2 日。

王宏新、付甜、张文杰:《中国易地扶贫搬迁政策的演进特征——基于政策文本量化分析》,《国家行政学院学报》2017 年第 3 期。

王国萍、吴旭涛、雷顺号:《用信念点亮致富征程》,《福建日报》2017 年 2 月 19 日。

王晓毅:《易地扶贫搬迁方式的转变与创新》,《改革》2016 年第 8 期。

习近平:《摆脱贫困》,福建人民出版社,2014。

杨甫旺:《异地扶贫搬迁与文化适应——以云南省永仁县异地扶贫搬迁移民为例》,《贵州民族研究》2008 年第 6 期。

张晓旭、冯宗宪:《中国人均 GDP 的空间相关与地区收敛:1978—2003》,《经济学季刊》2008 年第 2 期。

故土难离

——广西景阳村的易地搬迁与林下养殖

方素梅[*]

摘　要： 广西环江毛南族自治县下南乡景阳村具有滇桂黔石漠化片区深度贫困村庄的典型特征。20世纪80年代以来，当地政府和群众在反贫困的斗争中，逐步探索出将扶贫开发与易地搬迁相结合的路子。景阳村群众积极参与了各个阶段的易地搬迁，生产生活条件发生了显著变化。然而，他们中的许多人并没有与故土切断联系。在实施易地搬迁的同时，景阳村的干部群众和帮扶机构利用山区资源优势，发展起独具特色的林下山猪养殖业，使之成为景阳村产业转型的有效途径，形成了"一村一品"的新型养殖业。面对林下养殖的一些局限，景阳村"两委"干部还探索开发乡村休闲旅游，使"石山"变成"金山"，从而使景阳村实现从脱贫到振兴的飞跃。景阳村的故事，是中国千万个贫困山村摆脱贫困、走向振兴的一个缩影。

关键词： 脱贫攻坚　产业转型　林下养殖　景阳村

---

* 方素梅，中国社会科学院民族学与人类学研究所研究员，主要研究方向为中国近现代民族史及当代中国民族地区发展。

在广西、贵州、云南三省区毗连地区，有一大片发育典型的喀斯特地貌，被称为滇桂黔石漠化片区，是全国 14 个集中连片特困地区之一，也是国家新一轮扶贫开发攻坚战主战场中贫困人口及少数民族人口最多的片区。长期以来，独特的地理环境和自然条件成为影响当地经济社会发展的一个主要因素。为了使千百万生活在缺水少地、交通不便、资源贫乏的大石山区的群众实现脱贫，滇桂黔三省区实施了一系列的扶贫模式，其中易地搬迁在各地得到普遍推行，并取得了显著成效。与此同时，易地搬迁以后也带来了生计方式变化、社会组织重构、民族关系调适等方面的一系列问题。特别是生计方式的变化，是关系易地搬迁能否取得最终成效的重要环节。广西环江毛南族自治县景阳村在大力实施生态移民搬迁的同时，走出了一条利用山区资源优势、发展新型农村产业的路子，为滇桂黔石漠化片区的精准扶贫与乡村振兴研究及实践提供了具有一定借鉴意义的个案。

一　大山深处的毛南族贫困村

在广西壮族自治区西北部与贵州省南部交界的打狗河畔，有一处风景秀美的河湾——景阳湾，紧邻景阳湾的景阳村是环江毛南族自治县下南乡的一个行政村，居民 98% 以上为毛南族。景阳村距离乡政府所在地 12 公里，距离县城 72 公里，全村面积 27 平方公里。村域群山环绕，最低海拔 425 米，最高海拔 780 米，石山面积占全村总面积的 83.5%。据不完全统计，20 世纪 50 年代至 90 年代末的半个世纪中，景阳的人口规模维持在 600~700 人。进入 21 世纪以后，由于在打狗河上兴建下桥电站以及扶贫移民搬迁等，景阳的人口规模发生了很大的变化。截至 2016 年底，景阳村户籍人口已减少至 105 户 297 人，其中，男性 175 人，女性 122 人，劳动力 193 人。他们分散居住在大山褶皱深处的 22 个峒场，分为 13 个村民小组。

景阳村地处大石山区，这里耕地稀缺无比，可耕地面积长期维持在 1100 多亩至 1300 多亩，仅占土地面积的 17% 左右。这些耕地以陡坡地、石山地、石缝地等旱地为主，土壤瘦瘠，保水性能差，水土易流失，只能种植玉米、红薯、黄豆等旱地作物，一般年景收成都很低。虽有打狗河流经村旁，但因山高谷深，居住分散，绝大多数村民难以利用河水进行灌溉，人畜饮水十分困难。21世纪以来随着退耕还林政策的实施，至2014年景阳村耕地面积由1700多亩减少至433亩，已经无法以传统农业为主导产业。除了退耕还林和生态公益林的一些补贴，青壮年劳动力大多外出务工以维持生计。

长期以来，景阳村的经济发展十分缓慢，群众生活极为困难。根据1982年4月的统计，景阳全村年总收入为27288元，每人平均不足35元；全村年均统销粮1.6万斤。全村124户786人，其中无棉衣651人，无棉被313人，无蚊帐669人。有瓦房107户，共297间；有草房26户，共42间。有111户457人及266头牲畜未解决饮水问题。[①]2009年全国农民人均纯收入已达5153元，景阳村人均纯收入仅为1256元。2011年，全村人均收入1669元，远远低于广西壮族自治区提出的"十二五"扶贫规划年收入达到5000元的目标，2012年被列入全区3000个扶贫开发整村推进贫困村之一。截至2015年底，全村共有贫困户56户149人，属于新阶段脱贫攻坚有劳动能力、有劳动意愿的贫困户25户66人。其中，享受农村低保116人，残疾人13人，五保户6人，缺乏劳动力农户5户，因长期患病致贫农户9户。2015年贫困户人均纯收入2800元。行路难、吃水难、上学难、就医难等，处处约束着景阳村人改善生活的步伐。

总之，在精准扶贫精准脱贫实施以前，景阳村表现出滇桂黔石漠化片区深度贫困村庄的典型特征：一是自然环境差，山高谷深，缺土少水，经济结构单一、生产收入不高；二是基础设施缺乏，交通、电力、通信、医疗、教育、饮水等均存在严重困难；三是居住条件差，居住草房、简易房及危房户数比例大；四是人口教育程度普遍不高，中老年文盲半文盲比例大。造成景阳村贫困的原因，从根本上说是所处自然环境极大地

---

① 《毛难族地区经济情况调查统计表》（1982年），环江毛南族自治县档案馆藏，全宗号80。原件记录每人平均36元，系计算错误。

制约了传统农业的发展，直接影响到基础设施的建设和公共服务的有效供给，以及文化和教育的提高。由于自然资源贫乏，经济结构单一，生活环境恶劣，人口萎缩和人才流失，景阳村很难形成自我发展的机制和能力。在这样的条件下，如果没有政策支持和外部援助，景阳村无法实现整体脱贫的目标。

二　景阳村的易地搬迁实践

20 世纪 80 年代中期，中国开始了有组织的扶贫工作，环江毛南族自治县逐步摸索出一条将易地搬迁与扶贫开发相结合的创新模式，在扶贫工作中取得了显著成效。据统计，1993~2016 年，环江毛南族自治县共征用土地 38.398 万亩，设置移民安置点 303 个，分布在 8 个乡镇的 50 个行政村，安置县内外移民共 2.054 万户 9.3858 万人，占全县总人口 37.8 万人的 24.83%。加上自主移民，易地搬迁农户所占全县总人口比重更大。由此，环江成为广西最大的易地扶贫搬迁县，其移民现象在全国可谓引人注目。[①] "十三五"期间，环江毛南族自治县计划投资 28 亿元，全面实施易地扶贫搬迁安居工程，涉及建档立卡贫困人口 44693 人，搬迁率占全县贫困户的 53%。

地处大石山区的景阳村民，积极参与了各个阶段的易地搬迁活动。根据课题组的访谈，景阳村原来有 700 人左右居民，截至 2016 年底，全村户籍人口已经不足 300 人。十余年来，通过易地搬迁迁移出去的人口估计在 350 人左右，占全村总人口近一半。精准扶贫精准脱贫工作开展以后，景阳村报名易地搬迁的农户达到 79 户 223 人，分别占全村户籍人口 105 户 297 人的 75.24% 和 75.08%。这些村民中，有一部分已经自发组织或以其他方式，在乡内条件较好的村庄购置土地建造了住房。根据景阳村"两委"干部介绍，截至 2017 年 9 月，村里只有 20 户居民不打算移民搬迁，占全村户籍 105 户的 19.05%，他们在村里的房子已经进行

---

① 方素梅：《易地搬迁与民族地区反贫困实践——以广西环江毛南族自治县为例》，《西南民族大学学报》2018 年第 9 期。

了危房改造。这些村民多为单身汉、五保户，主要原因是没有资金，同时单身一人只可享受 25 平方米的政策补贴，这点面积无法建造新房。总之，通过易地搬迁的实施，景阳村农户绝大部分已经或计划移民到村外乡镇居住。如果没有其他任何措施，或许在未来的几年中，这个群山环绕中的毛南族小山村将会变得寂静无声。

根据课题组的调查分析，在目前的条件下，易地搬迁是解决大石山区农户贫困问题的有效途径。迁移到新居生活的农民，生活条件有了质的飞跃，住房变得宽敞且质量提高。产业结构有了一定的改变，由原先以第一产业为主发展到第一二三产业并存，外出务工的人员不断增加。交通通信便捷了，人们在网络资源和信息共享方面拥有更多的权利。教育、医疗、卫生等基本公共服务，更是大为改善。特别是在思想观念方面，由原先的封闭和保守，逐渐转变为与外部世界的沟通与开放。可以说，通过易地搬迁，大石山区的贫困移民解决了基本生存问题，由温饱逐步奔向小康。

在肯定大石山区实施扶贫移民搬迁取得的成效时，我们看到易地搬迁以后也带来了生计方式变化、社会组织重构、民族关系调适等方面的一系列问题。特别是生计方式的变化，其关系易地搬迁能否取得最终成效。景阳村的群众易地搬迁以后，新流转的土地面积有限，每家只有几分水田或一两亩旱地，所以外出务工依然是主要的现金收入来源。景阳村的易地搬迁安置点大多在下南乡内，距离老村十几二十公里，许多村民时常回去耕种那些不多的耕地，以及养殖一些山羊和生猪，正所谓"故土难离"，大山依然是他们难舍的祖辈居住的家园。

三 能人谭道远的林下养殖梦

实际上，大山中的景阳村林木稠密，生态环境优美，有特定的自然资源优势。2000 年，环江毛南族自治县开始实施退耕还林政策，截至 2014 年景阳村共退耕地面积 1320 亩，只余 433 亩旱地用于种植玉米、黄豆及红薯。退耕还林后，村民经济来源主要依靠退耕还林和生态自然林补贴、家庭养殖及外出务工，虽然可以满足基本的生活需要，但是距离小康标准有较大的差距，全村半数左右居民没有摆脱贫困的状态。因此，寻找新的经济增长点，实现产业转型，成为景阳村贫困治理的关键。

在实施易地搬迁的同时，如何利用山区资源优势发展新型农村产业，引起了景阳村干部群众及帮扶机构的思考。处于大石山区的景阳村在自然条件方面存在不可克服的缺点，山多地少、土瘠地薄、水源缺乏，加之基础设施薄弱，公共服务落后，从事传统农业生产的局限难以突破。然而，全村拥有近 4 万亩生态公益林和 1300 多亩退耕还林，适合大力发展林下养殖产业。为此，景阳村"两委"干部发挥了带头作用。

其中，出生于 1980 年的谭道远可谓景阳村脱贫致富能手。他初中毕业，曾经读过几年的函授大专，当过村里的代课教师，也外出打过工，2005 年被选举为村委会副主任，连任两届；2011 年被选举为村委会主任，连任两届。为了带领村民摆脱贫困，他团结"两委"一班人找项目、募资金，为村里修路、修水柜、改造危房，帮助生活困难群众。与此同时，他苦苦思索，希望找到适合景阳村自然环境和资源特征的产业发展方向。看到山区退耕还林之后，林下杂草丛生，于是他萌生了发展林下养殖的梦想。

2010 年，谭道远听说野猪野性大，适合放养，于是想法儿弄来一头公野猪，与本地黑母猪进行杂交，依托独特的林下资源优势，把产下的小猪置于山上林下放养，辅以人工喂养牧草、玉米粉、米糠和各类蔬菜等，饲养周期为 15~18 个月。因不投放饲料，该猪肉质结实，嫩而不腻，味道鲜美，符合人们追求绿色、生态肉类产品的需求，按市场价活猪每斤 25 元，每头猪 100~150 斤计算，每头猪收入在 2500 元以上，纯利润可达 30%（750 元左右）。经过实验，谭道远和村干部们认为可将林下山猪养殖作为景阳村新兴特色养殖业的发展方向。

2012 年，景阳村被列入广西壮族自治区 3000 个扶贫开发整村推进贫困村之一。为了帮助这个贫困山村实现整体脱贫，自治区公安厅交警总队成为景阳村定点扶贫联系单位。2013 年 3 月，驻村工作队及第一书记进入景阳开展工作。在上级政府的领导下，景阳村"两委"及驻村工作队共同研究，根据景阳村实际，决定把发展林下养殖产业、打造"景阳山猪"品牌，实现村民增收、富民强村作为景阳村脱贫致富、建设社会主义新农村的发展思路，明确提出今后几年景阳村发展林下养殖产业的目标、设想：成立林下养殖协会，发挥村"两委"干部、党员的模范带头作用，创先争优，以点带面，动员贫困村民普遍参与养殖产业，劳动致富，壮大集体经济，增加农民收入，努力完成扶贫开发整村推进目标，建设社会主义新农村。在自治区公安厅交警总队的全力支持下，筹集到社会帮扶资金80多万元，建立起3个母猪繁殖基地，景阳村的林下养殖产业开始发展起来。

最初一批从事林下山猪养殖的景阳村民有10户，其中村干部发挥了积极的模范带头作用。作为林下养殖开创者和带头人的村委会主任谭道远，建立了母猪繁殖基地和山猪养殖场，不仅带动了村民发展林下养殖，自己家庭的收入也逐年提高，2015年前后就和几户村民在下南社区购买土地盖起三层高的新楼房，2016年家庭收入为10余万元。随着景阳村林下养殖规模的扩大，谭道远带领合作社修建了山猪屠宰场，大力联系山猪销路，并负责将出售的活猪（或猪肉）运出大山。总之，他在景阳村的林下养殖业中起到非常重要的作用。村党支部书记谭联汉也是最早一批林下养殖的带头人，他最初养了6头母猪，建立繁殖基地，对家庭困难的农户则借猪崽给他们养，出栏后再还钱。截至2016年10月，村支书家的养殖场存栏35头猪，刚卖了5头大猪、20头猪崽。村支书全家5口人，林下养殖方面年收入约2万元。

四 山猪养殖专业合作社的成立及"环香牌"的创立

林下养殖给景阳村群众带来新的希望，一些外出打工的村民纷纷返乡，加入林下养殖事业。2013年，下南乡被确定为自治县开发扶贫"整乡推进"示范区，并于2014年开始建设实施，其中产业带动工程是项目区建设项目中提高群众收入的重要举措。为使全乡1.8万多名群众在"整乡推进"过程中脱贫致富，与全国全县各族人民共同实现小康，乡政府在深入各村屯开展专项调研、组织群众研讨、聘请专家出谋划策的基础上，制定了"十三五"期间（重点从 2016 年到 2018 年脱贫攻坚阶段）全乡产业发展规划。其指导思想为：在稳定传统菜牛产业的基础上发展新的特色产业，加快全乡产业结构的调整升级，合理配置空间资源，优化产业布局，提高产业竞争力，加速全乡传统农业向现代农业转变，促进全乡经济社会可持续发展。[①]景阳村的林下养殖业被列入下南乡"十三五"期间全乡产业发展规划中，并提出成立景阳村林下养殖专业合作社，重点发展山猪养殖产业。

按照下南乡产业发展规划部署，使林下养殖业健康持续地发展，景阳村"两委"积极探索实践和借鉴企业集中经营、规模发展、统一管理的模式，于 2013 年组织养殖户成立了"景阳山猪养殖专业合作社"，由村委会主任谭道远任合作社理事长。2013 年全村销售野山猪 368 头，实现收入 97 万元、利润 36 万元、人均增收 947 元，较 2012 年同期人均增收 230 元，增长 311.74%。2014 年，合作社注册了"环香牌"生态养殖商标，树立了自己的品牌。合作社社员由最初的 21 户增加到 2017 年初的 35 户，业务范围为山猪、土鸡、山羊的养殖销售。合作社章程规定：养殖户必须做到本地自繁自养及"四统一"，即利用林下峒场统一天然放养，统一牧草、玉米粉等天然喂料，统一养殖期限 12 个月以上，以合作社名义统一对外销售。如有喂养化学添加剂、假冒合作社山猪等情况的社员，将被合作社开除，并根据造成不良影响程度扣除 1000~5000 元不等的入社股金，以此确保山猪天然、绿色品质。合作社不定期组织兽医等技术人员上门开展疫病防治和养殖技术传授活动，组织社员参加养殖技术培训，并给予社员资金帮扶和给予贫困户山猪苗赊销。截至 2015 年，已建立了洞平屯、洞坡屯、下必京屯、洞阳屯等 13 个林下经济示范点。全村出栏山猪 300 余头，养殖收入 60 多万元，贫困村人均增收 400 多元。

在发展林下山猪养殖的同时，以村计生专干（2017 年任景阳村妇女主任）谭柳怀为代表的部分村民又尝试林下养殖土鸡。谭柳怀具有中专

---

① 下南乡人民政府：《下南乡"十三五"产业发展规划》，2016 年 1 月 18 日。

学历，2014年开始办山鸡养殖场，投资5万元，主要用于基础设施建设，养殖场面积100多平方米，截至2016年10月仍在后期扩建，又相继投入五六万元。养殖场从2015年开始有收入，每年收入2万~3万元。销售渠道主要是亲友、熟人、市场。养殖场主要是孵化小鸡，卖给村民养殖。截至2016年10月，谭柳怀的养殖场有300多只鸡鸭及20多头山猪。在她的带动下，全村已有20多户养殖土鸡，养殖规模从二三十至百余只均有。

精准扶贫精准脱贫工作正式开展后，环江毛南族自治县老干部局定点帮扶景阳村。驻村工作队通过深入调研，结合景阳村的实际情况，于2016年3月制定了《景阳村脱贫工作措施》。该措施的重点是积极争取并充分利用各级党委、政府资金、政策、项目支持及后盾单位、爱心企业和爱心人士的帮扶，大力发展壮大林下养殖山猪产业，逐步完善产业链，不断扩大规模，形成规模效益，打造"景阳山猪"绿色环保品牌，使下南乡党建示范项目——景阳村林下养殖产业真正在景阳村落到实处、开花结果，壮大集体经济，帮助村民增收，到2020年贫困村年人均收入达到5000元，实现脱贫致富目标。按照该工作措施，驻村工作队积极努力地帮助景阳村进一步发展林下养殖，如筹集基金扩建山猪繁殖基地、规范山猪养殖合作社的运营等，第一书记覃思蕊也在脱贫攻坚工作中受到了嘉奖。

从景阳村上脑屯队长（村民小组组长，男性）一家的情况，可以看到当地贫困户参与林下养殖的一般情况。队长50岁，未婚；大弟40多岁，未婚；妹妹30岁，外出打工，未婚。兄妹三人与母亲合住在一起，但是兄弟俩已经分户。2012年，家里老房子着火烧毁，兄弟俩合盖了120平方米的新房，花费8万元，按照2个危房改造指标，获得3.5万元（1.75万元/个）补贴，民政部门补助2万元（2人）。2014年，他们报名参加扶贫移民搬迁，队长仍然和大弟、母亲、妹妹合建（因为单身所获面积太小则无法建房），面积统一是80平方米，购买宅基地的费用是3万元。兄弟俩借钱买的，至2016年还完了。小弟已婚，一家4口，弟媳妇是本屯人，有2个孩子，已分户居住，报名参加移民搬迁，也借钱了，不知是否已经还完。他们说，先报名参加，盖房子的钱再想办法。住在山里，特别担心有意外发生，所以他们虽然经济十分困难，还是报名参加扶贫搬迁。2011 年队长犯病，请人到乡卫生院请医生，因天色已晚，道路险峻，医生没有出诊，只好包车直接送到县医院。不过，移民安置点的田地很少，他们也不知道能够分（买）到多少耕地，所以参加了林下山猪养殖并加入合作社，开始时只养少量几头，每头可以卖 1000 多元至 2000 元。2016 年，他们家的山猪养殖扩大到 20 头，另外养了 1 头母牛。精准扶贫工作开始后，驻村工作队的一位干部负责帮扶他们家，每个月都会到家里来，和他们一起制订脱贫方案，计划扩大林下养殖规模，发展到养殖山猪 50 头、山鸡 100 只。队长有些担心资金来源，他说："计划是计划了，但是做得做不得不晓得呢。"他还担心，山猪养殖的规模扩大后，大家养得多了，价格是不是会跌呢。

总之，景阳村的林下养殖经过几年的发展，已经成为村庄的一项新型产业和村民脱贫致富的一个重要途径，"景阳山猪"逐渐成为毛南山乡的一个特色品牌。截至 2016 年底，景阳山猪养殖合作社总资产为 300 万元，存栏肉猪 1300 多头，年总销售额 450 万元，年分红 52 万元。"环香牌"山猪这一品牌逐渐打响，景阳村山猪肉远销区内外。景阳村"村两委带动 + 合作社统管 + 产品统销"的"造血"扶贫模式，也在环江毛南族自治县得到推广。谭道远在 2017 年的村委会换届中，主动退出选举，专职担任景阳山猪养殖专业合作社理事长，决心全力以赴推动景阳村林下养殖业的进一步发展。

五　林下养殖的局限与未来发展规划

截至 2019 年末，景阳村的绝大多数农户已经实施易地搬迁，但是他们主要安置在乡政府周围，没有离开土生土长的乡村，农业依然是他们的主要生计和依赖。特别是在乡村振兴的浪潮中，农村的产业转型无疑具有重要的意义。不过，景阳村的产业转型也面临很大的困境。第一，如何使林下养殖的山猪获得地理标示产品的认证和保护。2015 年通过环江毛南族自治县及河池市农业局，景阳山猪被送到自治区验证，获得绿色环保标志。然而，由于规模和销量的限制，景阳山猪的知名度有待提高。第二，如何使景阳山猪养殖规模化，以扩大品牌的影响。受林地资源承载力的限制，特色养殖规模不可能无限扩大。如果将合作社范围扩大到其他村，就有可能进一步扩大规模。可能要学习其他成熟经验，走"公司＋农户＋基地＋养殖"的模式。第三，由于山猪饲养周期长、放养运动量大、出肉率低，尽管肉质鲜美，但养殖成本很高，不仅需要投入大量资金才能扩大规模，在价格方面也没有优势，2016年初活猪价格每斤20~25元，猪肉每斤40元，比家猪要高不少，所以市场接受度有待进一步提高，需要在管理和销售上继续努力。第四，单一产业不可避免地存在脆弱性和风险性，虽然林下养殖可发展成为景阳村的新型产业，但要带动全体村民投入林下养殖存在较大局限，必须寻求多样化的产业发展。

为了突破单一产业结构的局限，在发展林下养殖的同时，景阳村"两委"和合作社还计划发展休闲旅游项目，努力振兴景阳村。景阳村位于下南乡政府前往景阳湾的必经之路，从下南乡政府前往景阳湾14公里的路途中，层峦叠嶂，峰丛林立，树木繁茂，风光十分秀美，景阳村就位于这一路美景中。不仅如此，景阳村还具有一些独特的自然景观和文化景观。首先，景阳村部分村民易地搬迁后，原来的旧居还有保留，多为毛南族传统干栏式民居，使得村落古貌犹存。这些民居多为砖瓦木石结构，大多年久失修，如果在保留传统建筑特色的基础上进行维护改造，将焕发出民族文化的魅力和民宿旅游的活力。住在群山环绕的山村里，天、地、人融为一体，十分和谐安逸。通过留宿村内，游人还可以观赏和领会毛南族传统的饮食、服饰、游戏、生产、传说等文化元素，获得物质和精神双重享受的满足。其次，景阳村及周边有两个较为神奇的岩洞，可以开发为旅游资源。一个位于进村的坳口上，是2016年底对进村公路实行升级改造时发现的。岩洞很大很深，里面有古生物化石。村干部计划在公路改造完成后，作为村庄的旅游资源进行开发。另一个岩洞位于村内，据说是一个神岩，随着景阳村公路的改造升级，2017 年以来每年春节都有数百人到岩洞处拜祭。再次，景阳村有近 4 万亩生态公益林，天然的氧吧使人心旷神怡，成为都市人休闲养生的好去处。又次，景阳湾的风光令人心醉神往。以往由于景阳村洞阳屯至景阳湾的 4 公里路程没有公路，村民只能步行来往，外人亦难窥见欣赏这一路风光。2013 年批准的下南乡扶贫开发"整乡推进"项目规划中，包括一项乡政府驻地及周边村屯集中供水、农业灌溉工程项目，规划从距离下南乡 14 公里处的景阳湾提水，项目总投资估算 3816 万元，可解决下南乡政府驻地及周边居民 1.3 万人饮水问题。该提水工程项目于 2014 年由环江县人大代表作为议案提交全国"两会"讨论，议案转交广西区人民政府督查室督办。经多方勘察研究，该项目获得批准实施。2016 年，由洞阳屯至景阳湾的公路开始动工，至 2018 年已建成通车。此间的 2 年中，已经有数千人通过景阳村到景阳湾观光游览。

景阳村独特的旅游资源引起了村干部和村民的重视。如果对之进行保护性的开发建设，整个村庄将极具发展休闲旅游的潜力。考虑到林下养殖在规模上受到一定限制，景阳村"两委"及驻村工作队计划同时发展休闲旅游项目，努力振兴景阳村经济。特别是随着下南乡政府所在地至景阳湾道路全线贯通，景阳村的交通条件得到进一步提升，也给景阳村发展休闲旅游带来希望。2017 年以来，景阳村"两委"及山猪养殖合作社骨干组织在一起，多次前往县境内的旅游景点进行考察，希望能够学习到有用的经验和措施，运用到景阳村的休闲旅游发展项目中。他们计划成立旅游合作社，自主开发经营，将景阳湾与景阳山猪结合起来推广，生态旅游与林下养殖互相促进发展。当然，休闲旅游项目对于景阳村来说，还只是处于设想阶段。要真正实施，会面临诸多困难和问题。如果自主开发经营，景阳村的大部分人口已经易地搬迁，他们是否愿意回来投资？如何保持他们在景阳村的发展热情？人才缺乏的问题还体现在年龄结构上，目前景阳村的常住人口只有 130~150 人，以 50 岁以上人口居多，年轻人数量非常少。此外，虽然波川村至景阳村的公路于 2016 年底开始升级改造，铺设水泥路面，加宽路面，部分路段加装护栏，对险峻的坳口路段进行改道。不过，因路面较窄，大客车、越野车、大货车进村依旧困难。特别是两车相会，十分危险和困难。景阳村旅游只有从乡政府驻地开始安排旅游车进村，外来车辆停在乡政府所在地或山下。此外，在合作、管理、分配等运营方面，可能遇见的困难亦不可忽略。

　　总体而言，景阳村党支部、村委会及合作社振兴乡村的思路是较为清晰的，即在发展林下特色养殖的同时，开发乡村休闲旅游，使石山变成金山，从而带动村民摆脱贫困，实现建成小康社会的目标。目前，包括景阳村在内的毛南族地区已经实现整体脱贫，我们期望景阳村的上述设想和举措，将会使易地搬迁后逐渐寂静无声的村庄重新焕发出生机，使大石山区的贫困村实现从脱贫到振兴的飞跃。

参考文献

环江毛南族自治县地方志编纂委员会编《环江毛南族自治县志》，广西人民出版社，2002。

毛南族志编纂委员会编著《毛南族志》，广西人民出版社，2015。

广西壮族自治区编辑组：《广西仫佬族、毛难族社会历史调查》，广西民族出版社，1987。

中国人民政治协商会议广西壮族自治区委员会编《毛南族百年实录》，广西民族出版社，2013。

环江毛南族自治县社会科学界联合会编《世遗时代的环江发展优秀文集》，广西人民出版社，2016。

曾馥平、张浩、段瑞：《重大需求促创新　协同发展解贫困——广西壮族自治区环江县扶贫工作的实践与思考》，《中国科学院院刊》2016 年第 3 期。

叶静：《广西石漠化地区贫困现状及扶贫模式研究综述》，《广西经济管理干部学院学报》2016 年第 4 期。

李天华：《改革开放以来民族地区扶贫政策的演进及特点》，《当代中国史研究》2017 年第 1 期。

易地扶贫搬迁的苦与乐

——广西顺安村易地扶贫搬迁实践的观察

廖永松　张宗帅　韦　鹏[*]

摘　要：顺安村为广西都安县重点贫困村，人均耕地面积少，青壮年劳动力多外出务工，全村常住人口不到总人口的一半。顺安村虽然在尝试进行规模化、合作化的养殖，但由于环境、地力、交通等客观因素的限制，顺安村的产业承载力有限。动员村民从山里搬到山外、从村里搬到镇上的易地扶贫搬迁成为顺安村实现脱贫的一个重要方式。顺安村在易地扶贫搬迁政策实施的过程中，出现了少部分贫困户不愿搬迁的问题：有的贫困户因上了年纪或者因身体残疾而导致就业能力较差，缺少城镇生活技能，担心进城后找不到工作，不愿意搬迁；有的贫困户在生活方式和价值观念方面适应不了城镇生活，同时担心进城后生活成本会上升；有的贫困户担心政策会有变化，搬迁之后宅基地被收回，居住地与耕地遥远，老年生活没有保障。为了解决贫困户的上述担忧，广西顺安村在易地搬迁脱贫攻坚上摸索出一些可供借鉴的经验和做法。

关键词：喀斯特山区　易地搬迁　精准脱贫　顺安村

---

* 廖永松，中国社会科学院农村发展研究所研究员，研究方向为产业经济与农村发展；张宗帅，中国社会科学院研究生院博士研究生，研究方向为农村社会与地域文化；韦鹏，广西投资集团高级工程师，研究方向为水利工程。

一 顺安村的基本情况及贫困原因

1. 自然条件

顺安村位于广西西部山区，在都安瑶族自治县^①北 40 公里大山深处，是一个具有典型喀斯特地貌的壮族村落。顺安村村域面积 8 平方公里，由 50 多个弄场组成，村内有多处岩溶，是典型的喀斯特山区，这里的山如螺蛳、如翠屏，只有山间的小块平地可供耕种，顺安村就是被这种如螺蛳一般的大山四面包围，当地人将这种独特的地形和地貌状况称为"岽"，"岽"的意思就是开门见山，这也说明了此地的地理条件——山地多，耕地少。顺安村 80% 以上的面积为石灰岩山地，丘陵坡地以红壤为主，耕地面积少，土壤贫瘠，被称作"九分石头一分土"。全村有总耕地面积 1654 亩，林地 13616 亩。2005 年后，随着国家经济的发展，青壮年劳动力外出务工，逐渐将石漠化土地还林，现在已是灌木丛生，寸步难行，这部分土地约占全村承包到户时耕地面积的 50%，加上建设兰海高速公路 G72 河段所征收的土地，当前仍在耕作的面积约 700 亩，顺安村现有人口 1799 人，人均耕种面积不到 0.4 亩。县统计局局长告诉我们，在他读书的时候，他的老师曾经这样说过："你们一定要好好读书，考出去，为都安人节约一亩土地。"

喀斯特地貌地表难以储水，地下河流发达，但地下水埋藏深（一般距地表 30~50 米），开发利用难度较大。当地有"地下水悠悠，地上渴死牛"的谚语，境内有河流分布的峰林谷地和丘陵地区的水资源丰富，而无河流的广大峰丛洼地则缺水严重，冬春两季饮水极为困难。因此，顺安村的耕地类型主要为山地旱作农业，无水田，旱地中夹杂石块、石堆，几乎无连片 1 亩以上的土地，农作物以种植玉米为主，主要靠雨水灌溉，看天吃饭。顺安村气候温和，四季温差不大，热量丰富，雨水充沛。无霜期在 340 天以上，植物生长周期长，一年可两至三熟。热量虽足，唯

---

① 都安瑶族县地处广西西南出海大通道关键节点、首府南宁后花园和河池市南大门，属亚热带季风性气候，地势北西高、南东低，是全国岩溶地貌（喀斯特地貌）发育最为典型的地区之一。

山高弄深，日照偏少。峡谷风害多，常造成旱涝风灾交相侵袭。因耕地多系岩缝地，鸟兽虫害特多。种种不利因素制约着农业的发展，粮食难以稳产高产。

2. 人口条件

顺安村以壮族为主，少量瑶族，有黄、石、梁、韦等 15 个姓氏，受到地形地貌影响，村民居住较为分散，村民小组明显多于平原地区的行政村，2016 年顺安村 27 个村民小组 444 户 1799 人，壮族 1788 人，瑶族 11 人。村部附近 16 个村民小组，317 户 1274 人（含山里自主移民到中心村 12 户 57 人，其中一户为五保户 1 户 1 人，亲属扶养）居住较为集中，另外 11 个村民小组 142 户 581 人（包含已自主移民 37 户 160 人）居住在深山中。每个村民小组户数和人口少，27 个村民小组中，总户数低于 10 户的有 5 个：弄歪、巴卜、弄庙、弄另和下塘。这些村组交通不便，人地矛盾突出，饮水困难，贫困发生率高。弄帮等 16 个村民小组，每组户数低于 20 户；而高于 20 户的只有古劳、百屯、下山、加进、加结和江板。户数和人口最多的是江板小组，下街队是顺安村的行政中心。

正是受到上述不利区域环境条件的制约，顺安村为都安县重点贫困村。2015 年初，精准识别确定建档立卡贫困户 209 户 860 人，全村贫困发生率为 47.5%，属于贫困村。2016 年建档立卡贫困户 179 户，建档立卡贫困人口 732 人，低保户 98 户，低保人口 408 人，五保户 19 户，五保人口 22 人。村集体资产仅有一栋两层办公楼、一个文体中心和一个篮球场，其中文体中心和篮球场位于偏僻角落，暂无利用价值，办公楼作为村委日常办公使用。在无其他资产的情况下，一直以来顺安村级集体经济收入为零，是一个"空壳村"。

从顺安村人均耕地和其他可利用土地资源来看，人多地少的村情决定了其粮食保自给、劳动力外出就业的基本经济社会格局。顺安村人靠种植玉米不能满足他们的经济需要，虽然顺安村人一年种两季玉米，但是因为人均土地面积少，土地贫瘠，又加上生态环境的恢复，种植的玉米受到山中野猴的破坏，导致玉米的产量很有限。有限的产量使得顺安村的玉米并不进入市场，而主要供自己家庭内部消费，包括自己食用和进行家庭养殖。家庭养殖对于顺安村民的生活起到了重要的作用，我们也发现顺安村几乎每家每户都养鸡、猪和羊。但是以家庭为单位的个体养殖，由于交通条件的限制，销售的成本太高，所以家庭养殖在增加村民经济收入上的作用也比较有限。从县里到镇上，一直有干部在给我们讲一个山弄里农民养猪的段子：一个农民养了三头猪，要卖到外面去就得请几个人来帮忙抬出去，这样在卖完猪后就得请这些帮忙抬猪的人喝酒吃饭，请客吃饭的花费顶得上他卖一头猪的钱。

村民依靠种养殖业的收入对于一个家庭的开销来说是远远不够的，这就需要外出打工来增加收入，顺安村青壮年劳动力的主要经济收入还是靠外出打零工。全村劳动力 1084 人中，外出半年以上劳动力达 570 人，外出半年以内劳动力 200 人，其中举家外出 100 户，人口 400 人，外出到省外劳动力 79 人，外出到省内县外劳动力 174 人，定期回家务农的外出劳动力 40 人。由于大量人口外出务工经商，全村常住人口不到总人口的一半，有 800 人左右。顺安村男女性别比 110.7 : 100，与全国农村男女性别比基本相当，男女比例略为失衡。但是，由于各村组分散，山里居住村民受交通条件、经济收入的限制，弄歪、加进、弄吊、福兴等村屯，男女比例失衡极为严重。全村"光棍"超过 40 人，正如驻村第一书记所说，顺安村有"四多"：山里"光棍"多、老婆跑了的多、读书的人多，当老师的人多。

二 顺安村易地搬迁扶贫政策实施情况

顺安村虽然进行了产业扶贫，尝试进行规模化、合作化的养殖，但由于环境、地力、交通等客观条件的限制，顺安村的产业承载力比较有限，承载不了太多的资金、劳力和设备，规模化的养殖还面临着很多考验，比如水资源、资金、技术、人才等条件限制。顺安村的驻村第一书记认为，如果进行规模化养鸡，养殖的数量一旦增加，鸡价就会下跌；养牛的话，初期成本太高，创业者承受不起；而如果养山羊，山羊对环境的破坏太大，大规模养殖会破坏好不容易恢复的生态；如果进行生猪养殖，猪价波动大，与专业养殖场（户）比，没有成本优势。因此，相比于产业扶贫，实行易地扶贫搬迁政策，动员贫困户从山里搬到山外、从村里搬到镇上，就成为顺安村实现脱贫的一个重要方式。

易地搬迁和外出就业是都安县历史上摆脱贫困的最主要措施。在被称为"石山王国"的都安县，"碗一块，瓢一块，丢个草帽盖两块"的耕地分散在千山万弄之中。人地矛盾突出，十种九收，春旱夏涝，一粒粮食十滴汗，依旧食不果腹。从 20 世纪 70 年代开始，都安县就通过政府组织和群众自发组织相结合的办法，向广西九曲湾农场、北海独江岭军屯农场和三合农场等进行异地移民。1993 年，根据广西壮族自治区贫困地区部分群众异地安置的精神，都安再一次大规模向山外移民。1998 年底，被称为"世纪大迁移"的 3 万人大举迁到广西环江毛南族自治县。都安县是一个劳务输出大县，每年有 10 万多人外出务工经商，一部分有技术、有资金、有创业愿望的务工经商人员非常渴望到县城居住。2005 年，都安县根据这一特点，决定深化"无土安置"模式①，把扶贫和城镇化建设结合起来，在县城附近的荒地上建设了 6 处安置点，创建"农民工回乡进城创业园"。2012 年，都安计划用 7 年时间，征地近 6000 亩，以"整弄搬迁"的方式，把分散居住在偏远、自然条件恶劣的自然屯，以及生态严重退化区域的 22332 户约 10 万贫困人口，集中安置到交通比较便利、地缘优势比较明显的澄江镇红渡村、兰堂村和安阳镇安阳社区，通过城镇辐射、配套工业扶植。2015 年 5 月，都安扶贫生态移民与新型城镇化建设项目——红渡扶贫生态移民园区第一期工程启动，这个园区占地面积 16 平方公里，依托河池·都安临港工业区和都安扶贫产业园的兴建，规划安置 10 万人。政府的设想是，这 10 万生态移民将有力推动都安城镇化建设，同时为河池·都安临港工业区企业提供优质稳定的劳动力。"十三五"期间，广西需要易地扶贫搬迁 100 万人，都安县需要易地扶贫搬迁 12480 户 52414 人，其中 2016 年 2111 户 9720 人，2017 年 8513 户 35899 人，2018 年 1856 户 6795 人。

---

① 原来每安置一批贫困户，就需要一大块宅基地和耕地，这叫"有土安置"。"无土安置"指政府无偿分给搬迁户宅基地，但不配置耕地，搬迁户自筹资金建房并通过从事二、三产业解决生活。

易地扶贫搬迁是一个复杂的系统工程，对易地扶贫移民搬迁的相关政策，县精准脱贫指挥部有专门的政策解答，政策总的目标是要实现移民"搬得出、稳得住、可发展、能致富"，搬迁后原有旧房根据土地增减占补平衡原则需要拆除复垦和调整利用，以实现搬迁项目县建设用地总量不增加、耕地面积不减少、质量有所提高的目标。在支持谁搬迁的问题上，按规定，需要与建档立卡贫困对象同步搬迁的其他农户，由各乡镇按原则上不超过本地建档立卡贫困人口搬迁规模 10% 的比例确定。国有企业工人、干部、教师和各类技术人员，不能列为搬迁人口。除非整屯搬迁或受地质灾害影响，搬迁家庭人口数要求在 3 人以上，不足 3 人可合户搬迁，2 人以下所占比例不超过 5%，每户必须有 1 个以上劳动力，在原居住地没有住房。

根据都安《精准脱贫"十个一批"人数分解表》，顺安村通过异地安置脱贫的人口为 440 人，其中在 2015 年、2017 年整屯移民搬迁巴卜、弄另、加翻、弄帮、弄歪、加东、弄蕉、弄龙、弄风共计 9 个村民小组 94 户 400 人，其中建档立卡贫困户 48 户 215 人，五保户 5 户 6 人，已自主移民贫困户 8 户 35 人，已自主移民非贫困户 32 户 141 人，需同步搬迁非贫困户 1 户 3 人。全村共规划搬迁 84 户 356 人（不含五保户），2017 年 11 月已完成搬迁 45 户 193 人。2018 年，顺安村整屯搬迁 8 个屯，涉及 88 户农户，其中贫困户 86 户。2018 年工作队督促落实所有搬迁户入住，并且帮助搬迁户申请过渡生活补贴，帮助 35 户贫困户完善拆旧房材料，申请拆旧补贴款。

三 顺安村易地扶贫搬迁过程中的苦与乐

在易地扶贫搬迁政策实施的过程中，出现了有的贫困户因为上了年纪或者身体残疾而就业能力差、缺少城镇生活技能，因而不愿意搬迁的情况。

如我们在顺安村加东屯走访一户人家的时候，我们坐在户主传统木石结构的房子里盛赞这座老房子的凉爽舒适，但房子的主人并不搭话，对我们比较冷淡，只有女主人有一句没一句地用壮话说，早上猴群下山来吃庄稼，他们放炮仗把猴群赶上山了。女主人的丈夫始终没有跟我们说一句话，他起先在电视机前看电视，然后又出门赶羊上山，而他的光棍哥哥则一直躺在床上睡觉。走出这户人家的时候，给我们做向导的福兴旅游公司老板对我们说："这户人家不愿意搬迁，他们听你们说普通话，可能以为你们是来动员他们搬迁的，所以对你们比较冷淡，如果是说壮话的本地人来了，他们不会这样，会很热情的。"

之所以不愿意搬迁，他们首先担心进城后找不到工作，在生活方式和价值观念方面适应不了城镇生活，同时进城后生活成本会提高；其次担心政策会有变化；最后由于要拆除旧房，贫困户的宅基地需要退出（每户给不低于2万元奖励），即使搬迁贫困户还有耕地、土地承包权，但居住地与耕地距离遥远，很难再在村里就业，没有了退路，老了以后没人管。最想搬迁到外边的是具有劳动能力和较强适应能力，同时在外边见过世面（比如做过小买卖，具有商业头脑）的人，但是往往这些人并不贫困。例如村小学的老师，家有老母，房屋倒塌，希望能搬迁，但因为不是贫困户，只能随屯整体搬迁，但一些户不愿意搬迁，他也只能在原来的地方重盖房子；有的村干部也想搬迁，但不是贫困户，享受不了政策。顺安村的"90后"副主任梁军，退伍以后回到村里搞副业，经济实力比较雄厚，梁军告诉我们，他未来的打算还是离开顺安村到外边去打工。他说以后父母年纪都大了，自己的弟弟也需要到外面才能找到对象，而自己如果再不趁年轻出去干一番事业的话，以后的日子会不好过。

那些真正贫困、住在偏远深山里的村民，他们往往不想搬迁，这时候就需要驻村第一书记爬很远的山路去做思想动员。通过座谈，顺安村的第一书记告诉我们：住在深山里的人，上了年纪的一般都不愿意搬出来，因为他们觉得自己的人生已经就这样了，搬出去反而不习惯。这时候最能说服他们进行易地搬迁的理由，不是告诉他们搬出去之后生活会如何变好，而是从他们为自己的子女的未来着想的角度来劝说，这样的策略往往是最有效的。山里的人考虑到自己的时候，一般搬迁的愿望不会很强烈，但是如果对他们讲搬出去以后会对他们的孩子有多大的好处，例如接受更好的教育、更容易找到对象等，他们为了自己的孩子着想就会有较强的搬迁意愿。驻村第一书记在做易地搬迁贫困户的劝导和说服工作时，除了讲解国家政策，说明搬迁的用意和好处，还要考虑到各种传统和风俗信仰的因素。比如有一户不愿意搬迁就是因为他们通过算命和占卜认为今年搬出去不吉利，这时候驻村第一书记就会去跟风水先生谈，通过风水师的法术来化解掉这种"不吉利"，让风水先生去跟这户人家说：没事，今年可以搬。农村人对于家屋和家屋风水位置的重视，是一种具有长久历史积淀的民族心理结构，不能简单地批评为"封建迷信"，相比于那种简单的动员方式，这种动员方式体现了对农民风俗心理习惯的尊重。

但在顺安村也有一户驻村第一书记怎么做工作都不愿意易地搬迁的贫困户，我们调研组专门走访过这户人家。我们爬了半个小时的山路，气喘吁吁地爬到坳口，翻过坳口就可以看见山窝弄场里的这户人家。藏在山窝里的这户人家已经居住在这里五代了，而且是整个顺安村唯一的一户瑶族贫困户。选择居住在这里是因为在以前以传统农业为主的年代，这里每户的人均耕地面积相比于外面要多出很多，有足够的耕地生产足够的粮食，另外山里树木多，做饭用的柴火也不愁烧。在20世纪90年代甚至21世纪年初，顺安村的山上不像现在这么郁郁葱葱长满树木，而是被村民砍伐得光秃秃的，甚至有的村民为了一把猪草引起争执，而隐藏在这深山里的住户因为居住分散，人口密度较小，就不存在这个问题。除此之外，住在深山里不仅不愁吃穿，而且饮食结构相对比较丰富，除了种植，他们还可以去割草来养猪养羊，还可以进行采摘和狩猎。以上这些原因，使得居住在这里的成年男性在以前的年代（2000年以前）在找对象上有比较优势，比较容易找到老婆，媒婆也愿意给山里的男人介绍对象。可是如今，居住在深山里的男人却以光棍居多，或者结婚后老婆跑了的情况也很多，住在山外的人认为山里人找不到老婆是因为山里路不通，交通不方便。其实交通不便只是一个表层的原因，之前这里交通也不方便，但为什么那时候山里人在婚姻市场上还比较受欢迎？一个更为根本性的原因在于现在基本的温饱问题已经解决，掌握知识、见过世面的现代农村女性对生活已经不再满足于单纯的吃饱饭了，现在的农村女性对生活的质量和要求有了新的认识和追求。

当我们还站在坳口俯瞰这户人家的时候，弄场人家里养的狗已经开始吠叫，等我们下到屋后，这家的四五只狗已经叫着迎上来。屋前的羊圈、鸡舍、菜园、耕地，屋后的水池、水窖，屋檐下的木制蜂窝，屋下的猪圈、牛舍，都表明这是一户自给自足的家庭。主人把我们让进屋里，一番询问后，我们了解到这间老式的住屋是1989年修建的，户主1971年出生，至今单身，户主的母亲在他20多岁的时候就去世了。目前他有一个老父亲，一个32岁的弟弟，和一个刚刚20岁出头的弟媳，弟弟和弟媳已经有3个孩子了：一个4岁，一个2岁，还有一个刚满50天。兄弟两个加上弟媳，都是小学文凭，户主和他的弟弟之前也在柳州、桂林等地打过工，但是他们不喜欢外面的生活，又选择回到山里。户主和他的弟弟现在在家务农，农忙的时候种地，平时还在山里放羊、放牛，除此之外，户主还有一个身份——道公，当地有红白喜事的时候，会请他去念经画符，参加这样的仪式每次能有一两百元的收入。当我们开门见山地问户主为什么不愿意搬出去的时候，他说外面的空气不新鲜，山里的空气新鲜，喝的水是泉水，他用手牵着地里的一棵黄豆的枝叶说：我们都不打农药的，想吃什么都是自己种，外面的东西什么都要花钱买。他还怕搬出去以后政策会变，自己的生活没有保障。我们去的时候，户主的邻居正好也在他家聊天，邻居住在山外边的一个山窝里，邻居之前也不同意搬迁，但是邻居为了自己在外面上大学的孩子考虑，还是同意搬迁，邻居说县里的房子是给自己的孩子准备的，他自己是不会去住的，政府赶他去住他也不住。

我们认为户主所说的那些不搬迁的理由都不是根本性的，问题的根本在于这个家庭的结构关系，尤其是户主在这个家庭的特殊地位。在我们谈话的时候，一直是户主跟我们交谈，而他的父亲、弟弟、弟媳都不怎么说话，帮扶干部认为户主的弟弟和老父亲是愿意搬迁的，但是他们在家里没有"话语权"，最主要的阻力是户主自己不愿意搬迁。经济因素不是户主抵触搬迁的主要因素，主要因素在于一旦在外面有了一套住房，自己的弟弟和弟媳肯定要到外面去住，这样这户大家庭就会解体，户主在家里的权威就会瓦解，造成了事实上的分家，户主作为光棍没有孩子，这样分家以后，就没有子女来给他养老。弟媳的娘家就在离这座老屋不到 200 米远的同一个山窝里，弟媳的娘家有一个老父亲，一个有智力残疾的哥哥，还有一个正在读小学四年级的妹妹。弟媳的娘家同意这门亲事，其中一个原因是与户主一家离得很近，女儿和女婿可以对家里进行一些帮扶，也能为自己养老。户主从 20 多岁的时候就开始一个人支撑起这个家，他担心搬到外边后会影响自己辛苦建立起来的大家庭的完整性。一旦在外面有了这么一个房子，户主的弟弟和弟媳就具有了去外面单独住的可能性，这只不过是时间早晚的问题，这样外面的房子在户主眼里就成了时刻悬挂在自己头顶会破坏现有家庭稳固性的"炸弹"，正是这样的家庭结构和家庭关系，使得户主不愿意搬到外面。即便是帮扶干部说他们可以白得一套住房，还可以继续住在山里，户主照样表示了坚决的拒绝，因为一旦存在了这样一个房子，那就意味着自己的弟弟和弟媳时刻都会带着孩子离开自己。

虽然知道我们是来动员他搬迁出去的，户主也仍然坚持他不搬的理由，双方围绕着搬还是不搬僵持地论辩着，谁也说服不了谁，但是大家的态度和说话的语气还是和和气气的。我们准备要走的时候，户主还一定要坚持留我们吃晚饭，让自己的弟弟捉了一只大公鸡杀了招待我们，我们挤在一张大圆桌上，夹着电火锅里刚杀的鸡肉，就着糯米饭，喝着加了蜂王浆的米酒。在我们挤在一起吃饭的时候，才能觉察到户主养活这么一大家人并不容易，每个人都要张口吃饭，户主一定有他自己的打算。户主和自己的弟弟并不喝酒，这是他们的习惯，他们的父亲和邻居证明说兄弟两个不喝酒，所以由邻居和老父亲热情地一杯一杯和我们碰杯，户主则早早地吃完饭躺在竹椅上看《新闻联播》，他还从烧火的火坑里抽出一根树枝，用它在木地板上写了一个"虫"字，意思是家里没有咬人的虫子。能看懂电视，会写字，而且做道公会给人家念经，这说明户主并不是没有"文化"，我们倾向于认为他有他的顾虑和打算。吃完饭的时候，户主一定要把我们送出山，我们再三让他留步，他还是执意拿着灯走在前面给我们带路，一直走了半个小时的山路，走到进入村里的最后一级台阶他才停下，这里也是去往山里的第一级台阶，旁边有盏路灯，灯光正好照在这段台阶上，村里的水泥路和山里的石头台阶在灯光下交接，形成一种隐喻。户主就坐在这最后一级台阶上，光着他健壮黝黑的膀子抽着烟休息，下来这级台阶就是平坦的水泥路和明亮的路灯，就不归他负责了，他抽完烟转身没入进山台阶的黑暗中，他已经跟山融为一体了。后来我们通过驻村第一书记了解到，这一户最终还是没有进行易地搬迁，扶贫工作队在原地分两户对这家的住房进行了危房改造，给他们建了新房。同在一个山弄里的另一家搬到了山下，住到了政府统一给贫困户建的房子里。

像这样不愿意搬迁的贫困户只是少数，大部分贫困户都愿意搬到城镇中去。例如，我们在顺安村西边最远的屯走访的一户人家，这户人家户主80多岁了，我们走到他家门口台阶上的时候，他正在羊圈里准备赶羊上山，我们以为他跟之前那户一样，借着赶羊躲开我们。谁知道过了几分钟以后，他又从屋后面回来了，原来他把羊赶上山后立刻回来招待我们。他的佝偻着背的妻子艰难地从里屋拿板凳给我们坐，他的四五十岁的儿子拿出芭蕉、番石榴、南瓜子招待我们，户主还有一个儿子在外面打工。户主对我们说，如果我们回到村部遇到第一书记了，一定要帮忙问问书记什么时候搬迁，他们想早点搬迁出去。

就在顺安村的贫困户逐渐搬出村里的时候，顺安村的有钱人却回来修建新房。在顺安村我们发现有不少已经建好或者正在修建的比较高级的住房，有的甚至是四五层高的洋楼别墅。据村里人介绍，这些正在修建的"豪宅"都是从顺安村走出去的有钱人，他们退休之后就回到顺安村，在自己旧宅的基础上修建新房，这些楼房外部贴满瓷砖，看起来很气派。我们甚至在村里一处没有硬化路也没有电的地方，看到一户人家正在修建一座豪华的小别墅，通过跟房屋主人——一位60多岁的老人交谈之后，我们得知房子是老人的孩子们共同出资修建的，老人在外面当过警察，自己的三个孩子都非常有出息，都在外面当领导。他们的这套房子是在老人祖祖辈辈居住的旧房子基础上修建的，他们还故意在新房子的周围留下了几间原先的老房子作为一种纪念。这所套子造价在50万元以上，平时周六周日自己的孩子们上来住几天，因为山上没水没电，他们都是在山下做好了饭带上来，有人还为这套房子写了一首诗，老人念给我们听："先父留旧宅，儿孙建新官；今日新田园，风景美如诗。"

三 结论

易地扶贫搬迁作为精准扶贫、精准脱贫"五个一批"最重要的一批政策，是一项基础性民生工程。随着易地扶贫搬迁项目政策的落地，一个又一个集中安置区应运而生，让老百姓从深山老林搬进了新居。如何加强易地扶贫搬迁集中安置区后续管理，保障贫困户"搬得出、稳得住、能致富"，是易地扶贫搬迁需要统筹考虑的重要问题。通过顺安村异地搬迁的事例，可以得出以下结论。

搬迁农户能否稳定增收是判决与其稳定脱贫的关键所在，也成为不愿意搬迁的贫困户最大的心理顾虑。搬迁人口常年居住仍然以"三留守"群体为主，一些年迈的老人，生活的来源主要靠微薄的养老金、临时救济和少量的惠农补贴，因此要在公共卫生服务、养老保障体系等方面因地制宜，精准施策，满足病有所医、老有所养的愿望。坚持搬迁安置与产业配套同步规划、同步推进，因地制宜，统筹谋划，大力发展见效快、有收益、可持续的特色产业，确保贫困户真正搬出去过幸福新生活。全面落实各项惠农政策和各类保障政策转移衔接工作，积极做好搬迁群众户口迁移、房产登记、土地承包和流转、财产变卖和保管等工作。积极探索易地搬迁集中安置点管理办法，创新易地搬迁人口"人地分离"户籍管理模式，承包地、林地、集体经济收益分配等权益及涉农补贴在原户籍地办理，其他涉及社保、教育、卫计、优抚、救助、养老、残疾补贴等在居住地村或社区办理。总而言之，"搬迁是手段，脱贫是目的"，在易地扶贫搬迁政策实施过程中，要帮助搬迁群众就业创业，不断拓宽搬迁群众增收渠道，确保搬迁贫困人口"稳得住""能脱贫"，努力实现扶真贫、真扶贫、真脱贫，有效提升搬迁群众的获得感、幸福感和安全感。

参考文献

都安瑶族自治县县志编纂委员会:《都安瑶族自治县志》,广西人民出版社,
　　2016。

都安县扶贫办公室:《都安县精准识别贫困户贫困村实施方案》,2015 年 10 月。

刘永富:《党的十八大以来脱贫攻坚的成就与经验》,《求是》2017 年第 6 期。

李小云:《构建新制度,提高扶贫成就》,《中国老区建设》2014 年第 9 期。

陆汉文:《落实精准扶贫战略的可行途径》,《国家治理》2015 年第 38 期。

汪三贵、郭子豪:《论中国的精准扶贫》,《贵州社会科学》2015 年第 5 期。

童章舜:《新中国成立以来易地扶贫搬迁工作的成效与经验》,《中国改革报》,
　　2019 年 8 月 6 日。

程晖:《易地扶贫搬迁:努力实现扶真贫、真扶贫、真脱贫》,《中国经济导报》,
　　2018 年 7 月 19 日。

李杨:《易地扶贫搬迁让贫困老乡"有家也有业"》,《中国经济导报》,2017 年 12
　　月 27 日。

易地扶贫搬迁推动村庄包容性发展

——宁夏三山井村的实践

刘同山 *

摘　要： 易地搬迁是保护生态脆弱区环境、解决农村深度贫困的重要方式。宁夏是易地扶贫搬迁的主战场。对宁夏同心县易地扶贫搬迁典型三山井村的调查发现，健全移民村的基础设施和公共服务、加强义务教育和劳动技能培训、引进产业扶贫项目等举措，是提升生态脆弱区贫困群众搬迁意愿、支持移民村经济社会包容性发展的有效途径。不过，三山井村面临着成功的扶贫项目较少、扶贫工作落实不够精准等问题，造成部分群众对扶贫工作满意度不高。因此，易地扶贫（移民）搬迁一方面要完善政策设计，提高移民搬迁的包容性、协调性和综合性，另一方面要发动群众和社会力量，改善基层的工作方式和成效。

关键词： 易地扶贫搬迁　精准扶贫　包容性发展　三山井村

当前，深度贫困地区，尤其是生态脆弱地区脱贫难度较大，脱贫攻坚的一个现实难题是一方水土养不起一方人。实施易地扶贫搬迁工程，

---

* 刘同山，南京林业大学城乡高质量发展研究中心主任、教授、博士生导师，主要研究农村土地制度、城乡绿色发展。

能够有效实现贫困群众"挪穷窝、换穷业、拔穷根",目前已得到国内外学者的广泛认可。作为精准扶贫"五个一批"工程之一的易地扶贫搬迁,近年来取得了突出效果。至2018年底,全国已完成约870万贫困人口的搬迁建设任务。生态移民搬迁作为易地扶贫搬迁的一种形式,是全面建成小康社会的重要举措。宁夏回族自治区是我国生态移民政策主战场,自20世纪80年代起便启动了易地扶贫搬迁工作。为解决贫困问题,宁夏采取村庄整体搬迁的方式,将固原等南部生态脆弱地区的贫困人口搬迁到沿黄灌区。到2015年"十二五"规划结束时,有116万人口被有组织地搬迁,占到农村人口的1/3以上。通过生态移民搬迁,宁夏在保护生态环境的同时,还有效实现了农村贫困户的脱贫。因此,研究宁夏的易地扶贫搬迁,不仅有助于全面了解少数民族地区应对区域贫困、生态环境保护的实践成效,还能够为其他地方的精准扶贫和移民搬迁提供重要参考。

作为退耕还林、还草的重点县,同心县是宁夏生态移民易地扶贫搬迁的排头兵。自2007年开始,同心县就按照"人随水流,水随人走"的理念,率先在宁夏回族自治区启动了县内生态移民工程,把"搬得出、稳得住、能致富"作为生态移民搬迁安置工作的基本导向,不仅制定出台多个政策文件,还将生态移民搬迁纳入部门和乡镇工作考核。其做法被作为典型,写入了《宁夏"十二五"中南部地区生态移民规划》。同心县下马关镇三山井村人均耕地资源相对丰富,2009年被选定为本县生态移民迁入区之一,是当地生态移民模式的典型,具有很好的代表性。因此,本文选取宁夏同心县下马关镇三山井村为分析对象,以"解剖麻雀"的方式分析易地扶贫搬迁的做法与成效,剖析其存在的一些挑战,进而提出相关思考和建议,以期为其他地方的移民搬迁提供经验借鉴。

一　主要做法与成效

在当地政府的大力支持下,三山井村通过基础设施完善和公共服务全覆盖,让生态移民"愿意来";通过义务教育、劳动技能培训等方式,让生态移民"稳得住";通过引进扶贫项目促进村庄经济发展,让生态移民"能致富"。

(一)健全基础设施和公共服务体系,让生态移民"愿意来"

健全的基础设施和公共服务体系,是生态移民"愿意来"的基本前提。近年来,三山井村的道路、用水、卫星电视和社区文化活动场所逐步完善。

基础设施方面,三山井村家家户户门口都已修建了硬化水泥路,村内道路宽阔通畅,通向下马关镇的公交车也顺利开通。由于三山井村是生态移民集聚的大村,随着城乡公交和长途汽车的开通,村民们无论是去下马关镇赶集,还是去同心县城上学,或者去省会银川市打工、看病,走几分钟便可顺利乘坐上直达目的地的公共交通工具,村庄的交通日趋便利。村民销售农产品和购买生活物资时,由于道路平坦宽敞且硬化路通到家家户户门口,大卡车能够直接开到村民家门口,极大地方便了村民的生产和生活。一名70多岁的村民告诉笔者:"以前在老家走集市买东西,可能需要花一天时间,那时赶集一般赶驴车去,条件好些的人家可能开手扶拖拉机,当时的道路不好走,很容易出事故。但现在我走10分钟就到小卖部了,如果村里的小卖部没有我要的东西,我就在村里坐公交车,半小时就能到下马关镇上,这里的交通非常方便。不仅如此,由于路宽地平,买炭等重一些的东西都能送到我家门口,因此我不需要儿女们照顾,也活得很自在。"2016年底,三山井村已全部实现自来水入户,村民吃水用水有了"双重保障",长久受制于水资源供给不足的三山井村居民不再担心饮水问题。手机通信信号也在三山井村实现了全村覆盖,卫星电视实现了户户通。

三山井村的公共服务也非常完善。村庄文化活动方面,三山井村建设了一个功能齐全的村级文化活动中心,并建有老年活动中心、村图书室、村民健身场等文化体育设施。村内小超市内安装了黄河农村商业银行系统便民金融服务点,可为村民办理小额取款、转账汇款、信用还款、代理缴费、银行卡余额查询等业务,为村民提供了极大便利。例如,一些年龄大的老人在办理缴纳医保费、支取养老金等业务时，不需要专程去7公里以外的下马关镇办理，通过便民金融服务点办理便能实现"足不出户"，村民文化娱乐活动和现代服务可获得性明显提升。村庄医疗保障方面，三山井村建立了卫生室，并配有两名获得医生资格证的医生，村庄医疗能力得到了保障。全村近年未出现过0~5岁儿童死亡的现象，也表明村里医疗能力和救治水平有所提升。村庄居民住房保障方面，三山井村的新移民每家交16000元，可以获得1.2亩的宅基地和一套54平方米的砖瓦房。老村民可以获得15500元危房改造的补贴费用，可以在原来的宅基地上翻盖自家的房子。一些接受访谈的村民坦言："相对于黑乎乎的窑洞，现在的房子亮堂多了。"

（二）做好义务教育和劳动技能培训，让生态移民"稳得住"

易地扶贫搬迁要让生态移民"稳得住"，离不开教育帮扶和劳动技能培训。教育帮扶，有助于"拔穷根"和阻断贫困的代际传递。劳动技能培训有助于完善生态移民搬迁的就业帮扶，提升生态移民的人力资本水平，以更好地实现就业。近年来随着国家对贫困地区教育投资力度的不断加大，三山井村的小学教学硬件、师资水平和教学质量得到了明显的提升。三山井村一些初中毕业未能考上普通高中的孩子，在国家"雨露计划"的资助下上了中专或技校，同时越来越多的生态移民子女在国家的奖助下考上了高中，进入了大学。目前三山井村的生态移民，非常重视对子女的教育，认为教育是实现家庭经济状况改善和社会地位提升的重要渠道。一些经济实力较好的村民，为了让孩子接受更好的教育，甚至专门在同心县城租房子，让家人前往陪读。鉴于三山井村的村庄面积较大，很多农户家庭居住地距离幼儿园较远，三山井村特地安排资金，为村里幼儿园配送了专门接送孩子的校车。一名移民搬迁户接受访谈时说："以前在老家时，大女儿每天去上小学要走4公里的山路，上初中的孩子要去16公里以外的马高庄乡中学，大部分山路不能骑车，只能步行，非常辛苦，村子里能上初中的孩子最多就60%，而且学校的师资非常差。搬到三山井村之后，政府重视教育，村里就有幼儿园和小学，学校老师的教学水平也高了很多。我的大女儿在三山井村小学，音乐天分得到发挥，并得到外界资助而学了一门乐器，目前已到银川市继续学习音乐。二女儿、三女儿从家步行 15 分钟就可以到小学上课，四女儿、五女儿已上了村里的幼儿园，学校都有营养丰富的饭菜，几个孩子成长得很健康。"

作为贫困村，三山井村获得的社会各界教育帮扶资源也比较多。驻村扶贫工作队积极整合社会资源，拓展捐资渠道进行捐资助学，先后开展了"爱心助学、放飞梦想"等支教助学活动，并组织一些协会会员开展捐助活动，为小学生免费发放学习文具和书包。此外，宁夏商务厅驻三山井村扶贫工作队还为贫困户在读子女建立了长效跟踪帮扶机制，积极开展手拉手结对帮扶等项目。针对生态移民就业技能低、难以匹配劳动力市场的就业需求等问题，驻村工作队、村委会经常为村民们组织技能培训，例如电焊技术、刺绣、厨艺、家庭护理等，提升了村民的职业技能。

（三）引进扶贫项目促进村庄经济发展，让生态移民"能致富"

易地扶贫搬迁要让生态移民"能致富"，需要多措并举增加村民收入，千方百计拓宽就业渠道。各类扶贫项目和政府的扶贫政策，为三山井村生态移民"脱贫、致富"做出了重要的贡献。为了促进产业发展，各级政府积极为三山井村引进各种产业项目，并给予了很多的政策支持。三山井村充分发挥黑毛驴养殖产业扶贫项目的溢出效应，实现贫困户就业增收。黑毛驴繁育基地吸纳的季节性用工人数达到 500 人以上，长期雇用员工 40 人以上，其中建档立卡贫困户达到 70%，月工资在 3000 元以上。同时，根据三山井村入股贫困户意愿，黑毛驴繁育基地通过与入股贫困户签订饲养幼驴的协议，由公司评估作价后提供幼驴、饲草料和技术指导。农户饲养 3~4 个月后，由公司按市场价统一收购、统一销售，每头肉驴可为养殖农户带来 2000~3000 元的收入。产业扶贫项目的引进，产生了较好的经济效益，为生态移民"留得下"提供了保障。随着各类生态移民和精准扶贫项目及补贴进入三山井村，补贴款项成为村民的一项重要收入来源。例如，2017 年三山井村的村民可以获得每户 7000 元的产业发展补贴用以养羊，许多村民享有每年 1920 元的低保金收入。参与村里土地流转的村民，每亩可以获得 100~200 元的租金。村民还可以获得国家和自治区发放的农资补贴、养老补贴及良种补贴等。2016 年，三山井村贫困户的平均货币化收入超过 4 万元，相比生态移民之前有了大幅提高。

此外，多种就业方式也实现了村民收入水平的提升。例如，三山井村的村民何英丽家开了一个小卖部，并在小卖部里安装了黄河农村商业银行系统，主要用于提供村民小额取款、转账汇款、信用还款和代交医保、养老保险等服务。何英丽帮村民在网上每充一笔话费，可以获得 1 元的服务费，每交一次新农合作医疗保险，可以获得 0.5 元的服务费，村民得到的良种补贴款、农资补贴款项，甚至是数额较大的养羊补贴款，都可以在这家小卖部里取到现金。一些年龄大的老人腿脚不方便，甚至连密码都不会按，何英丽家小卖铺提供的服务能够有效解决村里老年人的生活消费需求。由于三山井村农民人口数量大、生活需求多，何英丽不用从事农业，只需要经营小卖部就可以获得较为可观的收入。

二 面临的挑战

三山井村虽然通过完善基础设施和公共服务、义务教育和劳动技能培训等方式改善了生态移民的生活，通过引进各类产业扶贫项目和争取扶贫政策增加了生态移民的收入，但是仍存在着成功的产业扶贫项目较少、扶贫的精准程度有待提高、部分群众对扶贫搬迁不太满意等问题。

（一）成功的产业扶贫项目较少

三山井村实施的产业扶贫项目，大多数以失败告终，有的项目因农户无收益而夭折，有的项目因企业无力经营而中断，有的项目因产业效益差而停滞不前，有的项目因正在实施尚无效益可言。深入剖析产业扶贫项目失败的原因，主要有以下四个方面。一是产业扶贫项目的选择具有较强的主观性。产业扶贫项目的具体实施过程中，主要是政府部门和村"两委"的推进，并没有真正发动群众。农户参与扶贫项目的积极性不高，甚至不愿意配合。产业扶贫项目作为获得政府补贴的手段，而不是作为脱贫致富的途径去发展，加剧了贫困户"等、靠、要"的思想。二是产业发展基础设施建设不完善。有些产业发展本身是可以获得成功的，但部分扶贫产业项目过于注重生产环节的扶持，忽略了基础设施配套的完整性与产品市场销售渠道的开拓，导致部分项目因农户不愿意发展而夭折。例如，三山井村大棚蔬菜项目因存在灌溉"短板"，并且未能达到最初目标，很多大棚未投产就被废弃。三是产业项目扶持方式不科学。有些扶贫产业因扶持方式不科学产生了错误的市场信号，从而导致一些企业主要是为了追求财政补贴才上马扶贫项目。一些扶贫项目盲目跟风引进，导致了部分项目难以因地制宜深入推进而最终失败。例如，万亩油用牡丹、甘草种植项目的土地流转资金补助分3年补贴到位，企业既未在前期进行小面积的栽培试验，又未进行栽培技术示范和产品加工的技术研发，而直接通过流转大面积土地推进项目，最终由于市场行情低迷和缺乏有效管理，项目半途而废。四是产业发展与农户的利益联结不紧密。部分扶贫产业项目在实施过程中，与农户利益联结不紧密，甚至出现了与农民严重脱钩的现象，难以获得贫困户的长期支持。例如，万亩油用牡丹和甘草基地建设项目，除支付农户流转土地租金外，企业发展产生的效益与本村农户没有其他利益联系。

（二）扶贫的精准程度有待提高

准确辨别和确认贫困户是精准扶贫的基础工作，直接影响了扶贫工作效果。由于村民人数多、干部数量少，三山井村的精准扶贫工作出现了一些问题。首先，"分户"混淆了扶贫与农民养老问题。现有的贫困户认定标准，是户内人均收入不高于当地的脱贫标准线。这诱使大量农民以"分户"的方式让一部分家庭成员成为贫困户。在三山井村，很多村民尤其是没有收入来源的老人，通过与儿子等家庭成员分户的方式，成为符合条件的建档立卡贫困户。在课题组随机抽取的 32 户建档立卡贫困户中，有 15 户通过"分户"成为贫困户，其中一户甚至把丈夫的户口单独分出去，再以缺乏劳动力为由成为贫困户。在随机抽取的 31 户非建档立卡户中，也有 7 户通过"分户"使家庭成员成为贫困户。"分户"这种做法，将养老和扶贫混为一谈，浪费了宝贵的扶贫资源，违背了中央精准扶贫的精神。其次，三山井村存在贫困户、低保户认定的"随意性"问题。除"分户"问题外，扶贫工作"瞄准性"存在很大的上升空间。在课题组随机抽取的 32 户贫困户中，按照当地标准，多达 20 户不应被认定为贫困户，其中 6 户的家庭人均纯收入甚至达到 1 万元，远超贫困户标准。有几位村民告诉笔者，2011 年村里曾通过用"低保指标"来吸引村民负责打扫村内的垃圾，但几个月后，这些村民就只"吃低保"而不再打扫村里卫生了。最后，村庄里也存在不少因家里有公职、有轿车、有股份而不能成为贫困户的"三有人员"却成了"低保户"的案例。在抽取的 31 户非贫困户中，有 6 户为低保户。其中一户 2016 年家庭人均纯收入高达 14608 元，且家中有一辆小轿车，却从 2017 年开始，家里两个老人开始每月领取 180 元的低保。截至 2017 年 8 月，三山井村"吃低保"的人数比 2016 年增加了 79 人，达到 463 人，占常住人口的 9.5%。本来只有低收入群体才能享受的"低保"俨然成了"大锅粥"，出现了精准扶贫不精准的现象。

（三）部分群众对扶贫搬迁不太满意

易地扶贫搬迁没能很好地考虑一些农户的差别化需求，再加上成功的扶贫项目不多、村里的扶贫工作精准程度有待提高等原因，导致部分村民对扶贫搬迁工作不太满意。

一方面，易地扶贫搬迁没能充分考虑相关农户居住习惯和生活方式的改变。一些移民由于长期居住在窑洞内，习惯了窑洞生活而不适应瓦房的生活。一些受访的村民告诉笔者，窑洞生活冬暖夏凉，冬天不用烧炭、夏天不需要吹风扇或者开空调，搬迁至三山井村后，生活成本明显增加。而且，有位移民说，未搬来三山井村以前，自己可以种些蔬菜和粮食，到了三山井村以后，分给的耕地质量太差无法耕种，因此吃菜和粮食全都要花钱买，生活支出明显增加。生活习惯的改变和生活支出的增加，降低了部分群众对扶贫搬迁的满意度。

另一方面，移民后的产业扶贫项目效果不理想，扶贫工作没有充分发动群众，影响了群众对扶贫工作的满意度。有位三山井村的农民告诉笔者说："中央的政策是好政策，但是我们这地方'山高皇帝远'。"言下之意，他认为中央的一些扶贫政策很好，但是基层未能有效落实，因而对扶贫工作不甚满意。上述两方面的原因，降低了村民尤其是贫困户对本村扶贫工作的评价。在 32 个随机抽取的贫困户中，合计有 62.50% 的贫困户认为本村贫困户的选择"很不合理"、"不太合理"或"一般"；分别有 6.25% 和 15.63% 的贫困户认为本村安排的扶贫项目"很不合理"或"不合理"；多达 59.38% 的贫困户对整村的扶贫效果不甚满意。

三 思考与建议

易地扶贫搬迁，目标是脱贫，手段是易地。与其他扶贫手段相比，易地扶贫搬迁的成本更大、风险更高。因此，除非在《国家主体功能区规划》中的禁止开发区或限制开发区，或者是资源承载力严重不足的地区，易地扶贫搬迁应当是最后的选项。更好地实施生态移民搬迁，要以提高生态移民搬迁的包容性、协调性和综合性为政策设计出发点，合理为迁入区选择配套的产业项目，同时创新政府对产业发展的扶持模式，发动群众和社会力量，改善基层的工作方式和工作成效。

（一）完善政策设计，提高移民搬迁的包容性、协调性和综合性

首先，真正尊重生态移民群众搬迁的意愿和自主性。不少地方的移民搬迁，没有充分考虑到移民的主观意愿，存在严重的行政化倾向，导致移民怨声较大。需要区别对待不同类型移民搬迁的差异化需求，尊重农民的自主性和自发性，让农民自己做主，政府角色应由裁判员向店小二转变，以引导帮助为主，以行政命令为辅。对于能够迁入城镇的生态移民，准许

其处置农村资源资产，并给予一定的城镇安家补贴；对于愿意向本县或其他地区搬迁的生态移民，也应当制定差异化的补贴政策，既提供有土安置，也可以提供有产安置、有业安置；对于面临各种优惠帮扶政策仍不想搬迁的，只要当地的资源承载力能够允许，且所在地不属于禁止开发区或限制开发区，就应当准许其继续留在本地生存。

其次，在加强社区关怀的基础上尝试将生态移民集中安置方式转为"插花安置"方式。近年来，部分地区移民安置点接连出现的群体性事件，敲响了将贫困户在本县内集中起来具有明显负面效果的警钟。因此，近年来宁夏回族自治区开始尝试生态移民的"插花安置"。所谓"插花安置"，是将某个乡镇或村的生态移民打散后，分别安置在不同的村庄甚至不同的县，每个村庄只安置几户或十几户的一种移民安置办法。2013~2016年，宁夏平罗县曾尝试"插花安置"了1700多户来自西海固的生态移民，其主要做法是政府以生态移民安置资金，收购迁入地农民的承包地、农村房屋（连同宅基地），并让其放弃集体成员身份，鼓励进城农户彻底离开农村、退出土地，将其退出的土地、房屋连同集体成员身份，一起转交给搬迁至本村的生态移民承包使用。由于平罗县地处河套平原，有"塞上江南"之称，农业发展基础很好，生态移民"插花安置"的总体效果很好。"插花安置"需要给予移民更多的社区关怀，尽可能地让移民实现社区融入。

再次，以综合性改革保障生态移民搬迁群众的利益。生态移民搬迁涉及农民生产生活的方方面面。为了避免走回头路，减少改革隐患，在制定易地搬迁政策时，需要综合考虑，群策群力。在给予补偿后需要注销移民户原来的土地及房屋权证，并在迁入地获得新的权证。对于放弃自身的承包地、宅基地以及其他合法财产的生态移民，要给予资金补偿而不能无偿划归国有。除土地、房屋外，还需要统筹考虑国家给予农民的种粮补贴、养老及医疗保险、生态补贴以及贫困款补贴等，划转到迁入地要及时划转，允许一次性兑现，保障生态移民的各项权益。

（二）合理选择产业项目，创新政府扶持产业发展的模式

首先，科学选择产业扶贫项目，改革产业扶持模式。以户为单位的

产业扶持方式，很难将产业做大、做强，也很难实现可持续发展。必须彻底改变产业扶贫"年年有项目、年年无发展"的状况。必须坚持依据当地的生产要素和资源条件，选择产品市场有需求、产品质量高、销售有渠道、发展有效益、辐射带动能力强、适宜农户自身发展的种养、劳务或二、三产业项目，给予重点扶持和培育。对于新项目、新技术的引进，必须坚持"一试验、二示范、三推广"的"三步走"原则，坚决杜绝不经试验示范、一哄而上的产业扶持模式。以产业园区化发展为着力点，充分发挥产业集聚效应。不论是种植业还是养殖业均应该实行园区化发展。种植业项目应集中连片发展，以便统一耕作、集中进行技术服务、集中进行产品销售等。养殖户实行园区化养殖管理，方便供电供水设施建设、养殖技术服务、粪便无害化处理、养殖环境管理等。有条件的村庄可以通过引进和培育龙头企业的方式促进产业融合发展。

其次，加强产业基础设施建设，改革产业扶持环节。在科学选取产业发展项目后，应集中各类产业扶持资金，必须完善产前、产中、产后各个发展环节的基础设施建设，为产业发展提供可靠的基础设施保障。加大国家补助力度，进行集中建设，分户使用，提高基础设施建设使用效益。如扶持种植业发展，必须集中物力、财力，统一建设节水灌溉设施、保护地栽培设施、田间道路、产品贮存和冷链运输等现代农业基础设施。扶持养殖业发展，必须统一规划建设养殖园区、供水供电、饲草加工、疫病防治、技术培训、屠宰、产品贮运等设施。由于生态移民户均耕地少、庭院面积小，家家户户购置农机具不经济，因此，应拿出一部分扶贫资金，集中扶持社会化专业服务组织发展，如发展农机大户、饲草加工专业户、产品运销专业户等各类社会化服务专业户，为产业发展提供社会化的专业服务。产业的发展，不仅要扶持产业链上游的生产环节，还需要提升产业链下游销售环节的市场能力。加强区域农产品品牌建设，积极组织开展"走出去"与"请进来"的产销对接活动，加大市场营销推介宣传，支持农村电商发展，切实解决产销对接问题。

再次，加大金融支持力度，延长产业扶贫项目的贷款周期。积极总结和推广宁夏固原市"财政＋金融＋产业＋扶贫"、盐池县"村级互助资金扶贫"等金融扶贫模式，全面实施金融扶贫工程，扩大产业发展项目贷款规模、贫困户贷款覆盖面，延长产业扶持贷款期限。支持建档立卡贫困户、种养大户、家庭农场、农民合作社、农家乐、涉农企业等农业经营主体发展地方特色优势产业。在目前已建立扶贫产业担保基金和成立融资性担保公司的基础上，进一步扩大产业扶贫担保基金规模，提高贷款担保能力，增加扶贫产业贷款金额。

最后，加大政府引导力度，强化产业扶贫项目与贫困户利益联结机制。要探索和构建产业利益联结机制。凡是获得国家财政补贴资金的农业经营主体，必须通过紧密的利益联结机制，带动普通农户尤其是贫困户脱贫增收。目前，在产业扶贫中，各地积极探索"保底收益 + 二次分红"、农户以土地、资金等要素入股企业、企业与农户建立合作发展关系等模式。政府要加强对农业企业、规模经营主体和农户的引导，鼓励农户以农产品销售订单、土地或资金入股等方式，与上下游的农业企业或其他规模经营主体建立具有股份制和合作制的紧密型利益联结机制。

（三）发动群众和社会力量，改善基层工作方式和成效

首先，互换第三方与基层干部在扶贫中的角色，改变基层扶贫机制。目前政府主要把贫困户认定等基础扶贫工作交给村干部，然后再利用第三方对扶贫效果进行评估。但是，无论是主观上还是客观上，村干部都很难全心全意地贯彻落实中央的扶贫政策，第三方评估实际上也只是事后监督，难以从源头上保障扶贫效果。要把扶贫脱贫工作做细、做实、做好，在农村基层尤其是在村庄，需要一个没有利益关系的第三方来具体开展这项工作。下一步，可以反过来，让第三方作为扶贫工作的实施主体，负责贫困户的认定、扶贫资金使用及投向；让基层政府、村干部和村民共同对第三方的扶贫工作及效果进行考评、验收。专业的人做专业的事，有利于扶贫政策的贯彻落实。

其次，广泛发动群众，让农民真正了解并参与扶贫工作。当前，许多地方在扶贫时，主要依靠村"两委"干部，不肯发挥村里党员的先锋带头作用，更不愿也不敢发动普通村民。许多村庄党员数量多，但参与

扶贫工作的数量少，即使参与扶贫工作的党员数量多，但磨洋工的数量也不少。广泛发动群众，让普通党员和村民参与贫困户的认定、扶贫资金的使用，是从根本上消除贫困户认定不准确、扶贫资金"跑冒滴漏"等问题的有效举措。

最后，整合各个部门、各种渠道的扶贫资金，统一分配使用。各种扶贫资金要形成合力，打出"组合拳"的效果，目标是在满足贫困户实际需求的基础上，激发其内生脱贫动力。考虑到资金的同质性和目标的同一性，在改进基层扶贫机制的基础上，可以尝试将来自不同部门和渠道的扶贫资金在村庄层面整合使用。对于集中连片贫困区或其他有条件的地区，在充分保障贫困户脱贫的前提下，其余的扶贫资金可以尝试以下两种使用方式：一是转化为农村养老保险金，提高农村居民的养老保障水平；二是用来建设村庄公共设施，或者购买村民所需的公共服务，提高村庄持续发展的能力。

参考文献

Zou Y., Liu Z., Zheng X., et al. Evaluating Poverty Alleviation by Relocation under the Link Policy: A Case Study from Tongyu County, Jilin Province, China[J]. Sustainability, 2019, 11(18):5061.

曾小溪、汪三贵：《打赢易地扶贫搬迁脱贫攻坚战的若干思考》，《西北师大学报》（社会科学版）2019 年第 1 期。

李培林：《实施生态移民，实现精准扶贫》，载王晓毅等《生态移民与精准扶贫——宁夏的实践与经验》，社会科学文献出版社，2017。

刘同山、赵海、闫辉：《农村土地退出：宁夏平罗试验区的经验与启示》，《宁夏社会科学》2016 年第 1 期。

王晓毅：《易地搬迁与精准扶贫：宁夏生态移民再考察》，《新视野》2017 年第 2 期。

王志章、孙晗霖、张国栋：《生态移民的理论与实践创新：宁夏的经验》，《山东大学学报》（哲学社会科学版）2020 年第 4 期。

传递扶贫接力棒的三任第一书记
——山西沙壕村第一书记扶贫实录

曾俊霞[*]

摘　要： 坐落在吕梁深度贫困山区的沙壕村先后来了三任第一书记，三任第一书记完成了扶贫接力棒的传递，不仅帮助沙壕村顺利完成脱贫攻坚任务，也为乡村振兴奠定了坚实的基础。第一任第一书记面对一穷二白、无人管事的村庄，自己带头干，示范引领共产党员的标杆旗帜作用；第二任第一书记搭建村"两委"班子，建立规范的工作制度，提升班子的工作能力，培养村庄自身发展动力；第三任第一书记筑牢村"两委"班子，增强村庄的发展内动力，提升村民的生活品质，谋求村庄的长远发展，努力实现"富裕沙壕、美丽乡村"的奋斗目标。这三任第一书记不仅完成了扶贫工作的传递，也体现了扶贫帮扶的传承与演进。

关键词： 精准扶贫　第一书记　脱贫攻坚　沙壕村

一　千年沙壕，贫困沙壕

沙壕村位于山西省兴县县域西北部山区，属蔡家崖乡，距离蔡家崖

---

* 曾俊霞，中国社会科学院农村发展研究所助理研究员，主要研究方向为农业农村人才、农村教育。

乡政府 17 公里，蔡家崖乡是著名的晋绥边区（解放区）首府所在地。沙壕村地处土石山区，山峦起伏，山高坡陡，村域总体面积 4.37 平方公里，其中耕地 2979 亩，多为坡地，林地面积 400 亩。沙壕村为行政村，下辖 4 个自然村，包括沙壕自然村、三眼泉村、碾塔村和王家崖村。

沙壕村的历史比较久远，早在汉代就有记录，村庄已经有 1000 多年的历史了。解放初，沙壕村有 400 多人。那时，沙壕的村民基本没有土地，租种附近杨家坡村地主的土地，租种面积约 500 亩。土改的时候，每家每户都分到了土地。人民公社时期，土地又全部集中起来。1982 年，沙壕村开始实现土地承包制；1994 年开始第二轮土地承包，当时有 600 多村民，人均可以分到 3~4 亩土地。那时候村里人口也多，是十里八乡内比较热闹的村庄。2000 年的时候，沙壕村村民开始了大规模的外出迁移，村里一半以上的人都走了，只剩下了 300 人。尤其是 2002 年村里的小学撤掉之后，村民带着孩子到县城或乡镇就读，村里几乎看不到一个学龄儿童了。到 2017 年，全村户籍人口 755 人，常住人口不足 150 人，70 户左右，并且留守的多为老弱病残。

沙壕的千年间，贫困也伴随着生活在这块土地上的祖祖辈辈。沙壕村地处深度贫困地区，2016 年全村 245 户 755 人中共有建档立卡贫困户 62 户 215 人，贫困发生率高达 28.5%。村民的经济收入非常低，根据调查情况，沙壕村村民 2016 年人均可支配收入只有 5072 元，仅占全国农村居民人均可支配收入 12363 元的 41%，而沙壕村贫困户的人均可支配收入只有 4469 元，仅占全国农村居民人均可支配收入的 36%。

沙壕村陷入贫困虽然有地理、交通、历史等一系列客观不利因素，但发展所需的"人"的主观因素缺乏也是沙壕始终无法摆脱贫困的重要原因，而这些人为因素恰恰是可以改变的。这些人为因素集中体现在沙壕村没有好的"领头人"，没有好的村"两委"班子；还体现在村民自身发展的能力不强、意愿不高。

沙壕村不仅是贫困村，同时也是党组织软弱涣散村。长期以来，村"两委"工作基本处于瘫痪状态，根本无法带领村民摆脱贫困。前任村党支部书记任职十多年来，不仅没有服务村集体和村民，反而利用职务之便侵占集体利益和村民个人利益。据受访的老人们表示，早在十几年前，前任党支部书记承包了政府下达的饮水入户工程，结果偷工减料，铺设管道非常浅，第一年冬天饮水管道就被冻裂，从此各家各户都无法再使用。前任书记在任期间，大力发展自己宗族党员，引起自然村之间的矛盾。2016年5月，前任书记被村民集体上访举报罢免。沙壕村党支部共15个党员，50岁以上的12名，老龄化严重；长期住村的仅7名，党组织活动长期无法正常开展，党的纪律涣散，没有凝聚力。

沙壕村村民的自身发展能力不强集中表现在较低的技能水平和受教育程度上。62户建档立卡贫困家庭中有16户首要致贫原因是缺技术；建档立卡贫困人口中60%的是小学学历，30%的是初中学历，高中、技校及以上学历的只有10%。由于技能和知识水平低，村民只能从事简单的体力劳动，导致他们无法获得较高的劳动收入从而摆脱家庭贫困。沙壕村村民的自身发展意愿不强集中表现在发展惰性上。政府组织扶贫开发工作30多年来，沙壕村村民一直以来都是受助者，部分村民无形中形成了"等靠要"的思想。不可否认，沙壕村有很多困难贫困户，只能依靠政府兜底救助。但是，更多贫困户是可以通过政府帮助实现自身发展的。

千年沙壕摆脱贫困，首先需要有人带，接着需要带出沙壕自己的班子，最后需要筑牢班子长久发展下去。来自中国人民对外友好协会（简称"全国对外友协"）的三任第一书记正是沿着这样的道路传递扶贫接力棒，帮助沙壕一步步走出贫困。

二 第一任第一书记——自己带头谋示范引领

2015年12月，沙壕村迎来了第一任第一书记操小卫。操书记，男，1979年出生，本科学历，下派前在办公厅工作。操书记到达沙壕村的时候，村"两委"矛盾突出，"两委"班子不团结，基本处于无人管事、无人办事的工作状态。不仅如此，由于前任书记多年来欺上瞒下、损公肥私，村民早已失去了对村干部的信任与支持，村党支部在群众中的号召力和凝聚力几乎丧失殆尽。操书记面对一穷二白的村庄，面对软弱无力的"两委"班子，面对关系疏远的群众，只能选择自己带头，只有自己干出一点成绩来，才能让村里的党员和群众看到什么是一名真正的共产党员。

操书记首先坚持驻村工作，把根扎在沙壕村，让村里干部和群众看到来了一个"真干事"的。操书记回忆，最初村里干部以为就是上面派下来走个过场的，在村里最多待个十天半个月也就回去了。可是没想到，他来了就不走了，连续驻村工作上百天，连新年元旦都没有回北京。大家这才慢慢知道，原来不是走过场的，是要真干事的。坚持驻村工作对一个来自北京现代化大城市的年轻人来说并不是一件容易的事情，村里连自来水都没有，更不要说别的。

> 饮水困难是沙壕村民面临的最大困难，历代沙壕村民都是挑水喝。沙壕自然村的人喝水要到一里地之外的小井挑水。王家崖村的人要到村里一口集中井源处挑水。井水的水质已经遭到了污染，村民说可以闻到一股臭味。对于留守的老人来说，取水是最大的困难。取水距离远，而且道路崎岖不平，尤其是雨天，更加无法行走。饮水困难不仅加重了村民的劳作负担，也限制了他们发展副业。村民刘喜应，年轻的时候，自己做过豆腐，也做过砖，在附近村庄销售。生产所需要的水全部靠他肩挑到家里，一天挑水40多趟，走几十里路叫卖，做了二十来年，身体损伤很大，膝盖严重变形，无法再继续坚持了。

解决饮水困难是操书记驻村后的首要扶贫目标。他独自花了3个月时间寻找优质稳定水源，转遍了村里的沟沟壑壑，通过反复细致比较，终于确定最终水源。他写了详细的调研报告，向所在单位全国对外友协申请专项资金56万元，同时也向县水利局申请20万元，合计76万元用于饮水工程。饮水入户工程历时10个月，操书记几乎每天都在工地上，监管工程整体进度，保证工程质量。操书记驻村不到一年，沙壕村终于实现了自来水进村入户，彻底解决了人畜饮水问题。

自来水入户不仅大量节约了村民取水成本，也为村民发展生产提供了基础条件。此外，有十几户常年外出的家庭，也回到村庄，将自来水引入户，为今后回村生活生产做准备。沙壕村周围村庄，还有临近乡镇的村都没有实现饮水入户，这些村庄的村民都非常羡慕沙壕村，来了一个第一书记，喝上自来水了。沙壕村村民无不感激操书记，亲切地称他们喝的是"小卫水"。也正是因为村民看到了操书记实心实意、任劳任怨地为村民找水引水，村民对操书记的信任感和亲近感陡然增加。

道路也是一直以来困扰沙壕村村民的严重问题。沙壕村村级公路两侧都是黄土，遇到下雨下雪天，道路泥泞，车辆打滑；遇到刮风天，黄沙漫天，影响出行安全。操书记争取到县环卫局和所在单位20万元经费支持，购买了4600余株苗木。他每天带领着四五十名村民，历时半个月栽种苗木，完成村级公路两侧绿化工程。此外，操书记还在县扶贫办的帮助下，对村里10户贫困户危房进行维修，新建厕所91处，修整机耕路5600余米，新建通信铁塔1座，大大改善了沙壕村的基础设施建设。

在课题组跟随操书记入户调研时，操书记每到一家，就会打开水龙头，查看水质和出水量，询问农户饮水供应情况。路过村级道路时，他也会查看一下道路两侧树苗生长情况，发现有的树苗缺水，会告知村道护卫工人及时灌溉。可以看到，第一书记有强烈的工作责任心，让村民能够真正长期受益于扶贫项目。

操书记不仅为老百姓做实事，为他们改变物质贫困，还真正关心老百姓，为他们缓解情感贫困。他将自己融入村庄，变成"半个村里人"，村民通过操书记体会到政府和党的关心，树立发展的信心。同时在和村民的互动中，他对每家每户的情况了如指掌，这也为精准扶贫工作奠定了基础，有助于识别出真正的贫困户，公平分配扶贫资源。

比起物质贫困，村里的留守老人更不能忍受的是情感贫困。村里留守老人的子女常年在外打工，很少回家。平时走在村里，几乎看不到一个年轻人。老人们感叹：在村里，想找个说话的都难。操书记从北京下派来到沙壕村，他喜欢"没事就到村民家走走串串"，到村民家里拉家常聊聊天。他和村民的日常交流增进了感情，村民也对他更加了解，对他的工作更加支持。村民们说："村里现在人都走了，连个说话的都难找。操书记是从北京来的，他到我们家坐坐，和我们说说话，我们都非常高兴！"

操书记到村后花了 2 个月的时间走访群众，完成了沙壕村的调研报告，熟悉掌握了农户基本情况。他协助县扶贫办调查建档立卡贫困户收入、消费、资产、教育和健康等多个维度的实际情况，建立了《沙壕村贫困户工作台账》，详细记录了贫困户的家庭信息、致贫原因和帮扶措施。通过召开全体村民大会，组织村民开展讨论，严格按照山西省扶贫"八不进"标准，退出清理了 9 户贫困户，最终选出的贫困户名单得到了村民的一致认可。

操书记驻村的两年时间，与村民同吃、同住、同劳动、同生活，凡事都冲在最前面，自己带头干，感染着党员和群众跟着干，践行了一个共产党员为民服务的承诺。村民和操书记的关系也从疏远到亲近，家长里短也主动和操书记聊；为他送来自己家里做的酒米、油糕还有窝头；下雪天时，还会把他上厕所路上的积雪扫干净。操书记为沙壕村的扶贫工作打下了坚实的群众基础，近两年任期结束后，将扶贫接力棒正式交接给了第二任第一书记。

三 第二任第一书记——搭建班子谋自身发展

2017 年 8 月，沙壕村迎来了第二任第一书记，李鑫。李书记，男，1983 年出生，研究生学历，下派前在机关党委工作。李书记到村工作的时候，沙壕村在操书记的带领下面貌已经发生了很大改变，实现了自来水入户，村庄道路、通信等基础设施加强，村民住房、厕所等环境改善；贫困户获得精准识别和各项精准帮扶政策，以及物资、情感慰问；第一书记所在单位还为沙壕村投资近 200 万元新建了大型养殖场发展产业扶贫。干群关系也明显改善，村民对第一书记给予了更高的期待，也有了更深的感情。

李书记上任面临的最大难题是沙壕村没有一个健全能干的班子。长期以来，村庄的自身发展动力和能力不强，单纯依靠外界帮扶，村庄无法实现自身发展。村庄的发展离不开一个好的班子，而沙壕村"两委"班子几乎处于瘫痪状态。搭建一个好的班子、发挥基层党支部的战斗堡垒作用，成为李书记扶贫工作的重要任务。

李书记开展了一系列党组织学习活动，并规范日常党务活动，加强党的组织性和纪律性。通过规范党组织学习活动，党员的自觉性、先锋模范作用明显加强。在 2017 年底沙壕自然村第二轮土地承包确权分地过程中，党员带头行动、主动让地，让这件涉及历史纠纷十余年的事情在短短一个半月内得以解决，确保整村退耕还林顺利实施。日常生活中，党员带头化解干部群众矛盾纠纷，比如主动劝返上访户、主动带头义务卸化肥等。群众对党员的评价明显提高。

> 沙壕村在村党员人数偏少，党员参加会议的积极性不高。李书记针对 3 次不参加党员大会的党员予以批评教育，党内会议作风明显改善。老党员刘光信不住村，居住的乡镇到沙壕村每天只有一趟班车。2017 年的党员会议他都参加了，他说"这么多年的老党员了，因为不参加会议再被批评，因为不参加党组织活动再被开除，那就丢人啦"。李书记每次召开大型会议时，都规定会议现场不能抽烟。这些规定最初村"两委"成员都很难遵守。课题组调研的时候，村支部委员多次从兜里拿出烟想抽，但是又不敢破坏规定，结果又多次将烟放回兜里。新一届的党支部工作作风明显转变，工作能力也明显提高。

李书记在全村范围内寻找最合适的班子人选，帮助组建新的党支部，为沙壕村培养内生扶贫动力。自换届产生新一届党支部班子以来，党支部的凝聚力、向心力、感染力逐步增强，已经有 2 人主动向党支部递交了入党申请书，积极要求加入党组织。

> 沙壕村前任村书记因个人廉洁问题被罢免，党组织班子长期以来不健全，需要尽快配齐。李书记针对党支部班子不健全的状况，在不同场合多次与乡党委政府领导沟通，交流交换意见，积极寻求帮助。2017 年 11 月，李书记全程参加了村党支部的选举工作。全村 14 名党员，其中 50 岁以上的就有 12 名，党员老龄化严重。鉴于此，李书记坚持推选年轻人担任村党支部书记。2017 年 11 月 4 日，沙壕村选举产生新一届支部委员会，支部书记王晋文，44 岁，首次当村干部；支部副书记马英英（女），61 岁，首次当村干部；支部委员王花油，65 岁，曾有当村干部经历。三位党支部成员的人品和能力都得到了村民的认可。受访的村里党员说：现在这个班子选得好！

在党支部成功选举的基础上，李书记帮助村民委员会实现了公平公正的选举。一些村民看到近年来村庄面貌大为改观，尤其是大型养猪场项目即将产生收益，就妄图通过非法手段当选村干部从中获利。李书记坚决维护村民委员会的公正选举，维护村庄的公平正义。选举前后持续近 2 个月，李书记通过情况摸底、教育劝说等工作，缓解村庄内部矛盾，保障选举过程平稳顺利，贿选候选人以失败告终。2017 年底，沙壕村自 2016 年 5 月原村党支部书记由于个人廉洁问题被乡党委免职以来，终于实现了支村"两委"班子配全配齐，选出的新班子主要领导年富力强，公信度高，为沙壕村 2018 年实现脱贫摘帽打下了坚实的组织基础。

> 2017 年 12 月 5 日，村里举行了新一届的村民委员会选举。选举前几个月，前任被罢免书记暗中推选一个王姓村民。王姓村民看到村里有国家级单位帮扶，大型养猪场也马上可以投入运营，认为有机可循，有利可图。在前任书记的帮助下，王姓村民出资购买选票。李书

记知道情况后，和乡党委及时沟通联系，汇报情况。李书记告诫村主任候选人，必须坚持公平选举；对村民实施教育劝说，通过分析候选人竞选意图、工作能力、服务意识等帮助村民加以对比识别。

选举当日，共有298名村民参与投票，现任村主任获得150票，王姓村民获得136票。按照选举双过半原则要求，村主任必须获得半数以上的选票，也就是149票才可以当选。现任村主任仅仅超过一票，获胜非常惊险。村民非常高兴，他们说："就是这一票，说明邪气永远压不住正气！"

在配齐配强村"两委"班子的基础上，李书记通过健全工作机制，保障民主决策，提升村庄治理水平。同时，他非常注重村务制度公开，村级事务标准化运行，阳光运作。通过将政策宣传到位，落实到位，公开到位，增加村民的知情权，减少村民的质疑。

李书记坚持村委的议事会常态化，既能工作上通气，又能集思广益想办法出主意，杜绝一人说了算，别人不知道。每次会后，他均要求参会人员在会议记录本上签字按手印，防止出门不认账，会后说不知道。他帮助村委成员养成制订工作计划的好习惯；帮助确定工作的优先级，统筹开展工作，避免重复工作；帮助村主任合理分工分配任务，提高整体工作效率。2018年春天组织土地确权工作，是一个历史遗留问题，也是一个事关沙壕村长远发展的核心工作。为了做好这项工作，第一书记集中人力物力精力，协助村委召开多次会议，合理制订工作计划，安排工作人员，历时40多天，终于顺利圆满地将这项任务完成。

为了增加村庄事务、扶贫政策的透明度，李书记采用的宣传方法包括："一是由第一书记来说。开会时说，吃饭时说，与村民聊天时引导着说。二是让支书主任说。主要让他们在支部、村委微信群里滚动宣传，如：'两癌'免费筛查、健康扶贫政策、护工培训、社保医保政策等，每天早、晚各发一次，以防止被无效信息淹没。三是让大喇叭说。把与沙壕村相关的扶贫政策录音，拷到 U 盘，在村现有大喇叭上定时播放。"对涉及村民切身利益的事项，都以召开村民代表大会、村民委员会和村民大会的形式通报村民，做到信息透明公开，做事公平公正。

李书记驻村的两年时间，不仅搭建了新的村"两委"班子，而且建立了全新的工作制度和机制，村"两委"班子的工作热情和积极性明显提高，村庄治理和服务能力大幅增强。对于村庄的扶贫工作、扶贫困难，以及未来的扶贫计划，李书记组织村"两委"充分商讨解决。遇到困难和问题，他首先鼓励村干部自己先想办法，不能一味依靠第一书记所在单位的物资援助。比如土地承包历史纠纷、未来村活动中心的征地、村杂粮加工项目的启动资金等问题，这些基本都依靠村"两委"带头解决。调研时，反复听到村主任说：这个我们来想办法。村主任的工作积极性和自信力明显提升。李书记为沙壕村的扶贫工作打下了坚实的组织基础，两年任期结束后，将扶贫接力棒正式交接给了第三任第一书记。

四 第三任第一书记——增强内力谋长远发展

2019 年 8 月，沙壕村迎来了第三任第一书记，孟庆克。孟书记，男，1977 年出生，本科学历，下派前在办公厅工作。孟书记到村工作的时候，沙壕村在前任两位第一书记的带领下，水、电、路等基础设施明显加强，退耕还林 1429 亩，荒山绿化 950 亩，成立经济发展合作总社，在此良好的基础上，试点电商，种植苹果树、梨树、樱桃树，引进"麻田一号"核桃新品种，开展农业"科技下乡"活动，完成沙壕村党支部阵地和村卫生室提档升级改造，太阳能路灯全覆盖，水泥路"户户通"；帮扶单位投资 200 万元建设的生猪养殖场投入使用，县里投资 200 万元建设的 300kW 村级光伏发电站完成并网发电，村集体经济收入每年达 25万元；"两委"班子健全发展，班子的凝聚力、号召力、影响力显著增强。沙壕村彻底结束了村庄"无人办事、无钱办事"的困局，并于 2018 年底，累计脱贫 85 户 313 人，贫困发生率降低至 0.53%，顺利实现整村脱贫"摘帽"。

沙壕村成功脱贫，很大程度上离不开第一书记、第一书记所在单位的大力帮扶，而如何能在帮扶中提高自身的软实力，增强村庄的"内力"，提升村民的生活品质，谋求村庄的长远发展，第三任第一书记孟书记面临着更艰巨的任务和更严峻的考验。

孟书记和支部一班人充分交流、深刻学习、积极探索为实现脱贫攻坚与乡村振兴有机衔接的当前使命。首先，确定沙壕村的奋斗目标：以"富裕沙壕、美丽乡村"为奋斗目标；其次，寻找村集体的内生动力：弘扬"艰苦奋斗、顾全大局、自强不息、勇于创新"的吕梁精神，传承红色基因，激发创新驱动，助力乡村振兴，以此作为内在动力推动沙壕村的转型发展；最后，确立脱贫发展的工作思路：抓党建，促脱贫，发展农村特色产业，扶贫与扶志、扶智相结合，增强内生动力，建设美丽和谐的沙壕村，走乡村振兴之路。

在前两任书记带头干、搭班子的基础上，孟书记继续筑牢班子，增强班子的内生动力和发展带动力。第一书记坚持每月召开"主题党日"活动，强化党建核心引领作用；坚持把加强基层组织建设、提升党员队伍素质、增强班子凝聚力作为重点工作来抓，组织培训党员干部，提高党员干部理论水平、思想素质和为民服务的能力，围绕群众关心的热点、难点问题为群众谋利益，带领党员坚决打赢脱贫攻坚战并大力实施乡村振兴战略；坚持与全国对外友协办公厅党支部共建，实现"党员受教育、支部共促进、群众得实惠、扶贫见成效"的目标；坚持积极发展年轻党员，充实扩大党组织的力量，已有两名同志正式加入党组织。

为纪念中国共产党成立 99 周年，继承和发扬党的光荣传统和优良作风，2020 年 7 月 1 日上午，兴县蔡家崖乡沙壕村党支部组织开展"七一"主题党日活动，县委副书记徐赐明、县扶贫办主任白永兵、驻村扶贫工作队、沙壕村支村"两委"、村民代表和村全体党员等一起参加，共同庆祝党的生日。纪念活动由驻村第一书记孟庆克主持，党日活动主题为"重温党的历史，践行使命担当"，通过第一书记上党课回顾党的光辉历史、重温入党誓词、宣讲吕梁精神，进一步增强全体党员同志学习贯彻习近平新时代中国特色社会主义思想的坚定性和自觉性，强化全体党员和支村主干守初心、担使命、争做最美沙壕人的决心和动力。

孟书记在筑牢班子的基础上，提高班子带动广大村民发展的动力和能力，提升村民的生活文化品质和村庄的乡风文明建设。沙壕村"两委"在孟书记的协助下，开展了一系列的村庄软实力建设活动，比如加强党建工作，在村委大院内外和会议室搞好文化墙宣传，突出"守初心、担使命"，将"人民对美好生活的向往就是我们的奋斗目标"潜移默化入党员内心，使"心里装着群众、工作依靠群众、凡事想着群众、一切为了群众"的观念在支村"两委"班子中生根发芽，建好国旗台，让国旗在村委大院上空飘起来，和支村"两委"、村民代表制定了村规民约，建立并运行沙壕村"印象沙壕"微信公众号，建设沙壕村书屋，完善文体活动、健身场所，运行爱心洗衣房、爱心超市，开展"守望家风"活动、针对驻村老年人特点发展庭院经济等，大力提高村民的知识水平和生活幸福感，村庄文明蔚然成风。

沙壕村的"文体活动室"总投资近20万元，包括会议室、文体室、沙壕村书屋等，满足了村级组织日常会议和村民文化娱乐需求；沙壕村书屋在原有360册书籍的基础上，中国人民对外友好协会全体员工捐书1322册，中国友好和平发展基金会联系企业捐书573册，满足了村民读书需要，图书涉及农业、健康、文学、历史、党建等题材，还有很多是儿童书籍，吸引了不少村民带着孩子们前往阅读。在关爱村民生活上，实施节日慰问、针对性的困难救助，为老年人定期体检、配发依视路老花镜，为行动不便残疾人申请电动轮椅，积极为老年白内障等眼疾患者联系公益检查和治疗；在打赢防范新冠肺炎疫情攻坚战中，第一时间为村民联系捐赠防疫口罩和"滴露"消毒液，严格落实村庄防疫管理制度。沙壕村"爱心洗衣房"由专人负责，为村 60 岁以上空巢、高龄、失能老人提供免费洗衣服务，减轻了老人们很大的家务劳动负担。"爱心超市"则充分发挥扶贫与扶志、扶智相结合的作用。村"两委"根据村容村貌、户容户貌的环境整治工作，定期评选打分，发放物品奖励，激发村民内生动力，带动精神面貌的提高，切实改变部分贫困户"等靠要"思想。

沙壕村实现村庄脱贫、乡村振兴的基础始终是产业兴旺，而培养并壮大本土品牌则是产业兴旺的根本所在。孟书记坚持在本土产业兴旺上做文章，发展沙壕村特色小杂粮，带领村庄打造自己的品牌和文化，注册"沙壕村"商标，成立"晋绥特品"农产品销售平台，发挥沙壕村经济发展合作总社的作用，将小杂粮推向市场，2019 年 11 月沙壕村小杂粮走进"一带一路一世界，一乡一品一梦想"长沙国际博览会；建好"晋绥特品"电商平台，落实线上线下销售，持续提升村庄特色产业经济效益。

未来的沙壕，还有考虑建立徒步旅游基地、民俗体验基地、艺术写生基地等设想，这些是孟书记和全体沙壕人的梦想和蓝图，更是他们奋发不懈的动力和源泉。

图 1 "沙壕村"商标和"晋绥特品"农产品销售平台 LOGO

五 三任书记扶贫工作的传递

三任第一书记，前后 5 年接力帮扶，沙壕村顺利完成了脱贫攻坚任务。沙壕村 2018 年 12 月实现整村脱贫"摘帽"，2019 年 12 月通过国家第三方脱贫"摘帽"评估，2020年6月通过国务院脱贫攻坚评估组抽查，2020年7月通过国务院脱贫攻坚普查。三任第一书记的帮扶，体现在沙壕村的点点滴滴变化上，以下摘自孟书记2020年8月《沙壕村扶贫进展报告》。

通过这些年的大力帮扶，沙壕村主要实现了"十二大变"。一是"水"变，由以前挑水吃饭变为山泉水入户。二是"路"变，土路、泥泞路变为水泥硬化路实现户户通，村民出行不再踩泥路。三是"灯"变，安装76盏新能源路灯，点亮夜晚山村，保障村民出行便利和安全。四是"房"变，土窑洞等危房变安全舒适的住房。五是"户"变，85户贫困户脱贫"摘帽"奔小康，2020年底实现全部脱贫清零。六是"集体收入"变，集体经济破零达到25万元，提供公益岗位45个。七是"医疗保险缴纳"变，村集体为全村村民缴纳医疗保险，每人250元，每年共缴费10.9万元。八是"村有集体农机具"变，增加农用三轮车、小杂粮加工设备、微耕机、风车、喷雾器等价值近17万元的农机具，方便村民生产生活。九是"产业模式"变，农业、运输业、光伏发电等全面开花，小杂粮特色产业异军突起。十是"环境"变，村容村貌、户容户貌、村委大院焕然一新，各类基础设施逐渐完善配套。十一是"两委"班子变，班子坚强有力，奋发有为。十二是"精神面貌"变，村民克服"等靠要"的思想，增强内生动力，精神面貌焕然一新。

三任第一书记完成了扶贫接力棒的传递，在不同的扶贫阶段，面对不同的扶贫主题，突出了不同的扶贫工作，实现了驻村帮扶工作的连续性，体现了第一书记扶贫制度的长效性。第一任第一书记面对一穷二白、无人管事的村庄，自己带头干，示范引领共产党员的标杆旗帜作用；第二任第一书记搭建村"两委"班子，建立规范的工作制度，提升班子的工作能力，培养村庄自身发展动力；第三任第一书记筑牢村"两委"班子，增强村庄的发展内力，提升村民的生活品质，谋求村庄的长远发展，努力实现"富裕沙壕、美丽乡村"的奋斗目标。三任第一书记不仅完成了扶贫工作的传递，也体现了扶贫帮扶的传承与演进。三任第一书记驻村帮扶 5 年来，千年沙壕的村庄面貌取得了根本改变，全村实现整村脱贫，为乡村振兴奠定了坚实的基础。

参考文献

韩广富、周耕:《党政机关选派干部下乡扶贫制度的建立》,《理论学刊》2013 年第 11 期。

王亚华、舒全峰:《第一书记扶贫与农村领导力供给》,《国家行政学院学报》2017 年第 1 期。

袁立超、王三秀:《非科层化运作:"干部驻村"制度的实践逻辑——基于闽东南 C 村的案例研究》,《华中科技大学学报》(社会科学版) 2017 年第 3 期。

杨芳:《驻村"第一书记"与村庄治理变革》,《学习论坛》2016 年第 2 期。

陈国申、唐京华:《试论外来"帮扶力量"对村民自治的影响——基于山东省 S 村"第一书记"工作实践的调查》,《天津行政学院学报》2015 年第 6 期。

谢小芹:《"双轨治理":"第一书记"扶贫制度的一种分析框架——基于广西圆村的田野调查》,《南京农业大学学报》(社会科学版) 2017 年第 3 期。

乡村精英带动扶贫

——湖南追高来村实践

刘小珉*

摘　要： 本文考察了湖南省湘西土家族苗族自治州凤凰县追高来村乡村精英带动扶贫的实践和经验。基于调研，我们认为，乡村精英带动扶贫是追高来村减贫效果显著的最重要原因。其重要启示是，乡村精英的带动示范是欠发达地区贫困村脱贫的关键，也是后脱贫时代乡村振兴的关键。因此，应制定积极有效的支持政策，培养和发展更多的乡村精英；建设以乡村精英带动、帮助包括贫困农户在内的所有村民的农村精英带动扶贫的联动机制。

关键词： 精准扶贫　乡村精英　追高来村

一　精英参与：解析精准扶贫的一个重要视角

精英是指那些具有一定才能，在某个方面出类拔萃、精明强干的人。本文中乡村精英是指具有农民和精英双重身份的人，也包括农村外出经

---

* 　调研组长：刘小珉，中国社会科学院民族学与人类学研究所研究员，主要研究方向为民族经济、民族地区反贫困。

商、务工者中的精英。因此，借鉴国内外诸多学者对精英的界定、分类，本文将乡村精英主要分为政治精英和经济精英。乡村政治精英是"以村支部书记、村委会主任为主的村支'两委'干部及积极参与社区政治的社区能人"。乡村经济精英是"乡村经济组织的创办者和管理者，如村集体经济组织的管理者、村里各类经济合作组织的管理者、村私营企业的创办者或管理者；以及乡村的种植、养殖专业大户、营销能手、农技骨干等经济能人；还有外出经商、务工者中的杰出者"。

追高来村是湖南省湘西土家族苗族自治州凤凰县腊尔山镇下辖的村，地处云贵高原向东延伸的最后一个山脉，是国家扶贫攻坚武陵山片区内的深度贫困县核心区域的少数民族贫困村。追高来村属于苗族聚居村落，全村有 286 户 1393 人，97% 以上为苗族。2015 年，追高来村农村居民人均可支配收入为 3503 元，在腊尔山镇 19 个村中排第十五名，相当于凤凰县平均水平的 48.1%，相当于全国平均水平的 30.7%。[①]2013 年底，追高来村有贫困户 120 户，贫困人口 496 人，贫困发生率 36.9%，比全国平均水平高 28.4 个百分点。[②]2017 年底，在驻村工作队扶持下，在村里乡村精英带动下，追高来村精准脱贫工作卓有成效，实现了农村居民人均可支配收入为 4873 元，贫困发生率为 1.5%，成为腊尔山镇 11 个贫困村中最先退出贫困的两个村之一。

追高来村 286 户 1393 人，大致可以分为三层。一是富裕层，通常是村庄中的精英群体，他们人脉广，懂交际，善于抓住市场机会，有经济、个人素质、影响力等方面的优势，这类群体在村中数量不多，但能在乡村生产、生活中对其他村民产生动员及示范作用。二是中间层，这些农户大多形成以代际分工为基础的半工半耕家计模式，家庭中年龄相对较大的父母在家务农，劳动力充沛的青年子女外出务工，家庭内既有务农收入又有打工收入，在很大程度上提高了农民家庭的收入，成为乡村的

---

① 根据《中国统计年鉴·2016》、《湖南统计年鉴·2016》、《凤凰县统计年鉴·2015》以及《腊尔山镇镇情》（腊尔山镇政府提供的资料）、《追高来村 2015 年至 2018 年精准扶贫工作汇报材料》相关数据整理、计算。

② 资料来源于 2017 年 2 月课题组对追高来村的问卷调查。

中间层。当然，也有少部分中间层农户主要依靠经营适度规模的经济作物（如种烟）或"优质稻＋稻花鱼"并同时经营一定规模的养殖，获得稳定的农业经营收入。三是低收入层，村里共有建档立卡贫困户119户522人。贫困的原因主要是缺乏有效的劳动力、缺资金、疾病和教育支出大。据课题组调研的不完全统计，村中富裕层有30多户，占全村农户总数的12%左右；低收入层，约120户，占全村农户总数的42%左右；[①]中间层占全村的46%左右。

有研究认为，乡村精英作为农村公共治理的重要主体之一，在政府、市场与普通村民之间起着桥梁作用，对扶贫有明显带动作用。基于我们2017～2018年到追高来村的3次调研，本文将考察追高来村乡村精英带动扶贫的实践和经验，以期对其他贫困村的扶贫与乡村振兴提供一定的启示和借鉴作用。

二 政经合一：扶贫场域中乡村精英的参与模式

追高来村村支"两委"主要干部是村里的政治精英，他们属于村里的富裕层，也是经济精英。下面用几个案例来阐述追高来村乡村精英的成长及带动产业扶贫的做法和特点。

案例1 村支书勇于尝试"优质稻"旱田育秧法，带动包括贫困户在内的村民发展"优质稻＋稻花鱼"产业项目脱贫[②]

我是1970年出生，1991年在凤凰县卫校上学，1994年学成后在腊尔山镇医院实习。1995~2001年一直在民一中当校医，后来清退临时工和代课教师时被清退出来。当校医时的工资是每月240元，在当校医期间，我还经常出诊，出诊一个月能有300~400元收入。不做校医之后，

---

① 2017年初，追高来村有119户建档立卡贫困户，其中一般贫困户106户498人，低保贫困户12户22人（其中低保兜底7户14人，低保持5户8人），孤儿户1户2人。经验收评估，一般贫困户106户498人在2017年底实现脱贫，成为建档立卡脱贫户，但基本仍处于村内低收入层。

② 访谈编码：20180923WULX。

2002~2007 年我在腊尔山镇租了一个门面，卖药、出诊看病，一个月有 1800 多元收入。在行医的同时，我和夫人也种田、养猪、做点小生意。

我家从 2001 年起开始养猪，一直养一头母猪，母猪一年下两窝猪仔，一窝一般能产十多只。我家去年（2017 年）猪仔卖了 1 万多元。猪崽一斤 15 块钱，一头差不多卖个 800 元钱。我家的第一桶金就来自养猪。老婆是村里的民办教师，除了上课，回家后里里外外一把手，养猪主要是老婆干。老婆勤奋好学、勤俭持家，猪圈清扫得很干净，养猪十多年，从未发生过猪瘟，因此养猪一直是我家一项稳定的收入来源。村里有几户养猪的（包括贫困户）常常到我家问询有关养猪的经验，村里也很少出现猪瘟。当时，我家是村里最开始购买摩托车、彩电的家庭，村民都跑到我家里来看电视，也是最早买车的家庭之一。

2008 年开始当村干，最开始是维稳主任，当时补贴一年 2400 元。当村干部的同时我一直是村里的村医，报酬当时是一年 1000 块钱，这几年涨到了一年 9000 多元。现在村医的报酬是按村里人口规模给的。2014 年被选为村支书，现在村支书的补贴是一年 1.5 万元左右。

除了当村干、村医和养猪外，还转包别人的土地，种植水稻。我家承包有 4.8 亩水田，2 亩旱地。从 2001 年开始转包别人的 10 亩地，没给租金只给那家一点米。2018 年，我家一共种了 8 亩水田，七八亩旱地种玉米，玉米主要是给猪吃。

2016 年，县农业局在腊尔山镇推行"优质稻"项目，安排了技术人员入驻村里进行新品种的旱田育秧。刚开始选中的试验田是一组和二组连成一片的 120 亩旱田。但是村里的人从来没有听过旱田还能育秧，不敢试。后来技术人员找到我，我觉得可以试试，就说服组里的村民跟我一起试验旱田育秧。旱田育秧获得了成功，不仅实现了播种等劳作时不用下水田从而减轻了劳动负担，还实现了粮食的增产、稳产，也奠定了后来追高来村"优质稻 + 稻花鱼"的产业发展。在这个过程中，我在技术人员的指导下学习相关知识和农田管理方法，记录秧苗的生长情况并反馈相关信息给他们，不仅获得了新的农业技术，也和县农业局建立了良好的关系。

2017 年，农业部印发《在贫困地区开展农技推广服务特聘计划试点实施方案》的通知，凤凰县作为基层农技推广服务特聘计划工作试点县，县农业技术推广中心招聘 5 名特聘农技人员。正是因为 2016 年及之前与农业局的良好合作，我被聘为凤凰县水稻产业特聘农业技术员，可以获得更多的学习机会，还可以获得每年 2.4 万元的工作报酬。

作为基层农技推广服务特聘计划工作试点县，县里按照每亩 100 元的优惠价格，为参与"优质稻"项目的所有村民统一提供种子、化肥、农药。种子是头两年在当地试种并适合当地的高产良种，化肥、农药都是生态标准、低毒性的。在"优质稻"种植及推广过程中，我按照县农业局提供的"优质稻"生产管理流程，敦促大家采用标准化模式进行田间管理，比如遵循统一化、标准化的施肥及统一时间、统一用量打农药。遇到问题，我都会及时处理，自己处理不了的，就联系县里的农技员来现场处理。比如，刚在村里推广"优质稻"种植时，有一天一位姓龙的村民找到我，说自己的稻子根据要求做的为什么还是被虫蛀了。最开始，我没经验也无法解释，我就马上联系县农业局有关专家到该农户的田里进行会诊，专家断定该农户的农药兑水比例不符合标准，并且发现虫蛀有向旁边稻田蔓延的迹象。经专家诊断、解释后，该龙姓村民才明白自己一时的疏忽和不按标准操作导致的严重后果。最开始一年，部分村民还只是试探着跟着我种植"优质稻"，也遇到过一些小问题，我将这些问题反馈给县农业局后，2017 年开始，县农业局在追高来村实施"统治统防"，即采取组织"打药队"① 统一按标准打药，或者用无人机统一喷洒农药。这样就解决了一家一户自己施肥、打药难以达到定时定点、统一标准的问题，效果非常好。不仅没出现水稻病虫害，还实现了水稻田的生态、高效生产——由于统一使用的是低毒农药，打药后水稻田里养的鱼能继续生存、长大，追高来村实施的"优质稻＋稻花鱼"项目也很顺利地获得成功，得到大部分村民的认同。

---

① 村里组织的"打药队"，由县农业局特别聘请村里稍微年轻一点的村民组成，包括贫困户中的稍微年轻一点的劳动力。

我计划明年（2019 年）到相邻的贵州省松桃县流转 100 亩或者 200 亩土地种植"优质稻"。我已经联系了那边的村主任，在等村主任回话，估计没有问题。

案例2　村主任带头示范规模种植"优质稻"，注册"腊尔山追高来"优质大米商标，努力打通各种销售渠道[①]

我今年（2018 年）44 岁，初中毕业。年轻时到浙江台州打过 3 年工，拉丝工，还做过针管等其他工种。后来我大伯生病了（我过继给大伯了），我就回来照顾大伯，此后就没外出打工了。只不过，从 25 岁开始就一直在镇上杀猪、卖猪肉，另外还做些小生意。我家的经济状况在村里算富裕户，早两年就买了皮卡车，是村里比较早拥有私家车的家庭。

2015 年追高来村的老主任过世，我被选为代理村主任，2017 年被正式选举为村主任。村主任的补助是每月 1000 元。这几年搞精准扶贫，我们作为村支"两委"主要村干，每天各种忙，无法再做杀猪等生意，自家的收入有所影响。只不过从 2017 年起，村里的各种事务稍微理顺了一些，自己又做些别的产业，收入有所提高，比之前做生意的收入不会少了。

从 2016 年开始，县农业局在村里推广"优质稻"项目，"优质稻"发展势头很好，还有很大的发展前景。主要是这里的土壤、气候比较好，比较适宜规模种植"优质稻"。经过县农业局的"优质稻"技术推广和培训，村民基本都掌握了先进的种植技术，种出来的大米到省里去检测，得到专家的认可。追高来村大米的品质很好，富含硒，可以申请产品商标，提高大米的售价。也是基于这个情况，凤凰县扶贫办驻追高来村工作队投资了 16 万元兴建大米加工厂，2017 年 10 月建成并投入使用，属于村集体所有，我以个人名义承包了该厂，每年承包费 1.2 万元。2017 年我自己家的优质稻产量为 2 万斤，同时我还在

---

① 访谈编码：20180922WUQF。

全村收购了 10 多万斤谷子，谷子收购价在 1.8~2 元 / 斤，比往年或在其他地方的收购价要高。随后，我在湘西州首府吉首市租了门面，由儿子负责具体的销售，根据大米的品相和单位购买的总量，大米价格定为三个等级，分别是 3 元 / 斤、4 元 / 斤、5 元 / 斤，我还通过自己的人际关系将优质大米销售到了凤凰县的医院、学校和工商局等政府部门，使得追高来村的大米在凤凰及吉首有了一定的口碑。我觉得未来追高来优质大米的发展趋势是走电商和超市销售路线。因此，2017年开始申请注册"腊尔山追高来"优质稻米农产品品牌。2018 年 10 月，商品注册获批。我计划要扩大大米加工厂、购买烘干器和筛选机。

我明年（2019 年）想扩大"优质稻"种植规模，已经和支书商量，准备两家各流转 200 亩土地种"水稻"，这样也好动员其他村民进一步扩大规模。追高来村还有部分外出经商打工的人的土地空闲着，另外，其他村也有可流转的土地，要流转土地，不是问题。我觉得在家做产业，也许不如外面做老板、经商的，但不一定比在外面打工的差。我有一理想，就是扩大村里的"优质稻"规模，扩大大米加工厂，做大做强"优质稻"产业，另外开一家面粉加工厂，可以做米粉、红薯粉等，促进村里产业发展，不仅自己发展，也带动村里包括贫困户在内的村民发展。

基于上面两个案例，结合实地调研，可以得出一些简单结论。

第一，村支书、村主任目前既是政治精英，也是经济精英。他们两人都是先外出闯荡，通过自己的努力成长为经济精英，后被选为主要村干部回归乡村，成为乡村政治精英。我们在追高来村的调研还发现，村支"两委"主要干部（乡村政治精英），均是受过相对较高水平教育，有过外出经商、务工等非农从业经历的经济精英。也就是说，相对一般村民，同时拥有了人力资本、经济资本和社会资本的经济精英能够更容易获得村庄内的政治资本而成为政治精英。而且，有些经济精英成长为政治精英并不是他们的主动行为，而是当地政府为了提高村支"两委"成员质量主动吸纳他们。当然，当政治精英，并没影响他们继续成为经济精英，在某种程度，可能更加强了他们作为经济精英的资本。

第二，由于精英带动，"优质稻"产业扶贫项目才得以在追高来村顺利实施和快速发展。正如已有研究认为，乡村精英具备率先识别要素与农产品价格变化的现代思维，往往是制度变迁的"初级行动团体"，以潜在利润发现者身份，引领农业经营方式创新。[①] 相比于一般农户和贫困户，精英往往资源优势明显，具有较高的应对社会风险的能力，在扶贫行动体系中往往扮演着领袖角色，表露出一定的"魅力型权威"特征，使得村民不仅将其视为致富带路人，还把其当作村级治理中的楷模式人物，自愿接受其领导。[②] "优质稻"产业扶贫项目最开始在追高来村启动遇到困境，村民们不敢尝试旱田育秧法，项目无法落地。这是因为在此之前，村民的水稻生产基本上是直接为自家消费生产，即自给自足，他们一直遵循传统的水田育秧、施肥、打药等农田管理，且基本能保障自家的吃饭问题。对于"旱田育秧法"等农业新技术，他们会担心其结果和风险，心里没有底是不敢轻举妄动的。这就需要作为主要村干的具有一定抗风险能力的政治精英成为"魅力型权威"和"第一个吃螃蟹的人"，而一旦乡村政治精英自己先行动，包括贫困户在内的普通农户就有可能跟进，并将乡村精英视为致富带路人，项目才可能落地，进而实现产业扶贫的目的。

三 参与成效：产业合作、资源链接、观念转变

据我们在追高来村的三次调研，2016 年，参与"优质稻"项目的追高来村民有 100 多户，覆盖了 80% 以上的贫困户。普通村民与贫困户均可以参与"优质稻"扶贫项目，他们享受的待遇既有相同之处，又有所差别。相同的是，所有参与项目的农户，均可享受项目实施先期的相关

---

① 何军等：《中国农业经营方式演变的社区逻辑——基于山西省汾阳市两个农村社区的案例研究》，《中国农村观察》2017 年第 2 期。

② 朱天义：《精准扶贫中乡村治理精英对国家与社会的衔接研究——江西省 XS 县的实践分析》，《社会主义研究》2016 年第 5 期。

基础设施建设，如机耕道、水渠的建设等，享受县农业局和村里对优质稻种植的技术培训及化肥、农药的统一管理等。不同的是，为了支持贫困户产业脱贫，县扶贫办驻村工作队为贫困户提供每亩300元的补贴。村主任、村支书等村干部也说服、动员贫困户参加优质稻产业，承诺他们稻谷收割后按照约定好的价格进行收购。这样，生产成本由县扶贫办驻村工作队承担，销售渠道和风险由村里的政治精英兼经济精英承担，建档立卡户就会积极参与到"优质稻"产业发展中。优质稻的价格比以前的普通稻提高了许多，贫困户农业经营收入有了较大提高，为贫困户的脱贫做出了一定的贡献。

从2017年开始，追高来村"优质稻"产量为每亩1000～1200斤。不仅产量提高，农户的生产成本也有所降低。县农技推广服务特聘计划按每亩100元的优惠价格为农户提供种子、化肥、农药，并由支书WULX作为特聘农技人员组织队伍在村里统一施肥、打药，大大降低农户自行购买种子、化肥、农药的成本，更降低了农户的用工、管理成本。在目前农业社会化服务越来越便利的情况下，[①] 水稻等农业生产成为并不太艰难的事情，劳动能力、劳动技能较弱的贫困弱势群体也能经营一定规模的水稻种植，贫困弱势群体经营水稻种植不但具有经济性，增加农业经营收入，同时还具有重要的社会性。围绕水稻生产，贫困弱势群体可以有序展开乡村的生产生活，从而提高他们的生产生活自信，进而提高他们在乡村的社会交往和社会地位，让他们不仅经济上脱贫，还能在精神上脱贫。因此，目前以"优质稻"为主的产业扶贫项目在追高来村得到包括贫困户在内的几乎所有村民的认可。有不少建档立卡贫困户在以WULX为首的村"两委"干部的指导、带动下，发展以"优质稻"为主的产业扶贫项目，农业经营收入稳步提升，已经实现了脱贫。有的普通农户包括部分建档立卡贫困户通过发展"优质稻"等农业产业，有发展成为农业大户等"经济精英"的趋势。下面的几个典型案例可以鲜活地说明这些。

---

① 田野调研发现，水稻收割时节，有江苏人带收割机过来帮农民收割，收割的价格为200元/亩，收割效果非常好，又快又比请人工便宜。

案例 3　脱贫户 WUTG[①]

我是 1963 年生人，读了小学 5 年级，2014 年被评为建档立卡贫困户，2016 年底脱贫，致贫原因是"因学致贫"，当年我家有儿子在外地读大学，费用较高，且家里田土较少。

我 1983 年结婚，有两个女儿一个儿子。两个女儿都已经嫁出去了。儿子 25 岁，2016 年在湖南益阳美术学院毕业。儿子在益阳读书的时候，学费较贵，国家有补助，有教育贷款 2 万多元，自己负担儿子的生活费。也正是因为儿子上学费用较高，我家 2014 年被评为建档立卡贫困户，2016 年儿子大学毕业，现在北京工作，我家脱贫。

我兄弟姊妹 7 人，结婚分家后，分到的田地较少，只有 1 亩水田，1.2 亩旱地。2017 年种 9 亩水稻，都是"优质稻"，租了别人 8 亩田花了 800 元，收了 8000 多斤稻子，卖了 5000 多斤，每斤 2.5~2.6 元。请了 10 多个工，花了 700 多元人工费。其他都是自己夫妇两人干。家里还养了一头母猪，一年下两窝，每窝 10 头左右小猪仔。猪仔养到 30 多斤就卖掉，每斤 15 元，有时候也养大再卖，每年都能有几万元的收入。旱地种玉米，够了母猪吃。因为是建档立卡户，2015 年、2016 年政府都送了猪、鸡、鸭、鱼苗等给我养。去年还送了 3 头猪，20 只鸡，20 只鸭，我家都养大了，肥猪卖了，鸡鸭长大后，部分卖了，部分自己吃，收入 5000 元左右。今年没送猪给我了，因为脱贫了。自己家里还养了一头母黄牛，自己配种，卖小牛。

以前没出省打过工，只在附近帮别人粉刷房子等。现在自己年龄大了，不刷房子了，近两年就到凤凰县城的药店、药材公司等帮人打工做药剂师。我爸爸懂苗医，我读了爸爸留下来的苗医药书籍，自己也略懂苗医药。2017 年干了 8 个月，包吃包住，每个月 2000 元左右，一个月休假 4 天。2018 年因为老婆身体不好，只干了 7 个月。

我觉得自己家里的生活越来越好，村里除了那几户兜底户，大部分建档立卡贫困户都和自己家差不多，都脱贫了。如果产业能稳定发

---

① 访谈编码：20180922WUTG。

展，只要肯干，还能在附近打零工，附近打零工的机会很多，日子会越过越好，不会返贫的。

案例 4　脱贫户 WANGFS[1]

我 1973 年出生，2014 年被评为建档立卡贫困户，2018 年 5 月验收摘牌脱贫。致贫原因是"因学致贫"，我家小孩多，有 5 个，劳动力少负担重，两个女儿在外面读书，费用较高。

我中专没毕业。当时是在州交通学校，汽修专业，读 3 年（1997~1999 年），每年学费要 1000 多元，还要生活费。家里没钱了，也就没读完。读书肆业后，到广东打工不到一年就回来了，是跟着师傅学徒。后来去江苏打工一年左右，是钢管厂。25 岁结婚，一共生了 5 个孩子，前 4 个都是女孩，第 5 个终于生了一个儿子。大女儿 20 岁，湘潭职业学院大专在读，每年学费 1.2 万，每月生活费 1000 多元。二女儿 2004 年生人，华鑫学校初三在读，她是小学 6 年级就去了，竞赛考试选拔去的，这是凤凰县的一所民营公助学校，教学质量较高，但学费、生活费也较高。现在学费是每个学期 4600 元，生活费是每月 800 元。二女儿学习好，在尖子班，可以直升本校高中。三女儿 2010 年出生，在镇上小学读三年级，免学杂费，每学期还有补助（1000 元左右）。四女儿 2012 年出生，在镇上小学读一年级，免学杂费，每学期还有补助（1000 元左右）。小儿子，也就是老五，2017 年出生，刚一岁多。因为超生，罚了不少款。

我家承包了 1 亩多水田，4 亩多旱地。以前主要种烟叶，家里主要的收入来源也是靠种烟叶。这些年，我基本每年都转包了别人的田种。有些给租金，一般是每亩 100~200 元，看田的质量。种烟叶的田的租金较高，是每亩 500 元。有些不给租金，有些每亩给 100 斤谷子。都是口头商量，一年一商量。2017 年，我家的种养情况是这样的，水稻 12 亩，全部是"优质稻"；烟 50 亩；玉米 10 亩；养猪 30 头。租

---

[1]　访谈编码：20180922WANGFS。

土地的租金花了 1 万多元，2000 多斤谷子。种烟叶的请工成本是 2 万元左右，种水稻很少请工，施肥、打药都是村里包了，自己主要是播种、插秧、收割。收割的时候会请工，大约要 1000 元。去年雨水多，稻谷晚收了一个多月，但不影响稻谷质量，亩产 800 多斤。今年稻谷的亩产高些了，有 1000 多斤。烟叶是和烟站签了合同，按合同价收购。种烟比种水稻辛苦多了，要精心管理，成本和风险都相对比较高。一般种烟的毛收入，每年是 11 万～15 万元。2017 年，村里有 7～8 户种烟，都是长期种烟户，有一定经验。去年出栏了 24 头猪，10 头小的（100 斤左右），收获了 4 万多元，6 头今年出栏。结婚后，家里就开始养猪，最开始只养一两头，近几年养得多了。现在请工不容易，青壮年劳动力都外出打工去了，留下来的大多是 50 岁及以上的老人、妇女，他们一般愿意请女工，女工的工钱相对比较便宜，而且女工更有耐心、更细心。

因为是建档立卡户，除了大家都有的各种惠农补贴，每年好像都有产业扶贫补助（2000 元左右），政府还送猪、鸡、鸭、育苗等，"优质稻"项目的种子、化肥、农药钱也有补贴。小孩在镇上上学，免学费，还有补助。我家还获得了政府的小额贴息贷款，贷了 5 万，3 年期。

最后，我认为，国家政策这么好，只要肯干，稳定脱贫是没有问题的。现在孩子是比较多，孩子只要能读书，我会尽努力让她们多读书。

案例 5　种水稻大户 LONGAC[①]

我今年（2018 年）64 岁，已婚，小学毕业，是二组组长，曾在广西当过 5 年兵，退伍回来后一直务农，无打工经历。老婆 56 岁，共育有 4 个孩子，其中 1 个儿子（排行第二），3 个女儿，都已成家。

2018 年我家共种植了 22 亩田地，其中自己的承包地 4.5 亩，4 亩租地不用租金，其他 13.5 亩租地要租金（400 元/亩左右）。22 亩田地中，种植了 15 亩水稻，其中有 1.5 亩水稻田养殖了稻花鱼。其余田

---

① 访谈编码：20180921LONGAC。

地种植猕猴桃和辣椒。

2015 年开始，从组里外出打工的农户那里租地，响应县里号召种植商品蔬菜等，但由于销售不好一直没挣钱。我喜欢并且擅长种水稻，2017 年种了 12 亩，卖了 1 万多元。2018 年种了 15 亩。今年请人工已经达到男工 120 ~ 150 元 / 天、女工 100 元 / 天。今年主要采用收割机收稻谷，收割机从江苏过来的，收割的价格为 200 元 / 亩，养殖稻花鱼的 1.5 亩田仍然会请人工收割。收割机收割非常好，又快又比请人工便宜。2018 年水稻收成很好，我觉得自己的水稻是全村收成最好的，我听支书的指挥，管理得当且天气好，能达到 1000 ~ 1200 斤 / 亩。我觉得种植水稻的好处是当年能卖多少卖多少，如果卖不出去，可以晒干后打包存起来，来年再卖，因此今后准备继续扩大水稻的种植面积，依然采用口头约定一年一签地租种别人的田。去年的大米卖了 3000 斤给村主任，按每斤 2.8 ~ 3 元卖的，村主任包装后卖出去是每斤 4 ~ 5 元。其他的自己拿到集市上卖，去年没有卖出去的仍有留存，约 5000 斤。2018 年，放了一斤多的稻花鱼鱼苗，由于水源和管理的问题，只养殖了 1.5 亩。

二组共有建档立卡户 26 户。我觉得政府对建档立卡户的支持是好的，但政府对像自己这样靠勤劳努力的人没有什么扶持，比如贷款优惠等，心里还是有点想法。当然，这并不影响我种植水稻的积极性，我就是爱种想种，所以特别愿意参加村里的"优质稻"项目。

从案例 3 到案例 5 不仅可以得出上述的有关精英带动产业扶贫的结论，如有部分建档立卡贫困户在以 WULX 为首的政治精英、经济精英的带动下，发展以"优质稻"为主的产业扶贫项目，农业经营收入稳步提升，实现了脱贫。有的普通农户包括部分建档立卡贫困户通过发展"优质稻"等农业产业，有发展成为农业大户等经济精英的趋势，结合我们在追高来村的其他案例访谈，还可以得出如下的一些结论。

第一，在追高来村这种典型的贫困村，贫困户的致贫原因主要是缺乏劳动力、缺资金、因病和因学。对于因为孩子多、孩子上学费用高而导致家庭支出贫困的家庭，大多为暂时性贫困，相对容易脱贫。如案例3、案例4。一方面，随着孩子结束学业而就业，家庭支出减少、收入增加，很快可以脱贫；另一方面，在精准扶贫政策的全面推进下，各地教育扶贫政策落实得都比较到位，"因学致贫"的风险和现象会减少。调研也发现，追高来村村民对子女的教育是比较重视的，只要子女能读书，他们都愿意供子女上学，且愿意尽量为子女提供优质教育资源。凤凰县华鑫学校是一所教学质量相对较好的民办公助学校，该校学费、生活费相对较贵，但包括贫困户在内的追高来村村民，只要孩子被华鑫学校录取，基本都会送孩子去该校上学，这无形中加大了村民家庭的教育费用支出。

第二，除了无劳动能力的五保、低保户，以及有残疾、重病人员的特殊贫困家庭，需要政府的社会保障来兜底脱贫外，其他建档立卡贫困户均能依靠以发展适度规模的特色农业产业为主兼业其他"打零工"机会来脱贫。简言之，奋斗就能脱贫。我们在追高来村的调研发现案例4不是个案。

虽然按户籍算村里人均耕地不多，但由于80%左右的青壮年劳动力长期在外打工，他们的土地可以流转给留在村里的人耕种，且相邻的贵州省松桃县有不少地处于流转中，也比较容易从松桃流转到土地。这样一来，土地资源的约束就相对较小了，只要愿意干，发展适度规模农业是可能的，从而发展规模农业提高劳动生产率，进而稳定增加收入是可行的。

凤凰县在实施"一业带三化"①战略、发展旅游产业的同时，不断推进农业产业化也为追高来村带来了机会和政策支持。追高来村因为特殊的地理环境，水稻和蔬菜种植成为县里重点扶持的产业。加上这些年凤凰县旅游产业的发展，带动了相关餐饮产业的繁荣，对大米和蔬菜的需求在不断增加。这样的发展机遇不仅吸引了一部分人在乡从事规模农业，成为"种养大户"，而且为那些留在家里务农或照顾家庭的人提供了比较

---

① "一业带三化"是指：立足凤凰特色生态文化资源优势，在做大做强生态文化旅游产业的基础上，大力实施"旅游+"战略，通过旅游产业带动农业产业化、新型工业化、新型城镇化，并进一步带动第三产业发展。

充分的"农事作业的受雇"机会及其他"打零工"机会。可以说，在家没有外出的劳动力，农业经营收入并不是其唯一的收入，他们在经营自己家农业生产的同时，大多在村里或镇上兼业从事非农活动，或者在村里、镇上成为其他经济组织或农户农事作业的雇佣劳动力。因此，除了农业经营收入，大部分人还有一定份额的工资、劳务收入。

第三，乡村精英带动下的内源式扶贫是追高来村减贫效果显著的最重要原因。据我们调研，乡村精英不仅在带动产业扶贫方面发挥了比较显著的作用，同时还扮演着资源链接者的角色，在带动贫困户外出经商、打工及就地"打零工"方面也起到了很重要的作用。比如追高来村的妇女主任，访谈时她告诉我们，她经常会接到各种活儿，有的是政府的，有的是"种养大户"的，有的是外来老板的，一般他们都会先找她，她再去发动下面的人，有时她也会利用自己的政治资源，比如外出开会，接触一些外面的人来为村里寻求就业机会。可以说，在追高来村，已经形成了"一个女人带动一批妇女就业"的"矩阵效应"。村妇女主任告诉我们，只要肯干每天都很忙，几乎每天都有活干。① 在上述的案例中，各"种养大户"也反映了同样的问题，由于大部分青壮年劳动力在外务工，现在村里的各种"打零工"机会比较充分，有时农忙的时候会出现请工难的情况。我们在村里访谈的几乎所有农户都表示，只要肯干，差不多每天都有活儿干。此外，追高来村的乡村精英在参与精准扶贫的过程中，尤其注重对当前本地发展实际、发展前景的反思，重视新思想和新观念的传播，进一步增强了贫困群众自力更生、自主奋斗、主动脱贫的意识，对贫困群众的思想观念、生活方式等产生潜移默化的影响。

综上所述，由于乡村精英对当地资源熟稔，与村内农户共同体意识较强，容易带动贫困群体观念的转变，形成持续力较强的内源式扶贫模式。我们认为，追高来村的乡村精英对于农户生计发展的带动作用较大，乡村精英带动下的内源式扶贫是追高来村减贫效果显著的最重要原因。其重要启示是，乡村精英的带动示范是深度贫困村脱贫的关键，也是后

---

① 访谈编码：20180922FUNVZR。

脱贫时代乡村振兴的关键。因此，应制定积极有效的支持政策，培养和发展更多的乡村精英，建设以乡村精英带动、帮助包括贫困农户在内的所有村民的农村精英带动扶贫的联动机制。

参考文献

贺雪峰：《村庄精英与社区记忆：理解村庄性质的二维框架》，《社会科学辑刊》
　　2000 年第 4 期。

陈光金：《20 世纪末农村社区精英的"资本"积累策略》，《江苏行政学院学报》
　　2004 年第 6 期。

吕世辰：《农村社会学》，社会科学文献出版社，2006。

朱天义：《精准扶贫中乡村治理精英对国家与社会的衔接研究——江西省 XS 县的
　　实践分析》，《社会主义研究》2016 年第 5 期。

钟涨宝、李飞：《插花贫困地区村庄的不同主体在精准扶贫中心的态分析》，《西北
　　农林科技大学学报》（社会科学版）2017 年第 2 期。

曾明、曾薇：《内源式扶贫中的乡村精英参与—以广西自治区 W 市相关实践为例》，
　　《理论导刊》2017 年第 1 期。

何军等：《中国农业经营方式演变的社区逻辑——基于山西省汾阳市两个农村社区
　　的案例研究》，《中国农村观察》2017 年第 2 期。

夏柱智、贺雪峰，《半工半耕与中国渐进城镇化模式》，《中国社会科学》2017 年
　　第 12 期。

为深山旮旯里的村民照亮前路[*]

——贵州省并嘎村贫困户帮扶实例

宋丽丹[**]

摘　要：位于滇黔桂石漠化连片贫困山区腹地的贵州，由于自然条件恶劣，单靠农民的个体生产很难实现脱贫，更不用说致富。一户户农民长期忍受着贫穷、疾病的煎熬，在组织他们形成集体经济积累、最终能自我"造血"之前，国家和社会还需输入大量的帮扶资源，先帮助他们从个体的困厄之中解脱，再寻求集体性的共同富裕。这一过程注定艰难，却是共和国砥砺前行、"不掉队一个人"的必经之路。

关键词：精准扶贫　石漠化　并嘎村

贵州是"贵州龙"的故乡，在3亿多年前，这里还是一片汹涌的滇黔古海，随着地球板块的隆起，海底沉积岩向上抬升，接受着雨淋日晒的冲刷，逐渐形成了由峰林、溶洞、地下河、峡谷、湖泊等组成的旖旎风光。但是这"盆景"一样美好的地方却是中国最贫困的地区之一。因为在石头表面形成薄薄的一层土壤需要千百年的时光，但是人类的开发

---

* 特别说明：文中引用的家户案例，真实姓名均已作匿名化处理。

** 宋丽丹，中国社会科学院马克思主义研究院副研究员，研究方向为马克思主义阶级理论。

和风雨的冲刷却能很快让土壤层流失，"石漠化"成为这里最可怕的自然现象，人们只能在石头窝贫瘠的土壤里种些玉米、土豆、辣椒之类不需要多少养料的作物，并靠着它们生存下来。

在"天无三日晴"的贵州，降雨量虽然不小，但是由于地上植被匮乏，地下溶洞、暗河纵横交错，地表水经常渗入地下而不知去向，地上的人们深受缺水之苦。贫瘠的土壤和用水的限制，使这个四处山连着山、没有平原支撑的省份，长期落后。而偏居贵州西南一隅的黔西南布依族苗族自治州更是贵州最贫穷的地区之一。全州总面积的71.5%属于"最脆弱的人类生存环境"——喀斯特地形地貌，是"滇黔桂石漠化连片贫困山区"的腹地：全州8个县市中就有7个国家级贫困县，"十三五"时期尚有43.23万人需脱贫，是全省、全国脱贫攻坚战的主战场之一。2014年黔西南州的乡镇平均贫困发生率为56.91%，比全省高出17.52个百分点。① 黔西南州内居住着布依、苗、彝、回、汉等35个民族，少数民族人口占全州总人口的42.47%，② 贫困率高。在20世纪90年代从黔西南州府所在地兴义市到省城贵阳要花上一个白天的时间。在精准扶贫开始之前，黔西南山村里的时光也像停滞了一样，刀耕火种、茅屋泥路仍然是这里的常见景象。

黔西南州义龙新区雨樟镇并嘎村的地势相对平缓，土壤也因此相对肥厚，但是人口与土地的矛盾不断增长，如今人均仅0.91亩耕地，村民非常清贫。2009年10月，时任国务院副总理的李克强同志走进了并嘎村四面漏风的茅草屋里，他对这里的贫穷感到非常震惊，指出要"在加快发展中切实解决重点民生问题"。③

如今，危房改造、精准扶贫等一系列帮扶措施使并嘎村旧貌换新颜。而多年来与寂静和贫困伴生的村民们，也终于看到道路修到了家门，路灯点亮了黑暗，生活也在不断好转。并嘎村村民们对精准扶贫政策表示

---

① 邓伯祥：《精准扶贫：黔西南3年40万人摆脱贫困》，《贵州民族报》，2014年8月21日，第B1版。
② 陈俎宇：《金州大地民族团结进步谱新篇》，《贵州日报》，2019年1月5日，第1版。
③ 谢登科：《李克强在贵州考察：在加快发展中切实解决重点民生问题》，2009年10月20日，人民网－《人民日报》，http://politics.people.com.cn/GB/1024/10218952.html，2017年12月3日。

十分赞赏，说托共产党的福，路都修到家门口了，太方便了！大家都有了生活会更好的希望。

并嘎村脱贫户们的生活虽然还远远达不到小康，但对于他们而言，"精准扶贫"提供了一条脱离旧日生活轨道的强大推动力，给他们的未来提供了更多的可能性。

一 生病了也能进医院

并嘎村免者二组村民杨小华，生于 1954 年。在笃信"多子多福"的农村，他与妻子育有 2 女 2 男，家里共 6 口人。但在并嘎村除了种植几亩玉米和薏仁，他们并没有别的办法获得更多的收入，日子过得捉襟见肘。由于家庭负担重，他与妻子一直处于超负荷的劳动中。长年的劳动使他在 40 多岁得了一种怪病：两只脚底除了脚心外，长满了鸡眼。这使得他走路就像是踩在刺上一样，刺痛难忍，他只好每晚睡前用磨得极快的刀铲除厚厚的一层茧皮才会稍微好受一些。不仅如此，他还患上了严重的腰椎间盘突出症，需要扶墙或扶拐才能勉强行走，丧失了劳动能力，作为家庭顶梁柱的他，无力再为家人遮风挡雨，反而成了需要被照顾的人。2016 年杨小华的家庭人均年收入仅为 1206 元。杨小华也想过去医院治病，但是想到治病那么贵，这么多年也只好默默忍受着。实在太疼了，就去村里的小药店买点止痛片，权当治疗。

腰椎间盘突出是常年劳累导致的后果，而杨小华那满脚的鸡眼又是怎么来的呢？农民在农忙时间天不亮就要下地干活（太阳升起来就太晒了），他们一般都不吃早餐，地里的活儿干得差不多也快中午了，回到家草草果腹一顿就赶紧休息一下，下午又去干活，天上星星出来了才赶回家。为什么说赶回家呢？因为分田到户后，好田、坏田分布在不同的地方，要去不同的地里干活儿距离比较远。回家之后随便吃点又是一天。早起 7~9 点人应该吃早餐，否则极易得肠胃病，晚餐又应该在下午 7 点前吃，但是他们一般都是晚上 8 点左右才能吃上饭。长此以往，肠胃自然虚弱。

从吃上来讲，他们的食物很粗粝，多是粗粮和素菜。这在城里人看来很"健康"，因为城里人细粮和肉蛋奶吃得过多，相应应该吃简单些。但农村人体力劳动之余需要更多精细和营养的食物，饮食中缺少肉食和脂肪又不能使皮肤得到正常的濡养。长期的饮食不规律、吃得过于粗糙，都使他们的肠胃经络受损，胃气不降。加上农民长年在地里劳动，湿气经常通过脚进入体内，杂草、石头等经常扎脚，脚部皮肤自然受损严重，但由于胃经淤堵，胃气不降，就会使脚上皮肤不润，络脉不通，脚上死皮难以代谢，死皮堆在一块儿，就形成了满脚的鸡眼。

2016年，杨小华虚弱的肠胃系统在喝了一次喜酒后彻底崩溃了，他大口大口地往外吐血，"吐了一大碗"（大儿子语）。家里人连忙把他送到县里医院，这次输了好几袋血，每袋血要800多元，一下就花了3000多元，还是找人东拼西凑借的。当时他和家人都不知道新型农村合作医疗（简称"新农合"），所以这笔费用就没有去报销。

2017年，帮扶干部了解到杨小华的腰椎间盘突出已经严重影响到他的生活质量时，就建议他去做手术，并且告诉他可以留下费用单据报销。于是，杨小华有生第一次去县城医院做了相应手术，一共花费11万元左右，这次他的家人在"新农合"为他报销了10万元左右的医药费，还剩有8000多元镇里根据相关政策给解决了5000多，他家只花了3000元左右，这是杨小华和家人以前想也不敢想福利。手术后，杨小华终于过上了正常一些的日子，他逢人就说国家的政策好啊，要不然我这条命早就没了。

可惜好景不长，2019年杨小华突然晕倒，送医后发现是脑子里"长了东西"导致脑出血。有了上次报销的经验，家人果断地把他送到医院。连着做了7次手术，他在ICU重症病房昏迷不醒了整整81天的时间才苏醒过来。如果换到以前，杨家早就放弃抢救他的生命了，正是由于有"新农合"的大病医疗保障，杨小华才得以抢救这么长的时间，在情况好转后他转到普通病房治疗。杨小华这次治疗光是医疗费就达29万元，按贵州省的最高标准，"新农合"给他报销了20万元左右，其余的费用由他的两个儿子承担。虽然在2019年7月，杨小华走完了贫穷而又多病的一生（享年65岁），但他在晚年得到了国家各项政策的扶持，他和家人对此是非常感激的。

杨小华去世后，我们采访了他的小儿子杨义龙。据介绍，家里除了他，姐姐和哥哥已经成家了，只是哥哥成家后仍与父母和他住在一起，但是"钱是分着算的"，"分家不分户"。杨义龙生于1989年，今年（以下均指2020年）31岁了仍没有结婚，自述是因为当年条件有限，自己又挑剔，所以错过了婚期，到现在同龄人都结婚了，自己成了被剩下的人。目前，农村的男女比例与城市的相比是反过来的，即男多女少，男性一旦错过婚配年龄，如果经济条件不优越，基本上就脱单无望了。

杨小华2019年住院时，四个孩子轮流照顾。杨义龙说：

> 我父亲虽然治病的钱大部分报销了，但还是有几万块钱得由我们自己付。比如隔壁床的病人也是脑出血，吃一种药就好了（指安宫牛黄丸），300多元一颗，介绍我们去买，买了3000多元的，结果吃了也没用。还有，我父亲住院吃的流食每天要40元，还有VIP费每天200元，这些钱和超过的那些钱都是报不了的。我打工挣的钱15000元都花光了，我哥也花了15000元，还不够，我和我哥又各自借了2万……我姐她们只负责弄些吃食，花些小钱，她们自己家也没钱。我还没有出去打工，父亲去世这一年我要在家陪妈。家里的地退耕还林5亩，种了杉树，还没有长大。还剩下5亩地左右，种些乌谷子（指薏仁），不知今年能卖多少钱，去年几块钱一斤，今年有可能就1块多，那也就能卖万儿八千元钱。家里喂了两头母猪，卖了9头小猪，每头1500元。有时候村里叫去"基地"（指企业在村里办的产业基地）打工，一年可能有一个月左右的工，每天100元。借的钱今年（2020年）有可能还完。

总体而言，杨小华的两个儿子为他治病承担了7万多元，其中负债4万多元，对于长达81天的ICU治疗而言，这笔负债显然已经是极低的了。

杨小华的一生被病痛和贫穷所折磨，所幸在他生命的最后时光，赶上了精准扶贫的好政策，他才得以一次次住进医院，家人也没有因为他的治疗而背负过于沉重的债务。杨小华这样的村民由于落后和贫困形成的不合理的生活方式，导致他身患重疾，这在农村并不鲜见。在乡村振兴战略的规划中，重视农民生活方式的改善，提供必要的自我保健知识，减少因病致贫、返贫非常重要。

二 孩子想读书就让她读

并嘎村村民何云兴，汉族，生于 1980 年，2015 年脱贫前属于一般贫困户，致贫原因是缺资金、技术。经过帮扶，到 2015 年脱贫时何家人均年收入达 3324.8 元。何云兴生育过三个孩子，大女儿今年 21 岁，在兴仁市二中读书，2020 年参加高考。二儿子今年 18 岁，已经从兴仁市的黔西南州英才职业技术学校毕业，目前正在实习。小女儿 2016 年因病去世，殇年 13 岁。何云兴认为，他们家的贫困主要是孩子多，负担重。

问及何云兴是如何脱贫的，他说主要是得到了教育补助：

> 大姑娘在兴仁县读高中，贫困户半个学期只收 1100 多，其他费用，住宿费、水费国家都免了。每个月生活费我给 600 多元。儿子初中毕业后在兴仁一个职业学校学电脑，学了 3 年。半学期学费也是1100 多元，国家也给免了其他费用。但生活费一个月统一交给学校1000 多元。两个娃娃半个学期一共可以得到教育补助 3000 元，一年6000 元。

问及何云兴每年在教育上支出多少钱，他说是几千块钱。我问，这也不对吧，毕竟光是学费、生活费两个孩子一年也至少要 12800 元。他说："我算不清楚，小学三年级我就没读了。"在调研中，跟村民算账总是算得我一头雾水，他们总说记不得挣了多少、花了多少，说出来的同一个项目，数字经常有浮动，有可能是因为文化程度太低，所以他们的算术也不过关。但不管怎么说，在何云兴心目中，国家给的教育补助是很有帮助的。

为了帮他算清脱贫账，经过反复询问，何云兴陆陆续续想起来：

> 我们家的地流转两亩多，有400元一亩的，600元一亩的，一年也就收1000多元。租给别人五六亩种烤烟，一年可收2000多元。粮食是靠买，而且我们都不在家住，所以平时吃饭也在城里买。我和老婆在附近万屯镇帮人打砖，两个人每天可收入230~240元，如果下雨就不能打砖了。这样一个月有20多天在打砖，收入4000多元。

"两个人才4000多元啊。那为什么你们不换个工资高点的工作呢？"何云兴说："我们没有文化嘛，只有干苦工。"何云兴两口子打工一年挣4万多元，加上土地红利3000多元，这点钱减去教育支出似乎也还不算多啊。于是何云兴继续"坦白"："我们还有那个10万块钱的惠农贷，从2017年起借的，可以借三年，然后村里面让我们入股了，每年可分红5000元。"原来并嘎村和其他村一样，由于找不到好的投资渠道，便动员贫困户们将每户10万元的惠农贷投到村里公司，每年可以有5000元的"红利"。按现在的一年期定期存款央行基准利率1.5%，10万元存一年活期利息约为1500元，在没有更好出路下，贫困户得到这一收益还是不错的，可惜这个贷款只能借3年。说起来，如果贫困户们能找到一条抱团投资实业的好路，那么惠农贷就真的是一只能下金蛋的母鸡了。

何云兴刚开始时说自己有两个孩子，后来问到他是否报销过医保时才提到自己原来有个小女儿，2016年的时候，生了病，"肚子胀，没救过来"。医药费国家给报销了2万多元。提到这段往事，虽然他语气中有点伤感，但似乎又像在谈别人家的事，还问自己妻子当时孩子是11还是13岁？去世有几年了？农村人通常对这些无常世事没有城里人表现得那么激动和煽情，不是他们不伤心，而是他们没有精力去伤那么多的心。就像我们曾在深山里碰到的一个老嬢嬢，提起自己曾生育过11个孩子，其中有9个是女孩，结果这些女孩生下来没多久都死了。她的表情也很淡然。

我问何云兴："农村一般都不喜欢让姑娘读书，你姑娘为什么21岁了还在读高中？"何云兴说："她小学留级两年，所以现在才上高三。我们没文化嘛，所以一直打苦工。姑娘喜欢读书就让她读了。以后有点文化。"这还真的是不错的父母，因为这儿有许多女孩初中毕业就结婚生子，一辈子就生活在农村了。但这不仅仅是因为何云兴夫妻开明，更为现实的是，何云兴家赶上了精准扶贫的好政策，国家从贷款、教育等各方面对他家进行了帮扶，如此，他才有底气让女儿去追求自己的梦想。虽然大女儿高考的分数不理想，加上民族20分才321分（女儿随母亲是苗族），她已经决定去打工了。但有高中学历的她，肯定不会重复父母在工地上搬砖的日子，而是可以在城市里找到更为体面一些的工作了。

何云兴对国家的帮扶措施非常感恩，直言精准扶贫后，日子慢慢就好起来了。这些日子在我们看来或许还太过清贫，但对于过往只能勉强生存的他们来讲，孩子能接受职业教育、参加高考，有比他们更好的未来，就是非常伟大的事情了。

三　国家帮我在婆家撑起了腰

杨大妮，汉族，并嘎村杉树堡组人，1971年生人，今年才49岁，但是她面容憔悴，手指粗糙，满头花白的头发，看上去和60岁的老人差不了多少。22岁那年，杨大妮的亲叔叔说服她"老实巴交"的父亲，把她嫁给叔叔的外侄儿杨忠义。那个时候，杨大妮不懂什么情爱，但也不喜欢杨忠义这个"不讲话"的哑巴。但是叔叔家花言巧语说动了父母，她也只好嫁过去。我问，那你为什么同意呢？她说，我也不懂啊，父母决定了就是了。

杨大妮是个文盲，没有上过学，父母也是文盲，"亲上加亲"的想法促成了婚事。婚后杨大妮发现自己的丈夫除了不会说话，脑子也是糊涂的，有精神疾病。但事已至此，她也只好嫁鸡随鸡、嫁狗随狗了。没想到婆婆一家还对她不好，原本她"揣着对公婆如父母的心"对待他们，但婆婆总挑她的毛病，辱骂她，一个小叔子、两个小姑子也一起针对她，让她倍感痛苦和失望。在与她交流的整个过程中，杨大妮会不断提起婆婆对她的伤害，婆媳关系到如今还非常紧张。由于杨忠义属于"残疾人"，所以家里的大小事务都由杨大妮操持，在日夜操劳中，她还要忍受婆婆的刁难，身心日益衰弱。就这样，她还陆续生下了三个孩子，并抚养他们长大成人。

大女儿生于1995年，今年（以下均指2020年）25岁。她觉得对不起大女儿。

> 我大姑娘学习好，高中考上一中（指兴义一中，当地重点中学），但是她跟我说，"妈，奶奶天天和你吵架，你不要和她住一起了。咱们修新房子，你搬出来自己住，我去打工挣钱……"然后她就去打工了。那年她才15岁，17岁她就结婚了，姑爷是打工时候认识的，是四川农村的。现在她有两个娃了，一个8岁，一个3岁。我就是后悔，没有让她上学，她嫁得太远了，没人在身边陪伴我。

看得出来，杨大妮和大女儿的关系很好，大女儿把她的痛苦看到眼里，能为她着想，可偏偏这个最懂她的人却嫁到遥远的外省，很难见面，到现在大女儿最小的孩子（3岁）她都还没有见过。这是让她最遗憾的事情。

> 二姑娘今年23岁，读书成绩不好，初三就没读书了，她自己不想读了，去打工。现在也结婚了，嫁到册亨（黔西南州的一个贫困县，离当地也就两个小时车程）那边了。那家（指女婿家）也是穷的，生了一男一女两个娃娃。姑爷对她不好，经常打打骂骂的，她带孩子回来，我又劝她回去了。我跟她讲"不要离婚，离大人，不离娃娃（指没有孩子的话，大人离婚无所谓，有了孩子就不要离了——笔者注），娃娃是需要爹妈一起养的，家里两个都在才好。你看我也没离婚，把你们三个拉扯大"。然后她就没离。

杨大妮的小儿子今年 21 岁, 就比姐姐们活得自在一些, 他先是在安龙(黔西南州的一个县)读了三年职校, 之后去打了两年工, 觉得太苦了, 又要求去铜仁(贵州省铜仁地区的首府)读职校, 今年是第三年, 就要毕业了。"学费一年是 9000 元, 生活费他说一天要 30 元, 两个姑娘在帮我寄钱给他, 不然我也负担不起。"女儿帮助父母养儿子这在农村是屡见不鲜的。可以看出杨大妮的儿子一天要求 30 元的生活费对于农村子弟而言并不低, 毕竟他是在物价相对低的贵州。他读的两个职校都不是国家义务教育体系里的, 读了六年, 母亲和姐妹就要负担他六年的学费和生活费。农村的男孩现在普遍不会种地, 有的还要求父母按城市的标准为自己提供生活费, 也是令人唏嘘。

提起丈夫, 杨大妮有一肚子怨气, "啥都不懂, 家里喂的猪他都不认识, 牛也是我自己喂, 他什么都不会做。别人欺负我他也不知道"。在农村, 男人是主要劳动力, 杨大妮以前又要种地, 又要养猪喂牛, 照顾三个孩子和公婆, 忙得一身的病。

> 前两年我帮村里合作社做腊肉, 后来没有老房子的地方, 熏腊肉就没做了。我还炒辣椒面卖, 但是炒了一年也没炒了, 因为我一炒辣椒就咳嗽, 气都喘不过来, 戴口罩也没用, 就没弄了。
>
> 身上到处都痛。牙齿都快掉光了, 配假牙花了二三千元, 现在也吃不了硬东西, 天天喝稀饭。颈椎也不好, 还有哮喘病, 发起病来饭都吃不下。我就是自己扯些草药吃吃。

今年才 49 岁的杨大妮牙齿都掉光了, 可见其长期操劳过度, 导致肾虚不固齿。又因婆媳关系不睦, 精神不愉快, 气不能顺, 肺功能下降, 患上了哮喘。很多疾病确实是在生活中能找到根源啊!

在贫困和劳作中挣扎的杨大妮终于在精准扶贫中看到了曙光。杨大妮家目前有 5.9 亩地流转给村里的"猕猴桃基地", 每年可以有 3000 元的流转费。针对贫困户的惠农贷村里也给她家办上了, 投到村里投资的公司, 可以领 3 年每年 3000 元的"息钱"。我帮她算了账, 这些钱还不

够她儿子读书的开销，她其他的收入来自哪里？杨大妮说

> 我家的老房子漏雨很厉害，村里郑支书看到了，说我家房子太烂了，国家（危房改造）给了 1.85 万元修好了，后来有人看中了，卖给人家做农家乐，得了 4.8 万元。这笔钱因为郑支书他们认为是属于我的，就是没把钱给我婆婆，婆婆一家人就更恨我了，到处骂我。后来我修的新房子因为就在老房子的旁边，人家（指农家乐经营者）就说也租给他们做农家乐。昨天才签合同，租 7 年，前三年半给租金 1.8 万元，后三年半每年根据收益给我红利。多亏了政府啊，不然我家的钱都落到我婆婆和她几个儿女手中了！

在杨大妮心中，政府俨然已经成了她的"娘家"，帮她主持了公道，又帮她解决了房子租出去后的居住问题。

> 村里给我找住处，开始在村公所那里，每年交 50 元，有三个房间，但是房间小，又都是单间，没连到一起，没法儿做堂屋（当地有风俗，在相当于客厅的地方摆放家神牌位——笔者注）。后来村里又给我找了镇上的房子，一年 420 元，有两个房间，一个堂屋。但儿子说他要结婚，我就想要多租一套房子，已经差不多办好了。

"那你家还有什么收入呢？你丈夫精神有问题，致贫原因写的是'因残'，得到国家什么帮助了吗？"我问。杨大妮说："他办了残疾证，每个月有 300 多元的补助。"这笔钱虽然不多，但对于当地农村而言，解决一家人基本的米面粮油需求也足够了。

对于这个农村妇女而言，家庭不仅不是包容她、支持她的地方，还是她必须倾尽全力才能支撑的重担，但是她也抱着"这个家不能散了"的信念，拼了命地抚养儿女成人。传统的旧观念像贫穷一样牢牢地束缚着她，即便丈夫是个智力低下的残疾人，即便公婆一家对她挑剔尖刻，即便养家的重担都由她承担，她仍然苦苦支撑，还教育自己的女儿不要

离婚，因为孩子要在一个完整的家庭长大才好。这固然是农村妇女伟大的一面，但是也是她们不幸的来源。贫穷、没有文化，使她无法离开一贫如洗的家，因为这个家是她唯一能落脚的地方。她唯一能依靠的就是懂事的女儿。她的幸运就是终于等来了"精准扶贫"，生活的担子终于有国家帮忙抬一抬了。

> 我们现在的生活比以前好些了，感谢共产党，感谢郑支书和你们这些干部，每个人见我都帮助我、关心我。如果不是他们，我家房子的钱都不会到我手里。

杨大妮眼里闪烁着泪光，一直道谢。希望这个苦命的女人能生活得更好吧！

四　国家养着我残疾的儿

并嘎村的杨安荣老人出生于 1953 年，长年的户外劳作使他的皮肤像晾晒的腊肉那样呈棕黄色，脸上的抬头纹和八字纹像刀刻一般深深地嵌在脸上，沉默是他的标签，难得的是他比其他受访人记数、算账都要清楚很多。

他有两个儿子一个女儿。大儿子叫杨大磊，出生于 1977 年的他在小时候得过一次脑膜炎，由于农村医疗条件有限，大人以为孩子发烧了熬熬就能好，结果就"把脑子烧坏了"，成了"残疾人"。20 多岁的时候，父母为杨大磊找到另一个也是因为脑膜炎"烧坏脑子"的女人组成了家庭。万幸的是二人生下的一男一女是正常的。杨大磊的大女儿生于 2002 年，今年 18 岁，在省城贵阳上过一年职业学校，说读不下去了，最近回到老家这边的兴义市做杂工、在餐馆洗碗等，目前包吃包住一个月的工资 1600 元。杨大磊的儿子在兴义市读的私立初中，当时半年的学费就要 7260 元，一个月的生活费是两三百元，一年的开销就近 2 万元。这孩子也没有考上高中，就到兴仁市读了职业学校，据说学的是电子相关专业，这个学校的学费倒是便宜，半年 1020 元，生活费半年 1300 元。由于近年来的一系列改革，贵州省公立初中的学位严重缺乏，许多农村孩子由于基础差考上不好的公立初中，就只能到私立中学去读书，这为他们的家庭带来沉重的负担。而职业学校的学费倒很便宜，这有些令人诧异了。

我问杨安荣老人谁来负担杨大磊两个孩子的学费和生活费？他回答说：

> 杨大磊两口子脑子都烧坏了，他们家里有 3 亩地，种些薏仁和苞谷（指玉米），都是我和老伴儿带他们去种，如果你不管他们，他们就坐在田边坐一天啥事也不会干。他们种那点东西是挣不了啥钱的，都是我们老两口在帮他们。我们租了 10 亩地种烤烟，每亩租金 500~700 元，加上自己的地一共是 16 亩，每年可收 1300 斤左右烟叶。减去 1 万多元的成本（租地、烤烟叶等的成本），有 2 万多元的收入。

我问："两个孙娃都在读书的时候他们的学费、生活费最少都要近 3 万元，这点收入也不够啊！"杨安荣老人点点头，在我的提示下又继续算起账来："对，教育补助是有的。两个孩子每半年可以得 625 元左右的补助。"我问："您和杨大磊都是贫困户，各得到政府什么帮扶呢？"杨安荣老人说：

> 杨大磊两口子每个月还有低保金，具体多少都在卡里面，我不知道。这些钱还是有很大用的（村干部指出有 500 多元，保三人）。我得到危房改造了，他们派人来把房子修好了，还给我 1500 元的彩瓦钱（指买屋顶装饰用的彩瓦）。政府给杨大磊家 3.5 万元，帮他修了三间屋（指一个堂屋和两个卧室）的新房。娃娃读书的教育贷款杨大磊贷不到，因为他是残疾人。但是那个贫困户的'惠农贷'我和他都得到了，每年我们都可以得 5000 元红利（只有 3 年）。

这样算下来，他和儿子就达到了"两不愁三保障"的脱贫标准。

我接着问:"您还有一儿一女,他们帮杨大磊家吗?""小儿子家每年还给他哥2000多元,女儿家本身就穷,她自己这两年又生病,没给什么钱。"说到小儿子,老人似乎才觉得有点舒心。

> 他们两口子都在广东打工,每个月工资都是4000多元,两个孩子就放在这里我们看着。一个上学前班,一个上小学四年级,都是住校,一周上五天,学校管得挺好的。小学不用交钱,学前班半年收1750元。每年小儿子家就给我们五六千块钱补贴。

杨安荣老人今年67岁,老伴儿也65岁了,他们每天要干农活儿,还要做好饭给杨大磊两口子吃,周末还要照看孙辈,日子过得比城里的上班族还要繁忙。即便是这样,他们也没有抱怨,一切都是平平淡淡地说出来。幸好国家的精准扶贫政策给了他们很大的帮助,也算是不幸中的万幸吧!

五 儿子都好,我就好

并嘎村杉树林组的杨安兴,苗族,出生于1968年,今年52岁。这个年纪在北京等大城市晚育者,孩子可能还在上小学,而杨安兴已经是8个孩子的爷爷了。他一共有三个儿子,大儿子生于1986年,也就是说杨安兴18岁就做了父亲。而他的儿子们也早早成了家,子孙满堂。唯一的遗憾就是杨安兴的妻子早在6年前(2014年)就去世了。目前,杨安兴的三个儿子都在广东打工,他一个人鳏居在家,带着二儿子的4个孩子过活,其中2个在上小学,2个在上幼儿园。孩子们上学的时候,他每天一大早就起来为孩子们做好早餐,送小的孩子上幼儿园,然后到田地里忙活,下午到幼儿园接孩子,又接着做晚饭,忙完后收拾屋子做家务,忙碌的一天才算结束。

杨安兴家在2014年被识别为贫困户时,人均年收入仅为2792.73元。他们家共有4亩耕地,水田2.5亩,林地1.5亩。现在林地种了杉树,1

亩耕地流转给了村里的合作社，剩下的地种些玉米和薏仁，换些小钱，家里的主要收入还是来源于儿子们外出打工。

> 种的玉米喂畜牲嘛，猪啊，鸡啊，现在只有五只大鸡了，鸡瘟都死得差不多了。今年的猪价太高，买不起猪仔也没有养猪了。

杨安兴用手指指空荡荡的猪圈，语气里满是无奈。

和村里的其他贫困户一样，"精准扶贫"也让杨安兴得到不少好处。他也用10万元的"惠农贷"入股合作社，可连续三年每年分到5000元红利，去年（2019年）到期。杨安兴说：

> 我用特惠贷的5万元购买了3头牛，每头7000多元，购买了饲料，两年期间繁殖了两头小牛，但后来牛患上了"五号病"（指口蹄疫），只好把5头牛全部卖掉，虽然没赚啥钱，但好歹是还完了贷款。

"精准扶贫"政策还给他们家提供了1.85万元的危房改造资助，他们自己添了2.7万元盖了一座120平方米的平房，有一间大堂屋和两间卧室。"这个房子我和二儿子住，大儿子自己在我们后面坡上修了二层楼住。"杨安兴说："国家对我们贫困户照顾得很咯，这个没得说。"

妻子去世后，随着儿子们陆续外出打工，2016年，杨安兴家脱掉了贫困户的帽子，他说：

> 三个儿子都在广东打工，两个在工地，一个在工厂。每个月挣多少钱我也不知道，看他们找得到活路（指工作）不。今年（疫情）情况不好，活路很少。因为帮二儿子看孩子，他每个月寄1000元给我。你问我买肉在哪里买啊？坐车去街上买，到交乐（村）街上5元，到屯脚（镇）10元，到兴仁（县）16元。一个月上街一次，没有冰箱嘛，就买一顿两顿的肉吃。四个娃娃每天早上起来煮早餐给他们吃，面条放点儿油，有时候有鸡蛋就放点儿，吃完就去学校，走路去20多分

钟就到。中午学校有饭，晚上回来再吃一顿，过得去就行嘛。国家对我们贫困户好得很，娃娃上小学的钱都不要。幼儿园是私校，半年是800元一个人，两个娃娃一年就是3200元。交学费的时候儿子就会寄钱过来的。

"老伴儿死了6年了。是慢性肺结核。那个时候还没有报销这一回事，花了几万元也没治好。""肺结核不是国家免费治疗吗？怎么还花了几万元？"我问。"不知道嘛，反正就是花了几万元啊！如果是现在就好了，现在可以有报销了。"杨安兴不无遗憾地说。

她是6月间死的，（尸体）在堂屋停了十多天。那个时候还可以土葬，按照我们苗族规矩办的，我们是'歪梳苗'，要吹芦笙、打鼓，每天寨子里的熟人、亲戚都会过来，过来嘛就有饭吃。远处来的客人什么时候到了也什么时候有饭吃。桌子、板凳、碗这些都是寨子里的人从家里拿过来用的，买菜、做饭的十多个人都是帮忙的，这些都是不要钱的。这就相当于是做工嘛，你帮我家做，我也帮你家做。我们这里也不分苗族、汉族、布依族，大家都差不多，关系都好的。

"那么花了多少钱呢？"杨安兴想了一下说：

花3.8万元。买了两头猪，一头4000元，两只就是8000元。人埋在自己家地里，棺材就花了七八千元呢！没有搞墓碑，一个要1万多元，太贵了，没有钱就不搞了。就是拿青砖把坟盖起来了。收礼的话，亲戚有送1000元、800元的，熟人有送100元的、50元的。收了多少我也不记得了，反正都给儿子了，因为钱是大儿子和二儿子出的，每人出了1.8万元。将来要是别人家办事，就是他们去还，送100元的起码要还150元，送200元的要还300。

算起来，如果丧事办了12天，按3.8万元算，就是每天要支出3160

元左右，对于一个人均年收入仅 2000 多元的家庭来说，这无疑是笔巨大的开支。红白喜事在农村大操大办的风气目前仍没有实质性改变，在我们调研时，有农妇就说。

> 如果人家有（红白）事我们不去，那么我们有事人家也不会来，所以借钱也得去，我已经借了 1 万多元了。而且送出去的钱要收回来，我们也得办事。

大量的金钱被用于这样的非生产性支出，缺资金的农村要发展生产就更加困难了。贵州省安顺市平坝区的塘约村规定红白喜事不收礼、由村集体提供场地和人员主办红白喜事的做法，在短时间内就刹住了蔓延了几十年的送礼歪风，值得像并嘎村这样的村委会学习、实践。

杨安兴的家庭原来是非常贫困的，但是他的三个儿子成年后都在省外打工，家里经济就好多了。在农村，打工是脱贫的最快捷的道路。目前看来，集体经济是未来农民脱贫致富的关键，也是将农民组织起来实现农业第三次飞跃的关键，乡村振兴战略未来应将更多的关注放在集体经济组织的发展和壮大上。这样，才能让我国的农业安全更有保障，农业经济更有效益，农民生活更有尊严。

参考文献

〔德〕恩格斯：《法德农民问题》，载《马克思恩格斯选集》（第 4 卷），人民出版社，2012。

〔苏联〕列宁：《小资产阶级社会主义和无产阶级社会主义》，载《列宁选集》（第 1 卷），人民出版社，1995。

毛泽东：《论人民民主专政》，载《毛泽东选集》（第 4 卷），人民出版社，2009。

王宏甲：《塘约道路》，人民出版社，2016。

李慎明:《新时代战略机遇期的相关思考》,《马克思主义研究》2019 年第 10 期。

张文茂:《社会主义新农村建设需要改革和发展农村集体经济》,《中国特色社会主义研究》2006 年第 5 期。

严海蓉、陈义媛:《中国农业资本化的特征和方向:自下而上和自上而下的资本化动力》,《开放时代》2015 年第 5 期。

程恩富、陆夏、徐惠平:《建设社会主义新农村要倡导集体经济和合作经济模式多样化》,《经济纵横》2006 年第 12 期。

蒋高明:《保障粮食安全到底靠什么》,《中国乡村发现》2019 年第 1 期。

精准扶贫精准脱贫中扶志扶智*

——基于对青海省俄日村的考察

龙寸英　聂　君　陈　祎**

　　摘　要：随着脱贫攻坚工作的深入推进，精神扶贫已成为贫困地区脱贫及防止返贫的重要举措。贫困人口是我国脱贫攻坚的主要帮扶对象，又是脱贫致富的主体和主力军，激发贫困人口脱贫意识，用内生动力支撑贫困脱贫。笔者通过对青海省俄日村的田野调查，考察该村精准扶贫精准脱贫工作。通过问卷调查和访谈资料，了解该村发展及生产生活状况，探究俄日村脱贫工作中贫困人口精神脱贫问题，思考是什么文化思想影响民众内生动力发展。扶志扶智已成为扶贫工作重要内容，部分贫困群众直接有"等靠要"思想，并无积极主动解决家庭贫困问题。同时，有些贫困群众已达脱贫标准，却迟迟不愿脱贫，基于此，扶志、扶智已成为贫困人口摆脱贫困的重要出路。

　　关键词：精准扶贫　扶志扶智　内生动力　俄日村

---

* 基金项目：精准扶贫精准脱贫百村调研项目、西北少数民族社会发展研究基地项目（XBS10）成果。

** 龙寸英，宁夏大学博士研究生，研究方向为社会研究与社会变迁；聂君，北方民族大学讲师，主要从事民族社会学研究；陈祎，宁夏大学博士研究生，研究方向为公共管理。

一 俄日村概况及村民生产生活

（一）俄日村概况

一路山丘与平地相接，几经辗转到达我们的田野点，房子映入眼中，驱车带来的疲惫感随之远去。静静的村子给这片土地增添了活力，少量行人在道路上行走，对我们一行人到来表示好奇，我们彼此观察着对方，并开始说明我们来意。村民是那样朴素，得知其原后逐渐熟络、热情起来。俄日村地处高原，平均海拔在 3000 米以上，村落被不远处山丘所环绕。村由 6 个村民小组组成，其中 1 个为汉民组，5 个为藏民组。生活中村民接触多数为藏民，村中共有 274 户 1001 人，少数民族 231 户 864 人，残疾人 60 多人，劳动力人数占全村总人数的 50% 以上。村民种植的农作物主要为青稞和油菜等。

俄日村位于青海湖东北部，西距青海湖仅有 15 公里，南部距甘子河乡政府驻地不足 2 公里，北距海晏县城 50 公里。同时，它是国家级的贫困村，贫困程度较深。通过 2015 年底的摸底调查和精准识别，确定列入精准扶贫计划的贫困户 77 户，占全村户数的 28.10%，贫困人口 220 人，占全村人口的 21.98%。其中，一般贫困户 70 户 203 人，低保贫困户 7 户 17 人。2017 年建档立卡"回头看"之后，确定建档立卡贫困户为 76 户 253 人，贫困人口有所增加。

2016 年俄日村基础设施建设、公共服务、经济发展、村庄治理、精准扶贫等方面仍面临较大困难和挑战。在道路交通方面，村与村之间道路基本是硬化路，但仅有 12 公里；在电视通信方面，村内有线广播电视，但仍有 13 户居民家中没有电视机，村委会尚未配备联网电脑；在妇幼、医疗保健方面，全村有 1 个卫生室和 1 个药店。

（二）村民生产生活状况

住房条件。近年来，通过危房改造、易地搬迁政策的实施，部分农牧民的住房条件得到较大改善。进入村民家中，多数房屋是由砖砌成水泥房，屋里装修如现代风格，当然并不缺乏藏族文化元素，房屋由三间并排构成。铺着干净的地板砖，墙上粉刷成白色并挂着各种图画，饭桌上放着各种茶具，宽大沙发横放其中，部分家电用器满足主人家的需求。住房结构安全并装修干净，给人一种宽敞欣欣向荣的感觉。如 A 大爷家，房子是三间并排房间，旁边有两间卧室，屋子铺着有点偏棕色的地板砖，房子装修、收拾整整齐齐。

> 现在我们住得很好，住的是砖房，家里基本上什么都有，不像我们老一辈住土屋，那时条件差，不讲究。现在老了，家里只要你爱收拾干净就可以了。你看这地是地板砖，平时还得用拖布打理，就是有时水不方便时麻烦，家里平时明亮干净，还放一些花草（装饰）①。

当然除了固定安全住房以外，他们还有夏季牧场的帐篷房屋，住房会简单很多，帐篷可以移动，里面的生活用品极少，主要是提供放牧人平时生活起居。

生活状况。相对于过去，现在村民生活状况改变了很多，从收入与支出上看，关于"2016 年的家庭纯收入"，很大一部分家庭纯收入在10000 元以上。他们收入有少量家庭有固定工资来源，多数人家中有农业经营收入，如一些家庭会通过出售自己牛羊来增加收益。还有一部分人主要是以打工和种植农作物作为收入来源。对于支出，很大一部分主要是用于生活开支，还有就是建房子。如 Z 家庭收入来源主要是务工，而家里主要支出是母亲生病，需长期治疗。

> 我家收入主要是我们两个年轻人出门打工，老人有时在家种点地，种地也没有什么收入。我们出去县城里打工，一个月我能拿到差不多 3000 元，我媳妇在饭馆里一个月 2000 元多一点。我妈妈有时身体不好，得了慢性病嘛，经常给她买药吃。还有就是家里生活用品得

---

① 访谈对象：A，男，72 岁，藏族，2017 年 8 月于他家中访谈。根据专业要求，所有人名已被处理。

买，小孩读书，我们平时再买点衣服，也没留有什么钱。①

家庭财产状况。通过调查问卷，我们可以看出，俄日村农牧户家庭中电视机、洗衣机、冰箱、手机、摩托车等家庭耐用消费品的保有量比较高，物质资本比较丰富。其中，电视机的保有率最高，为 96.67%；其次是电冰箱或冰柜，被访者家中的保有率为 80.00%；而各种农机／农业设施拥有率较低，因为是牧区，只在 1.5%~8.5%。很多年轻人有智能手机。正如访谈 G 家庭，家里有一个儿子，在外面跑大车，经济收入还不错，家里把房子建得特别大，装修很豪华，里面装有大理石地砖等，家里有冰箱、电视、热水器、小车等。从他家的房屋和家里生活物资来看，在乡下已是家庭财产较为宽裕的家庭。

俄日村农牧户家庭的资金薄弱，家庭收入比较有限，生产生活支出较高，以致多数家庭没有存款。家庭资金能周转较少，有急事需要钱时，主要是通过跟亲朋好友借，或者到银行贷款等。特别像建房子的支出，资金需要很大，很多村民会选择向自己亲戚借款，同时这也是他们相互帮助的表现。

从健康与医疗上看，俄日村地处高原，高冷及湿冷，很多老人会有慢性病，但是对于医疗报销牧民并不清楚，只有少部分的村民能报销，一方面不知道如何报销，另一方面有些疾病不在报销范围之内，或者必须住院才能给予报销。像一位 L 老奶奶，因心脏不好，经常要吃药，不光有心脏问题，她也经常手脚疼痛，各种药混合吃，还用当地草药擦拭手脚，这些药不能报销。

劳动与就业。除了残疾、重病、在学等以外，一般牧民家庭劳动力还是比较丰富的。老人可以下地干活儿、放牧，年轻人主要是放牧，小孩子放假后帮助家里放牧。只是他们的劳动时限较长，劳动负担较重。通过发展农牧业生产、经商、外出务工等方式，农牧民也获得了相应的劳动收入。F 家劳动力有三个，主要是放牧和种地，每个人都要负责劳务。

---

① 访谈对象：Z，男，46 岁，汉族，2017 年 7 月于路边访谈。

我们家有五口人，孩子爷爷在家种点地，两个孩子还在上学，我和孩子妈经常外出放牧，家里基本老人在打理，孩子大了也不需要我们管，就是平时打点生活费就可以了。在我们农村嘛，只要能动就闲不下来，得找事情做，这样家里才能生活，平时不忙时我们也在家。①

社会联系。社会关系网络可以分为正式社会关系网络和非正式社会关系网络。正式社会关系网络主要是指农牧民和一些正式社会组织的关系网络，如农牧民家庭需要与合作社联系，合作社提供农产品销售、加工、运输、贮藏以及与农业生产经营有关的技术、信息等服务，具有较强的经济互助性。非正式社会关系网络，是指农牧民与邻居、村寨及亲戚朋友之间的关系联系，这是人们日常活动不可避免的行为方式，因非正式关系让我们生活更加丰富多彩。邻里之间走动，互相帮助，增加了村寨人们的情感交流。这也是俄日村人们的主要社会关系网络。

图 1　夏季牧场村民在帐篷内聚会

---

① 访谈对象：F，男，41 岁，藏族，2017 年 7 月于路边访谈。

扶贫脱贫。对于扶贫脱贫工作，村民们有自己不同的看法。有些村民认为评定贫困户并不合理。出现这种情况主要还是对政策不了解，人们只是通过表面观察。还有一部分非建档立卡贫困户因未享受到扶贫政策而产生不平衡心理。对扶贫效果，多数村民认为不错，少量村民认为不是很好。驻村干部经常填写大量表格，多达几十种，常常要下去贫困户家里收集信息。

一位 R 村民认为，一天需要资料太多了，经常我们又没时间在家，一旦需要什么后不得不在家等待。这个扶贫政策有些是好的，实施起来就不知道了。但是嘛，还是得靠自己，感觉一天填这些占用时间。[1]

二 精准扶贫主要措施及扶贫效果

（一）精准扶贫主要措施

率先按照"两线合一"标准开展贫困人口精准扶贫工作。青海省提出按照低保和扶贫标准"两线合一"开展贫困人口精准识别工作，贫困户以 2015 年底农牧户人均纯收入低于 2970 元为基本依据，严格执行建档立卡贫困户识别的"四道红线"，对拥有价值 3 万元以上轿车、由财政供养人员、有商品房和商户铺面的，坚决不纳入精准扶贫范围。通过走访调研了解致贫原因后，按因病、因残、经济收入、是否纳入低保、住房问题、牛羊数量、草地面积等情况详细记录，并及时梳理归纳。

选派优秀干部驻村帮扶贫困户。贫困户家庭会分配有一个干部进行帮扶，家庭有什么问题或者困难可以跟自己的帮扶干部商量如何解决。如部分家庭，因经济问题孩子上学较为困难，这样的情况可以咨询帮扶干部是否有什么助学政策。对各种产业经济发展项目投资了解不够通透的农牧民，同样也可以咨询家庭帮扶干部。干部驻村帮扶工作是新形势

---

[1] 访谈对象：R，男，38 岁，藏族，2017 年 7 月于路边访谈。

下精准扶贫的有效手段，是适应扶贫方式转变、有效整合项目资金的务实之举。为了完成任务，帮扶干部不得不"白加黑"工作，有时下村一天忙得没时间吃饭。如 C 所言，帮扶干部实在太忙。

> 干部很辛苦，经常下来帮我们登记这登记那的，有时大热天中午还没得饭吃，偶尔叫他们在我家随便吃一点，他们怕麻烦也没有打扰我们。有时上面需要什么资料他们会提前打电话通知我们，（我们）是互相配合。有时，有啥问题不了解就打电话问干部，他们知道得比较多，对我们服务真的很好。①

"双帮"机制助力贫困人口脱贫。俄日村的联点帮扶单位是海北州医管局、海北州牧科所、海晏县公安局和海晏县兽医站，这些单位了解俄日村实际问题后，发挥各种优势所在，引进项目，争取资金，帮助农牧民发展经济。各联点帮扶单位和山东对口支援县的帮扶，有利于海晏县贫困人口脱贫。

建档立卡"回头看"实现贫困人口动态调整。贫困人口和建档立卡贫困户是一个动态过程。2017 年为了扶贫精准性，村中组织开展全覆盖的建档立卡"回头看"，主要是看村中扶贫对象评选是否准确，看帮扶机制是否合理，看扶贫资金使用是否到位，以及脱贫问题是否真实，等等。扶贫是一个动态管理过程，它是打赢脱贫攻坚基础。帮扶干部会检查哪些家庭适合退出贫困户，在经济发展过程中，有些家庭收入增加应退出"摘帽"；而也有家庭因病、突发情况，家庭出现变故，也可纳入贫困户中。

（二）扶贫政策创新及实施效果

医疗救助政策。2015 年，青海省人力资源和社会保障厅制订《青海省医疗保障和救助脱贫攻坚行动计划》，针对建档立卡贫困人口，实施医疗保障和救助脱贫攻坚行动。村民们长期生活在高原地区，部分村民患

---

① 访谈对象：C，男，54 岁，藏族，2017 年 7 月于他家访谈。

有心脏病、高血压、关节炎等，卫生扶贫帮助了很多建档立卡家庭克服就医困难，通过这样的方式来提高村民们的健康指数。同时，每个建档立卡户家庭会有一个帮扶医生关照。在 D 家中调研了解到，他们有什么关于身体健康问题都可以咨询家庭医生。

> 我们贫困户有家庭医生，那些医院和村卫生室医生会下来帮我们登记信息，帮我们测量血压、看病这些。我们有什么（身体上）问题可以问他们吃什么药，我们一家人的健康他们要知道，说是为了登记每个人（身体状况）。有问题可以帮我们想办法。①

生态保护与服务政策。2016 年，青海省政府制订《青海省生态保护与服务脱贫攻坚行动计划》，在全省设置生态公益管护岗位 4.31 万个，将这些公益性岗位安排给建档立卡贫困户，一岗一人，每人每月工资 1800 元。目前，俄日村有 11 名建档立卡贫困户从事生态公益性岗位。另外每个小组会有一个公益性保洁员，主要负责村中垃圾清理，每个月会有几百块钱收入。

产业扶贫政策。2015 年，青海省扶贫开发局制定《关于做好 2015 年产业扶贫项目重点工作的通知》，规定对建档立卡贫困户进行产业扶持。采取农区、牧区差别化的扶持标准扶持贫困人口。如 2016 年，俄日村按照牧区人均 6400 元发放给建档立卡贫困户，发放金额共为 128 万元。建档立卡贫困户充分利用产业发展到户资金，购买母羊等牲畜发展畜牧业。

金融扶贫政策。2015 年，中国人民银行西宁中支联合省扶贫局，与财政厅等部门出台《金融支持精准扶贫青海行动方案》，并开展"530 信用贷款"工程。有发展项目、有劳动能力、有资金需求，并且信用良好的建档立卡贫困户，可向当地主办银行申请"530"扶贫小额贷款，即 5 万元以下，3 年期以内，执行基准利率的信用贷款，当地财政、扶贫部门

---

① 访谈对象：D，男，62 岁，藏族，2017 年 8 月于他家访谈。

对此类贷款按基准利率给予贴息，贫困户享受零利率贷款。村中已有27家建档立卡贫困户申请，他们可以用这笔钱来发展产业等。同时，还有易地搬迁政策、教育救助政策、生活补助政策、扶贫互助资金政策等。

三 贫困人口内生动力不足主要表现及原因

（一）安于现状传统思想

对于俄日村部分牧民来说，饮食结构主要是牛羊肉、奶制品等，基本生活家庭能自给自足。他们并不习惯把牛羊扩大规模发展产业，或者让自家有资本经济积累，思想较为传统。如牧民X家，家里有6个人，两个小孩在上学，寄宿在学校里生活，而夫妻俩和父母一起在牧区里放牧。家里14亩草场，34头牛，100多只羊，牧区里的家（帐篷）很简陋，帐篷里只有一张地毯，还有一些盆。X跟我们说，他们平时吃的就是羊肉、牛奶这些，家里没有需要花钱的地方，小孩上学吃住学校管着，他们也不需要用钱，因此没有必要把家里牛羊卖了赚钱。除非家里有人生病了，他们才会把部分牛羊出售换钱去看病，才会考虑把牛羊变成资金。就算家里有闲钱也不会让其变成资金成本，只会把钱用来买牛羊来养，增加自家牛羊数量而已。

从上面例子来看，多数贫困户内生动力不足，很大一部分原因是传统文化习俗，一方水土养一方人的文化观念，传统生活已经形成固化思想。他们并不敢尝试新的生活方式，因对未来种种不确定性产生焦虑，怕难以适应新的生产和生活环境。习惯了原来的苦日子，部分贫困民众宁愿守着陈旧的生活环境。也有部分人心里有脱贫想法，却又不愿意付出辛勤劳动。同时，俄日村地处边远地区，经济发展相对滞后，人们生活远离城镇，地广人稀，去趟城里不容易。基于这些原因，部分村民思想未打开，继续满足于原来的生活环境。

正如人类学家奥斯卡·刘易斯（Oscar Lewis）的贫困文化理论，从社会文化视角来分析贫困现象。久居在贫困生活中的群众不自觉形成一整套，对其孩子及后代或是周围人产生行为方式和价值观念的影响。这使其原来的贫困状况继续蔓延，并形成了贫困群体。同时也就说明了，贫困文化本身是可以自我延长并维持的。正如某种文化模式，相对于个体行为来说，其选择的行为方式包括待人之道、文化习俗，加上在政治、经济、社会交往等领域的各种规矩、习俗，通过形式化方式演变成风俗，最终形成一个民族的文化模式。这样一种生活习俗已形成一种文化模式，人们思想观念不易受其他新思想改变。

（二）"以贫为荣"的贫困文化滋生

精准扶贫不仅是在物质层面关注，更重要的是要在精神层面上帮助贫困群众树立起"以贫为耻"的观念。村民只有树立此观念才能摒弃"等、要、靠"想法。政府在落实一些扶贫产业项目时，给贫困人口提供相应发展的物资和技术上的支持。但部分牧民一味把希望寄托于政府，或者根本不参与，自己什么都不做，只想坐享其成，只希望能得到补贴。通过调查发现，俄日村的部分贫困户存在"以贫为荣"的思想观念。如在调研中，在 K 家庭中，家里小孩对其父亲说，我们家什么时候才是贫困户。此思想有两种突出表现，一是部分农牧民争当贫困户，一些非建档立卡贫困户自认为他们比建档立卡贫困户还要穷。这并非他们真的要争当贫困户，而是抱怨精准扶贫过程中存在一些不公平现象。二是贫困户不愿意脱贫，部分建档立卡贫困户即使达到了脱贫标准，也想方设法不脱贫。

如白光福。白光福患肺心病、高血压、心脏病等疾病，常年看病吃药，已基本丧失劳动能力，家中仅靠妻子一人劳动，造成家庭生活困难。2015 年通过精准识别将其认定为建档立卡贫困户。2016 年，白光福一家获得各种帮扶，实现工资性收入 3 万元（白光福在海北州人行做门卫工作，月收入 1700 元，妻子孟占花在海北州人行做保洁工作，月工资 800 元。两人工资年收入合计 3 万元）、财产净收入（参与本乡德州村村民相其布的兴盛牦牛养殖产业分红）600 元、生态保护政策性收入（夏季草场每人 100 亩，全家 2 口共 200 亩，每亩禁牧补助 12.28 元 / 年，计 2456 元 / 年；退耕还林 8 亩，每亩补助 160 元 / 年，计 1280 元；粮食直补 8 亩，每亩补助 69.33 元 / 年，计 554.64 元）4290.64 元、低保金收入 3540 元、养老金补助（白光福享受养老金 142.9 元／月）1714.8 元、社会救济和补贴（帮扶人张绍行于 2016 年 11 月救济现金）200 元。2016 年全家实现收入 40345.44 元，人均可支配收入达 20172.72 元，按照 2016 年人均可支配收入 3316 元的脱贫标准，白光福全家应已脱贫。扶贫工作队及村"两委"干部多次上门核实其收入情况，并劝说其自动退出贫困户，但其百般推脱，认为自己仍应继续享受贫困户待遇。

精准扶贫中的贫困户享受到国家给予的"高福利"。高福利容易产生道德祸因，造成社会资源浪费和国民惰性。由国家提供的高福利是一种公共品，如同计划经济体制下的大锅饭，不吃白不吃，因而会埋下道德祸因。具体表现为：高福利下的社会保障资源利用率不高，如公费医疗中药品和其他医疗资源的浪费；一些人本来可以就业而不积极就业，过度享受由社会保障、失业保险带来的闲暇，以及选择提前退休；过分依赖国家，自我积累、自我保障的积极性和能力弱化；等等。这些现象一旦具有普遍性，社会资源遭到严重浪费，国民精神不再积极向上，就会影响经济发展。

俄日村扶贫干部们普遍认为，政府给予的扶贫政策过于优惠，几乎涵盖了贫困户生产生活的方方面面，各种优惠资源集于贫困户一身，养成了其坐享其成、不思进取的习性。在精准扶贫过程中，政府对反贫困的资源分配拥有绝对主导权，而贫困户获得这些资源却是无偿的。30 多年来，国家一直高度重视反贫困工作，投入了大量人力、物力和财力。这就意味着，农牧户一旦成为建档立卡贫困户，就可以获得大笔的生产生活资金和其他政策支持。另外，还有部分贫困户担心脱贫后，与其他贫困户相比不能继续享受"贫困户"的待遇，也失去了帮扶干部的关心和帮助，心理上难免会产生一种失落感与剥夺感。长此以往，广大农牧民争当贫困户，贫困户不愿意脱贫，贫困户只能是越来越多，贫困程度只能越来越严重，出现年年扶贫年年贫、扶贫永无止境的结局。更严重的是，国家投入大量的扶贫资金将对政府财政造成一定压力，长此以往势必导致财政赤字，从而影响整个国家的经济社会发展。

如何才能消除"以贫为荣"的贫困文化？首先，扶贫先扶志，强化贫困户的担当意识，俗话说："扶贫先扶志，人勤百业兴。"扶贫干部在物质帮扶的同时，更要注重精神帮扶。"解决部分贫困群众精神贫困、内生动力不足问题，需要基层干部切实转变观念。在具体工作中，加强对贫困群众的教育和引导；大力发展农村文化，弘扬社会主义核心价值观；创新产业扶贫机制，增强贫困群众的参与度，以扶贫参与感带动脱贫获得感，避免贫困群众在脱贫攻坚过程中等待观望。"在平时的扶贫工作中，扶贫干部要注重舆论导向，通过建好美丽乡村、淳化民风民俗、选准发展路子等有力举措，帮助贫困农牧户树立信心、鼓足勇气，在贫困群众中提倡自力更生，唤醒贫困群众主动脱贫的意识，充分调动大家脱贫致富的主观能动性和创造性，让贫困群众知耻而后勇，人人不愿当贫困户，达标后积极退出贫困户。

其次，适当减少临时政策性补贴，优化贫困人口收入结构。政府给予贫困户的临时政策性补贴过多，是导致贫困户退出难的重要原因。为此，政府应将更多的扶贫资金用到与贫困户经营性收入、工资性收入提升有关的各类扶贫项目上，而不是直接补贴给贫困户个人。比如，增加劳动技能培训资金，定期举办劳动技能培训班，提升贫困农牧户劳动就业技能，促进贫困农牧户就业，增加工资性收入；为贫困农牧户提供更多的产业发展到户资金或大额的产业项目资金，帮助其扩大畜牧业规模，发展生态旅游业。通过适当减少临时政策性补贴，增加产业发展资金支持力度，激发贫困农牧户的内生动力，提高稳定性收入比重，优化贫困农牧户收入结构等。

最后，建立追责问责制度，为精准识别"保驾护航"。现阶段，扶贫干部在一定程度上掌握着贫困指标和审议权，因此，必须长期坚持精准扶贫"回头看"和"再识别"，并建立严厉的追责问责制度，一旦发现对象不精准的，将对相关责任单位和人员实行最严厉的责任追究。通过实施严厉的追责问责制度，可以杜绝扶贫干部安插亲属和照顾亲朋好友的贫困认定，维护精准扶贫的公正性。

（三）缺乏学习技能意识

在俄日村，由于处于边远深度贫困地区，交通不便，对外信息不通畅，贫困人口对现代化技能谋生意识缺乏。牧民除了传统的放牧技术外，不懂先进养殖技术，产业化发展意识薄弱。基于此，可以通过培训来学习养殖技术，使得肉制品质量更高。同时，俄日村自身畜牧产品精深加工能力不足，畜牧产品附加值低。牧民可以通过接受新思想，发挥村内牛羊肉的资源优势，对畜牧产品进行初级加工，通过"合作社 + 贫困户"的方式，制作具有民族特色的风干肉和冷鲜肉。同时，也可借助外力实现畜牧产品的精深加工。例如，把牦牛肉做成香辣酱等，这比原来初级加工经济收入更高。

对于新一代年轻人或家里草场较少牧民来说，去经济发达地区打工无疑是一个好的出路，这也是贫困人口脱贫路径之一，如"雨露计划"短期技能培训、创业就业扶持等。但部分贫困人口认为，这些培训项目没有什么用处，就算学了我也找不到工作，加上俄日村外出较远，人们并不想去这么远地方打工。同时，出去也不会什么技能，不知道在城市里能胜任什么工作，对新现代化生活方式不能适应，存在这也怕那也怕的思想，因此，不愿意外出打工。

（四）教育水平限制

相对于发达地区，深度贫困地区教育处于弱势地位，从某种程度上使他们走向社会更艰难，深陷贫困概率更大。在儿童教育方面，村中原有 1 所小学，但已于 2012 年撤销，现所有学龄儿童均集中到海晏县城寄宿制学校上学。从我们调研中，相对于过去，现在孩子教育相对较好。当地很多牧民不会汉语，只会用藏语交流。当地孩子的教育结果并不理想，很多初中结束就出去打工，有些回家早早结婚生子，或者跟着父母在家放牧。如小伙子 M，初中毕业没有多久就结婚，第二年生下一个女儿，结婚那时才 16 岁，他对象跟他差不多一样大。在小伙子的观念里，他们只要不读书了就可以结婚，并且周围结婚早的现象很多，自然这样的方式对他也没什么影响。在他们看来，读到初中就够了，去上技校也没什么意思。教育水平越低，贫困发生率越高。由于文化教育水平不高，贫困人口对很多社会资源认知有限，不利于他们的运用，因此机会较少，不利于个人在社会上发展。

四 结语

精准扶贫、精准脱贫战略思想代表着一种多维度的可持续的扶贫思想，并不意味着对一个地区单纯资金投入建设，更重要的是对贫困人口特殊致贫因素、贫困程度、脱贫可行性以及贫困者自身全面发展问题进行系统性研究。党的十九大报告也明确指出，"坚决打赢脱贫攻坚战，让贫困人口和贫困地区同全国人民一道进入全面小康社会是我们党的庄严承诺。"脱贫攻坚是一项复杂工作，为了其工作的效率性、精准性，需要多元主体参与其中。

俄日村脱贫攻坚中，长期制约该地区经济发展的因素有多种。但是脱贫工作进入后期，部分已经脱贫的贫困群众有返贫现象、"等、靠、要"的思想以及"以贫为荣"的贫困文化滋生等，贫困主体缺乏内生发展动力。基于此，只有通过精神层面的"扶志""扶智"来激励贫困群众脱贫致富。对贫困人口进行扶思想、扶观念等才能刺激贫困对象的积极性，从而形成自我"造血"功能，才能使该村经济可持续发展，最终打赢脱贫攻坚战。

参考文献

〔美〕露丝·本尼迪克特：《文化模式》，王炜等译，三联书店，1988。

李义平：《过高福利是经济发展的陷阱》，《人民日报》，2015 年 8 月 11 日。

于振海、晏国政：《扶贫先扶志　人勤百业兴》，《新华时评》2017 年 6 月 22 日。

王朝明、张海浪：《精准扶贫、精准脱贫战略思想的理论价值》，《理论与改革》2019 年第 1 期。

习近平：《党的十九大报告辅导读本》，人民出版社，2017。

张军成、李威浩：《以伟大民族精神激发贫困群众脱贫内生动力的实践探索》，《兰州大学学报》（社会科学版）2019 年第 6 期。

方清云:《贫困文化理论对文化扶贫的启示及对策建议》,《广西民族研究》2012
　　年第 4 期。

聂君、束锡红:《青海藏区精准扶贫绩效评价及影响因素实证研究》,《北方民族大
　　学学报》(哲学社会科学版)2019 年第 1 期。

张跃平、徐凯:《深度贫困民族地区贫困特征及"扶志"与"扶智"的耦合机制建
　　设——基于四川甘孜、凉山两州的调研思考》,《中南民族大学学报》(人文
　　社会科学版)2019 年第 5 期。

孔宪峰、周秀红:《扶志与扶智:脱贫攻坚之本——学习习近平关于脱贫攻坚的重
　　要论述》,《广西社会科学》2019 年第 10 期。

一个黎族村庄的产业扶贫

——海南白沙县打安村脱贫实践

潘 劲*

摘 要： 本文主要介绍海南省白沙县打安村通过发展天然橡胶这一主导产业以及其他特色种植业和养殖业脱贫的过程，同时阐述了如何发挥合作社在脱贫中的带动作用以及脱贫过程中存在的问题：耕地紧张可能会使特色产业发展受阻；扶贫可能会产生新的"不平衡"问题；合作社发展与引领能力问题；一些村民内生发展动力不足。

关键词： 精准扶贫 合作社 海南 黎族 打安村

黎族主要生活在海南岛，是岛内最早的居民。黎族有其特殊的生存环境和民族文化。本文研究对象打安村隶属海南省白沙黎族自治县打安镇，是个典型的黎族村。通过对打安村这一黎族村庄精准扶贫的案例解析，可以对黎族乃至整个少数民族地区的扶贫工作提供启示。

---

* 潘劲，中国社会科学院农村发展研究所研究员，编辑部主任，主要研究方向为农村组织与制度、农村发展。

一 打安村及所在地区的基本情况

从全国层面来看，海南省尽管面积不大、人口不多，但具有贫困人口总量小、占比大的特点。2015 年，全省农村贫困人口 11.6 万户 47.7 万人，贫困发生率 8.9%，高于全国 4.5% 的平均水平。海南省贫困人口较为集中，主要分布在中西部山区和少数民族聚居区。白沙黎族自治县便是海南省最贫困地区之一。

（一）白沙黎族自治县基本情况

白沙黎族自治县为国家级贫困县，与海南省同为国家级贫困县的琼中黎族苗族自治县曾被戏称为"一穷二白"。白沙县位于海南岛中部偏西，黎母山脉中段西北麓，南渡江上游。2016 年总人口为 19.53 万人，常住人口 17.16 万人，以黎族和汉族为主，其中黎族人口 12.17 万人。全县共有 11 个乡镇、82 个村（居）委会、428 个自然村。

20 世纪 90 年代，白沙县得益于天然橡胶的种植，一度摘掉了国贫县的帽子，但由于橡胶价格的下跌，2012 年重新成为国贫县。2015 年开展精准扶贫时，全县有 22 个行政村被列为贫困村，涉及建档立卡贫困人口 30834 人，贫困发生率高居海南省第二位。由于地处中部山区，工业基础薄弱，白沙县经济发展中农业位于突出重要地位，其中天然橡胶构成白沙县的支柱产业。

白沙县发展橡胶产业经历了一个艰难的扩散过程。橡胶树属于长周期经济作物，需要经过 7 年左右非生产期才能见到效益，而且需要夜间劳作，因此，农户种植橡胶的积极性并不高。最初只是少数村干部为响应上级号召种植橡胶，其后才有农户慢慢跟进，一点点发展起来。20 世纪 90 年代，橡胶进入生产期，效益开始显现。也正因如此，20 世纪 90 年代国家"八七"扶贫攻坚时期，白沙县并未被列入国家扶贫开发工作贫困县。

2001 年以后，天然橡胶价格整体呈快速上升态势，从 8189 元／吨增加到 2011 年的 34086 元／吨。之后价格迅速下跌，2013 年为 20053

元/吨，2014 年为 14854 元/吨，但仍然高于 2001 年的水平。

价格快速上升提振了农民种植橡胶的热情。例如，2001~2014 年，打安镇橡胶种植面积增加了近 2 倍，产量增加 3.3 倍；仅 2013 年橡胶新种植面积就达到 17368 亩。一些橡胶种植较多的农户因此盖了楼房，住上了"橡胶楼"。

随着橡胶价格的下跌，农民收入也开始减少，2012 年 3 月，白沙县被纳入新一轮国家扶贫开发重点县。白沙县 11 个乡镇 53 个行政村成为扶贫工作的重点对象。

2015 年，按照海南省委、省政府"十三五"期间"三年攻坚脱贫，两年巩固提升"的发展规划，白沙县制定了本县的精准扶贫规划：2016 年实现脱贫 2684 户 11365 人，完成 8 个贫困村整村推进；2017 年实现脱贫 11800 人，完成 7 个贫困村整村推进；2018 年实现脱贫 8771 人，完成 7 个贫困村整村推进。打安村被列入 2018 年整村推进计划。为保障扶贫措施能够落实，白沙县制定了以下扶贫政策。

1. 教育保障政策

白沙县计划在 2016~2018 年投入 9675 万元用于改善贫困地区义务教育薄弱学校办学条件，并对贫困家庭从幼儿入园到全日制本科教育实行补贴。

2. 医疗保障政策

全面提高农村建档立卡贫困人口医疗保障水平，防止因病致贫、因病返贫，为建档立卡贫困人口提供健康保障。

3. 住房保障政策

按最高可享受 6.1 万元/户的标准，对建档立卡贫困户危房实施改造。

4. 产业扶贫政策

《白沙黎族自治县农业结构调整和产业扶贫工作实施方案（2016~2018）》制定了产业结构调整目标、产业发展目标、产业扶贫目标。产业调整提出调减甘蔗面积 6.3 万亩，5 年内基本退出；建设核心胶园 50 万亩（含农场），推广全周期间作模式 2 万亩，力争单产提升 3.0% 以上，稳定总产能 1.84 万吨左右。

（二）打安村基本情况

打安村位于打安镇政府所在地，距白沙县城 14 公里。打安村下辖 6 个村民小组和 1 个村办经济场。6 个村民小组分别为打安村、长岭村、远征村、保尔村、可雅新村和可雅老村，村庄总面积为 22.35 平方公里，常住人口 1396 人，总户数 305 户，其中黎族户数为 272 户 1054 人。在课题组随机抽取的 61 个问卷调查户中，仅有 3 户为汉族家庭，其余均为黎族家庭。

打安村拥有耕地 970 亩，其中有效灌溉面积 315 亩；园地面积 3853 亩，主要种植果类、瓜菜、桑树、槟榔等作物；林地面积为 3803 亩，其中包含退耕还林 82 亩，养殖水面 30 亩。林地主要种植橡胶树，因打安村位于海南省水源保护地上游，被纳入生态保护区，2000 年以来橡胶大规模扩种，部分橡胶树种植在生态保护区，现在这部分橡胶禁止更新。

打安村坐落于山间平地，全村除了几个小卖部和 1 个农家乐外，没有其他非农产业，当地农民的收入来源主要是种植业。全村 1396 人中，23.5% 的农户处于贫困状态。2016 年海南省农民人均可支配收入为 11843 元，打安村人均可支配收入为 4800 元，仅为全省平均水平的 40.5%。部分贫困户的人均年收入严重低于现行标准下的 3305 元，处于极度贫困状态。

2016 年实施精准扶贫以来，全村 305 户居民中建档立卡贫困户占 78 户（包含巩固户和建档户），按现行贫困线标准，实际贫困户为 65 户，贫困人口 274 人。另外还有 12 户低保户，涉及人口 37 人；2 户五保户，2 人；文盲、半文盲人口 30 人，残疾人口 18 人。

在县委、县政府及打安镇政府的整体部署下，打安村通过产业扶贫、外出就业、危房改造、教育补助等扶贫措施，改变了贫困户的贫困状态。而在所有扶贫措施中，产业扶贫是打安村的一大特色。

二 天然橡胶产业在村庄的主导地位

与琼中、五指山等地区相比，白沙有产业优势，形成了以橡胶为主的产业体系，农村基本做到家家户户有产业，其中橡胶树人均 4.6 亩，同时有甘蔗、木薯、槟榔等经济作物。2016 年之前的扶贫开发主要是种植橡胶、槟榔、益智、甘蔗、木薯等，养殖方面有所欠缺；2016 年后开始产业结构调整，主要是发展林下经济，养殖蜜蜂、五脚猪，种植益智、生姜、蘑菇等。

白沙的天然橡胶规模化种植始于 20 世纪 50 年代，主要由海南农垦下属的各个国有农场进行。土地承包到户以后，为了发展经济，鼓励农民致富，白沙县开始号召农户种植橡胶。

打安村在土地家庭承包之前，经济收入以木薯和甘蔗为主，产品主要是自给自足，即便有少量剩余也没有稳定的市场保证产品的销售，因此许多农户家庭比较困难，收入仅能维持温饱。1982 年土地家庭承包以后，为了响应上级部门的号召，打安村干部以及村集体率先种植橡胶，并鼓励农户进行种植。但由于割胶劳动在夜里，与农民传统劳作时间不一致，在发展初期，推广难度较大，只有少量农户尝试。随着时间的推移，种植橡胶的收益凸显，先期种植橡胶树的农户获得了可观的收益，由此形成了良好的示范效应，一些农户开始跟进。

1994 年以后，国家放开了对天然橡胶的市场价格管制，天然橡胶价格开始大幅上涨。在利益驱动下，农民开始大量种植橡胶树，到 20 世纪 90 年代末，打安村几乎每家每户都种植橡胶树，少则 400 多株，多者 2000 多株。2001~2011 年，天然橡胶价格整体稳步提升，从 8189 元 / 吨增加到 34086 元 / 吨，这期间也成为白沙乃至整个海南橡胶树面积扩张时期。特别是 2011 年前后，橡胶价格创历史新高，农户种植 1000 株橡胶树，如果全部投产，割胶一天收入就可以超过 1500 元，一个月（割胶时间按照 20 天计算）收入就接近 3 万元甚至更高。橡胶生产使农民生活水平迅速提升，许多农户建起了房子，买了小汽车。

农户从事橡胶生产的重要优势在于产品不愁销路，远龙橡胶有限公司在打安镇下设收胶站，负责收购胶水和胶片，橡胶产品只有价格高低的差异，不会存在销售不出去的问题。即使农民外出打工，橡胶树也不会因为疏于管理而出现严重损失，只要割胶，每天的卖胶收入就能维持家庭生活开支。打安村一般每户留 1~2 人管护橡胶树，其余劳动力外出打工。一户家庭，若有人长期外出务工，则务工收入会占收入的绝大比重，但这样的农户很少。

橡胶树割胶时间是每年 4 月到 12 月底，农户家庭劳动力无论男女基本都割胶。晚上 12 点以后开始割胶，割胶需要两三个小时，滴胶需要 3 个小时，早 8 点左右开始收胶并送到收胶点。

由于打安村周边收胶站点较多，农户从胶园收回胶水以后就可以直接出售，而不必长时间储存在家中或者压制成胶块、胶坨，仓储成本较低。打安村 91% 的农户是两天出售一次胶水，少部分农户是三天出售一次，即两到三天农户就能进行一次交易。交易次数众多能保证农户每两三天就能获得收入，相较于大部分作物一年一次的交易，其资金流动性高、交易风险较低。

打安村居民平均每户拥有橡胶林 18.9 亩，每亩平均年产干胶 89.2 公斤。2017 年打安村平均胶价是 10.4 元/公斤，每户天然橡胶年平均收入17533 元。

天然橡胶产业是打安村农户家庭收入的重要来源。打安村 60% 以上的农户橡胶收入占家庭年收入 80% 以上，80% 以上的农户橡胶收入占家庭收入的一半以上。尤其是在 2009~2012 年，全国橡胶价格在 30 元/公斤左右，打安村 1000 株已经开割的橡胶树每年可以带来约 8 万元收入，植胶农户纷纷购买摩托车，配置家用电器、家具，盖起了"橡胶楼"。橡胶种植的扩张带来的是其他作物被替代，木薯、甘蔗种植逐年减少。

天然橡胶也是村集体收入的重要来源。在 2000 年之前，打安村集体收入十分微薄，每年仅是 500 元左右。从 2000 年开始，村里大面积种植橡胶树，依靠橡胶树出租，村集体经济收入增长到每年 3000 元。各村民小组也通过种植橡胶有了集体收入，比如长岭村民小组依靠橡胶树出租每年获得集体收入 12000 元。

村民收入严重依赖天然橡胶也会存在风险。天然橡胶主要用于工业生产，市场价格受供需的影响波动较大，对于严重依赖橡胶种植的农户来说也存在潜在的风险。2012 年以后，橡胶价格开始走低，2015 年市场价格跌破 10000 元/吨，一些收购站收购价格一度仅为 6 元/公斤。持续低迷的胶价不仅挫伤了农户的生产积极性，也使农户家庭收入面临困境，很多农户温饱出现了问题，住房、医疗、教育等问题也随之困扰农户家庭，从而出现新的贫困户。

由于作物本身的特性和农户产业选择能力的限制，橡胶产业在打安村乃至白沙县暂时难以被替代。白沙县民营橡胶面积 63 万亩，人均拥有橡胶面积位居全省第一，种植橡胶也是农民的主要收入来源。根据县委的部署，全县立足生态资源优势，大力发展生态农业，重点在林下经济和绿色产业上做文章，努力实现"绿水青山就是金山银山"。发展环境友好型天然橡胶产业，加大对天然橡胶产业的政策扶持，让支柱产业做优做强是政府首要考虑的。

2017 年白沙县开始探索天然橡胶"保险＋期货"。"保险＋期货"模式可以改变天然橡胶价格风险转移方式和国家补贴方式，能有效发挥期货市场承接、转移和分散天然橡胶价格风险的作用。国内首张天然橡胶期货价格保险保单于 2017 年 10 月签发，为白沙县南开乡全体橡胶种植户的年产量 1483 吨橡胶提供风险保障，最后获得赔付 50.41 万元。

天然橡胶期货价格保险在试点之初即明确了以建档立卡胶农和抵御风险能力最弱的个体散户胶农作为首批被保险人，助力脱贫攻坚。这种保障形式使得橡胶的市场风险由胶农独自承担变为多方共担，有利于提高胶农抗风险能力，减少了胶农因胶价波动应对不足而返贫的风险，起到了保护广大胶农经济利益和提高生产积极性的作用。

南开乡天然橡胶"保险＋期货"试点的成功让白沙县尝到"保险＋期货"甜头的同时，也得到了海南省政府的肯定。2018 年，白沙在全县铺开橡胶"保险＋期货"模式，专门成立天然橡胶价格保险工作小组，由副县长任组长。2018 年、2019 年白沙县政府先后分别投入 470 万元、379 万元用于补贴天然橡胶价格保险，两年分别获赔约 1300 万元和 1672 万元，直接带动农户户均增收 1000 元。

三 特色产业扶贫

在主导产业天然橡胶处于市场低迷之时，如何带动农户发展经济，使贫困户摆脱贫困？打安村做了很多尝试。例如发展林下经济、庭院经济，免费发放小猪、鸡苗、鹅苗、益智苗、槟榔苗、化肥等，鼓励农户发展生产，但较为成功的还是特色产业扶贫项目。

（一）项目种类

打安村的特色产业扶贫项目是在全县及打安镇的统筹规划下，根据村庄特点及农民需求等多方面因素确定的。

1. 种桑养蚕

在镇党委政府的统一部署下，打安镇各村根据地质特点，形成了"一村一品"项目。发展种桑养蚕是打安村重点发展的项目。这个项目是由打安村的定点帮扶单位海南美亚实业有限公司帮助确定并实施的。

2016年，美亚公司派出扶贫工作队驻村开展扶贫工作，在多次召开扶贫专题会议后，确定了"种桑养蚕产业扶贫为主，其他扶贫举措为辅"的扶贫举措，并组织打安村30多名村民到琼中县参观学习，2017年3月首批在打安村建设45亩桑叶种植示范基地，由各村民组长带头示范，一个组长带8名妇女进行经营管理。打安镇政府与海南美亚实业有限公司共同投资建成150平方米蚕房，6月正式开始养蚕。截至2018年7月，5片累计165亩的土地种上了桑树，建起了25间蚕房，30户贫困户参与种桑养蚕。

种桑养蚕所需技术由海南琼中丝绸有限公司提供。公司在打安村设有工作站，负责技术指导和蚕茧回收。每张蚕床产蚕茧90~120斤，均价20~22元/斤。约4亩地养1张蚕床，每批产四五张，每个月可以卖二到三批蚕。除冬季两三个月之外，其他时间均可种桑养蚕。2017年8月，种桑养蚕项目开始见效益，净收益3万多元。农户看到效益后，纷纷要求加入，甚至附近村村民也申请加入。

种桑所需土地多为抛荒地，由安定种养合作社统一流转，承包给农户种植，家庭老弱劳动力均可以参与相关环节的劳作，如喂蚕及卫生管理等。打安村还通过电视夜校开展贫困户蚕床编制培训，组织贫困户编织蚕床，产品由合作社回收，价格为5元/张（成本约1元），一般每人每天可收入约 100 元。

2. 养蜂

养蜂产业是打安村能人带动的产业。打安村位于山区，蜜源很丰富，适宜发展养蜂产业。村民张德志是打安村的养蜂大户，村监督委员会成员，中共党员。2014 年，张德志牵头成立白沙海通蜜蜂养殖专业合作社，共有 5 名社员，其中 4 人是由广东迁过来的，另 1 人为本村低保户，社员各自养蜂 10~80 箱不等。

张德志从 1994 年初中毕业就开始养蜂，通过慢慢摸索和多年经验积累，目前有蜜蜂接近 300 箱。2016 年底张德志开始帮扶贫困户，利用政府扶贫资金购买 100 箱蜜蜂，帮扶打安村 9 户贫困户养蜂，其中 2 户有 15 箱，7 户有 10 箱。正常情况下每箱蜜蜂产蜂蜜约 10 斤，除去其他费用，每箱收入 500 元。贫困户或者以蜂箱入股，年底根据协议分红；或者与张德志一起养蜂，张德志提供技术指导。

由于近几年养蜂户增多，蜜源出现不足，养蜂开始转场。转场时，张德志用货车装车，把自己的蜜蜂和贫困户的蜜蜂一起拉过去，跟着花走。转场都在省内，一般一年转场 3 次。由于带动作用明显，2018 年贫困户蜜蜂增加到 200 箱。

养蜂户大部分是自己销售，有固定客源，也有个人淘宝店和微店，市场销售出现问题时政府还会给予扶持。例如 2016 年打安镇 7 个养蜂大户遇销售困难，镇政府通过举办"为爱众筹"活动认购蜂蜜，共销售蜂蜜 5.1 万元。

3. 豪猪养殖

豪猪养殖也是能人带动型产业，是由打安村远征自然村村民杨贺顺带动发展起来的。

杨贺顺 2015 年开始养殖豪猪，从琼海的豪猪养殖场购进种苗 5 组（一公两母为一组），共 15 头。当时种苗是 1500 元／头（10~15 斤）。一组一个圈舍（一个圈舍 2 平方米），一年产 2 胎，一胎 2~3 只，个别时候也有 1 只。豪猪抵抗力很强，不用打疫苗，主要饲料为玉米、草、地瓜叶等，养殖管理比较粗放。

豪猪全身都是宝，肉质细腻，味道鲜美，深受人们的喜爱，被誉为山珍。豪猪还具有很高的药用价值，肉、脑、脂肪、内脏、箭刺均可入药，具有降压镇痛、活血化瘀等功效，粪便还可以作为橡胶树肥料。2018年活猪市场价70~80元/斤，净猪肉100元/斤以上，产品主要销往各大酒店。2017年7月，打安镇有32户贫困户加入养豪猪行列，其中打安村有4户，政府相应投入产业扶贫资金21万元。

豪猪养殖场房在打安村内，有800平方米，养殖能力可达1000头，2017年养殖335头。由于效益显著，2018年打安村又有19户贫困户开始豪猪养殖。

杨贺顺对于带动贫困户养殖豪猪很有信心。正如他所言："带动贫困户致富我自己心里高兴，同时可以扩大规模，是双赢的。"

4. 茶树菇种植

茶树菇种植采取"龙头企业＋合作社＋农户"模式，是镇里规划的扶贫项目，涉及打安镇两个贫困村，打安村是其中之一。两个村各有一个厂房，每个厂房占地2亩，共有菇种20万袋，产品从同一家公司收购。打安村65户贫困户全部参与了茶树菇种植项目。2017年5月开始植菇，8月开始采菇，可连续采摘6个月。贫困户既可以入股合作社获得股息，也可以参与采菇获取劳务费，采菇劳务费由公司另付。2017年贫困户获得分红10.46万元。

（二）发挥合作社在扶贫中的带动作用

由于合作社对农户有较强的带动作用，白沙县制定了对合作社的奖励措施：对产业带动能力显著、销售收入在1000万元以上的合作社，每个奖励10万元；销售收入在5000万元以上的，每个奖励30万元；销售收入在10000万元以上的，每个奖励50万元。合作社完成"三品"（无公害产品、绿色产品、有机产品）认证的每个奖励5万元。符合县级农业龙头企业认证条件，并通过认证的合作社奖励5万元；符合省级农业龙头企业认证条件，并通过认证的合作社奖励10万元；符合国家级农业龙头企业认证条件，并通过认证的合作社奖励15万元；符合国际级农业龙头企业认证条件，并通过认证的合作社奖励 20 万元。打安村特色产业扶贫项目大多通过合作社形式带动贫困户发展生产。

种桑养蚕项目依托白沙安定种养专业合作社。该合作社成立于 2016 年 7 月，其组建目的就是发展村庄集体经济和开展精准扶贫。合作社在村委会的推动下开展种桑养蚕项目以带动贫困户脱贫。种桑养蚕所用土地是打安村村民的边角地或荒地，通过合作社进行土地流转，再发包给有种植意愿的农户。

养蜂是依托白沙海通蜜蜂养殖专业合作社，养蜂大户张德志是合作社负责人。2014 年合作社成立时，打安镇政府扶持了几十箱蜂种，帮助扩大养殖规模。2016 年底政府利用扶贫资金购买了 100 箱蜜蜂，由合作社帮扶打安村 9 户贫困户养蜂。合作社与贫困户之间签订了 4 年期合同，合同到期后，贫困户可以选择退出，自己养蜂，也可以继续由合作社代养。正常情况下每箱蜂产蜂蜜约 10 斤，除去其他费用，收入 500 元，分红为 250 元 / 箱。部分贫困户不想与合作社合作，想得到全部利润，自己养蜂，但成功率不高，效果不好。由于帮扶贫困户养蜂，2016 年政府补助合作社 3000 元。合作社还注册了自己的商标——群娥酿。

豪猪养殖依托白沙业殊豪猪养殖专业合作社。豪猪养殖合作社 2017 年 6 月成立，共有 7 户社员，投资 81.3 万元，主要用于养殖基地建设和豪猪种苗引进。合作社负责人为杨贺顺。合作社成立时尽管没有直接得到政府资金扶持，但政府在广告宣传方面给予很大支持。豪猪由合作社集中养殖，社员按入股比例分配。2017 年 7 月，合作社开始带动贫困户养殖豪猪。贫困户将产业扶贫资金以入股的形式加入合作社，合作社与贫困户签订一年期合同，合同约定按 12.5% 的固定利润分红，遇到自然灾害时除外。

茶树菇养殖依托白沙众民食用菌专业合作社。该合作社是镇一级合作社，成立于 2017 年，以镇内打安村和南达村两个村的贫困户为社员。贫困户以产业扶贫资金入股，根据产业收入情况进行分红。合作社以每个菌包 6 元的价格买入，以 6.93 元的价格卖出，一个菌包的净利润为 0.93 元。合作社盈利额 10% 留在合作社，用于日常管理，其中 5% 归村集体，5% 归合作社理事会，剩余 90% 以分红的形式发放给入股贫困户。为了保证合作社稳定发展，协议规定，一旦入股，三年内不得撤出。2017年合作社投入120万元，种植2亩茶树菇，带动贫困户65户272人，当年分红10.46万元。

四 扶贫成效及存在问题

（一）扶贫成效

在坚持稳定发展主导产业天然橡胶基础上，通过发展特色产业，打安村扶贫工作取得了很好的效果。贫困户通过"保险＋期货"模式，从橡胶产业获得了稳定收入。同时，通过加入合作社，获得源源不断的特色产业收入。2017年，打安村有51户贫困户222人脱贫。未脱贫的14户中，部分是老弱病残、缺少劳动力的低保户，需要社会保障兜底；部分是因为黎族当地风俗和传统禁忌，贫困户不选择当年盖房，因此无法保障住房安全，不符合脱贫标准。2018年底，打安村贫困发生率降为0，所有贫困户全部脱贫。

（二）存在的问题

总体来看，打安村扶贫工作比较扎实，扶贫效果显著，但也存在隐忧，主要表现为以下几个方面。

1. 耕地紧张可能会使特色产业发展受阻

白沙县是海南省水源保护区，海南第一大河南渡江的主要发源地在白沙境内，县域内有较多的自然保护区，除沿河流、水域的防护林带以外，其他生态禁地也星罗棋布，经济发展受到影响。例如打安村橡胶林地资源丰沛，但由于一部分林地属于生态林，用途不能随意变更。发展特色产业需要耕地，而打安村耕地资源紧张，一些扶贫项目，例如种桑养蚕需要较多的耕地，由此就会限制农户的参与规模，从而其产业带动效应也会打折扣。为此，可以探索拓展农户生态环境收益，多方争取生态补偿，发放生态直补资金，让贫困人口从生态建设中获益。

2. 扶贫可能会产生新的"不平衡"问题

精准扶贫要求转变原来的"撒胡椒面"式扶贫，精准识别贫困户，精准帮扶。而现实情况下，村庄内居民的收入差距并不明显，加之村民的家庭收入难以精确统计，贫困户的识别比较模糊。调研中发现，贫困户对于调研的配合度远高于非贫困户，部分非贫困户对扶贫政策存在负面情绪。生活在贫困标准线上下的村民，在贫困程度上没有实质差异，但标准线以下就可以享受各种政策支持，这就会使非贫困户产生不满情绪和心理不平衡，从而成为村庄中的不和谐因素。

3. 合作社发展与引领能力问题

在打安村的扶贫实践中，产业扶贫是带动贫困户脱贫的主要方式。通过种植或养殖能手的带动，围绕具体产业组建合作社，推动贫困户积极加入合作社，政府部门将上级划拨给贫困户的扶贫资金和扶贫物资集中到合作社，由合作社经营管理，合作社每年给贫困户约定比例的分红。在这个过程中，政府基层扶贫部门实际上扮演着贫困户代理人的角色，与合作社约定分配给贫困户的收益，监督合作社的运营和管理，政府与合作社理事长以及贫困户目标一致，即合作社能够实现盈利，进而帮助贫困户脱贫。但是，目标能否最终实现，一方面取决于合作社内部管理运营的稳定性，另一方面则取决于政府与合作社之间的委托代理关系的可持续性。任何一个环节发生问题，都会影响扶贫的可持续性。

4. 一些村民内生发展动力不足

黎族有着安贫乐道的生活态度和闲适优游的人生情怀。黎族男子喜好烟、酒，通常割胶后就不想出去干活儿，拿着卖胶水的钱买酒喝，内生发展动力不足。例如一些村民的橡胶树产胶量很少，一个重要原因是缺乏管理。橡胶树刚张叶时要打硫黄，这样可以防止树叶光照后脱落，多施肥也可以多产胶，但一些农户因为嫌麻烦而不打硫黄，也很少施肥。养蜂逐花转场，才能获得很好的蜜源。但有的农户接受政府蜂苗扶助后并不转场，这就会影响养蜂收益。一些村民"等靠要"思想比较严重，为了获得政策支持，自愿待业在家，自动降低家庭收入，以获得贫困户"待遇"。内生动力不足，即使靠外力使其一时脱贫，也难保其发展的可持续性。

参考文献

〔印度〕阿马蒂亚·森:《贫穷和饥荒》,王宇、王文玉译,商务印书馆,2001。

陈志钢、毕洁颖、吴国宝、何晓军、王子妹一:《中国扶贫现状与演进以及 2020 年后的扶贫愿景和战略重点》,《中国农村经济》2019 年第 1 期。

胡晗、司亚飞、王立剑:《产业扶贫政策对贫困户生计策略和收入的影响》,《中国农村经济》2018 年第 1 期。

黄征学、高国力、滕飞、潘彪、宋建军、李爱民:《中国长期减贫,路在何方?——2020 年脱贫攻坚完成后的减贫战略前瞻》,《中国农村经济》2019 年第 9 期。

刘斐丽:《地方性知识与精准识别的瞄准偏差》,《中国农村观察》2018 年第 5 期。

潘劲:《烟庄村:一个劳动力流出村庄的经济社会变迁》,中国社会科学出版社,2011。

潘劲:《红林村:一个京郊山村的经济社会变迁》,中国社会科学出版社,2016。

潘劲、张德生等:《精准扶贫精准脱贫百村调研·打安村卷》,社会科学文献出版社,2018。

檀学文、李成贵:《贫困的经济脆弱性与减贫战略述评》,《中国农村观察》2010 年第 5 期。

尤亮、刘军弟、霍学喜:《渴望、投资与贫困:一个理论分析框架》,《中国农村观察》2018 年第 5 期。

张栋浩、尹志超:《金融普惠、风险应对与农村家庭贫困脆弱性》,《中国农村经济》2018 年第 4 期。

张车伟:《营养、健康与效率——来自中国贫困农村的证据》,《经济研究》2003 年第 1 期。

以户见村[*]

——甘肃赛鼎村一个贫困牧民家庭的发展变迁与脱贫实践

林　红[**]

摘　要： 本文基于田野调查和个人访谈，把一个家庭近40年的发展置于村落、地方社会、国家发展变迁的分析视野，呈现了个人、家庭、村落的脱贫能动性与不同发展阶段国家扶贫实践相互嵌入的过程。一方面，国家贫困治理行动通过精准到户和整村扶贫的方式对家庭的脱贫行动形成基础性支持；另一方面，家庭在国家和社会发展过程中对各种变迁驱动因素又表现出高度的自我调适性。一个牧村家庭从"点式"演变为"网络式"格局的发展过程中，三代人的生命叙事很大程度上浓缩了国家、社会和村落发展的历史进程。

关键词： 牧村　贫困家庭　村落共同体　社会变迁　赛鼎村

家庭作为基本的社会组织单元，是家国体系的构成细胞，也是社会转型的基点和载体。了解家庭变迁既可透视个体的行为与理念，也可把

---

[*]　特别说明：文中引用的家户案例，真实姓名均已做匿名化处理；此外，相关人士访谈也采取了编码方式，以便受访人相关信息的匿名化处理和文中引用。

[**]　林红，中国社会科学院社会学研究所助理研究员，研究方向为社会文化人类学，主要涉及族群、环境、健康相关研究议题。

握总体社会的演变。本文将以赛鼎村的一位建档立卡贫困户近 40 年的家庭发展为切入点，回溯贫困治理的社会变迁历程。

一 变迁视角：从社会、村落到家庭

赛鼎村是甘肃省张掖市肃南裕固族自治县康乐镇下辖唯一的建档立卡贫困村。肃南县作为依靠天然草场放牧的传统畜牧业县，是全国唯一的裕固族自治县，也是国务院确定的 28 个人口较少民族县和甘肃省确定纳入比照藏区扶持政策范围的县区之一。[1] 该村地处祁连山腹地，有 121 户共计 348 人，均为少数民族户，主要从事畜牧生产，2016 年村人均纯收入 11927 元；2014 年建档立卡贫困户 20 户共计 60 人，2015 年减少为 7 户 20 人，2016 年降至 2 户 4 人，均为因病致贫；2017 年底，最后 2 户建档立卡贫困户脱贫，赛鼎村实现整村脱贫。最后脱贫的 2 户均因家人患重大疾病，治疗和家庭经济缓和的时间周期相对较长。

王建荣家是赛鼎村最后实现脱贫的 2 户建档立卡贫困户之一。2017 年底退出建档立卡贫困户时，在扶贫干部协助下梳理的年度家庭财务状况显示，"家庭人口 4 口，2017 年家庭人均纯收入 9625 元；年度家庭收入共计 103500 元，主要包括养殖业收入 77000 元（羊毛 22000 元，羊羔 55000 元）、外出务工 15000 元、政策性收入 11500 元（草原生态奖励补助资金 3351 元／人，1.39 元／亩）；年度家庭支出共计 65000 元，主要包括生产支出 40000 元、生活支出 25000 元。"[2] 这样的家庭收入和支出状况是当地牧民家庭的普遍水平。一位驻村干部说："今年（2018 年）全村最高收入是 15 万元以上，最低也有 8 万元，大部分家庭是 10 万元左右的收入；但是牧区开销也很大，纯收入也就很少，不好算账，牧民们也不会算。"[3] 王建荣对扶贫干部协助梳理的年度家庭财务状况做了进一步说明。

---

① 肃南裕固族自治县人民政府网站，肃南概况，2018 年 10 月 29 日，http://www.gssn.gov.cn/sngk/sngk/201810/t20181029_126803.html，登陆日期：2019 年 4 月 18 日。
② 访谈编码：20171030GYQNO1。
③ 访谈编码：20181031PJPNO1。

我们家属于因病致贫。媳妇 2010 年在张掖查出来恶性淋巴瘤，化疗了五年半，一直到 2016 年，实在没办法再化疗了，开始采取保守治疗，主要是用一些土办法控制病情不恶化。家里草场小、养羊少，牧业收入也少，一直在想办法增收。我们家是村里最早搞旅游的，那时候旅游业的收入比较好，最不行一年也有五六万元，而牧业上每年的纯收入也就两三万元。旅游业干了七年（2007~2014 年），后来遇到环保整改，就停了。2017 年，家里羊群承包出去了，只是保个本，当年的羊毛和羊羔子都是人家的。2017 年畜产品价格好，所以 2018 年把羊群和草场都收回来了，牧民收入还是主要来自畜牧生产。我们家今年（2018 年，下同）羊毛卖了差不多 3 万元，羊羔卖了 6 万元不到，这是主要收入。前几年大儿子都是在外面租草场放羊，今年才在自家草场放牧；小儿子一直在外面打工，今年回到牧业上来，现在外面租草场放羊，光是小儿子一年的草场租金就是 1.4 万元，再加上买些饲草料，光饲草料今年也得花 2 万多。我现在电站上干活，2017 年 6 月 1 日上班的，没有周六日，一个月 2500 元，这是今年 8 月份才涨上来的，以前都是每个月 2200 元。我们家今年过得很紧张，因为有一笔精准扶贫的政府贴息贷款 5 万元到期必须要还；还有一笔 6 万元的信用社贷款不急，2019 年 8 月才到期，到时候倒腾一下可以延到 2020 年。现在我们两口子除了靠儿子，就是靠自己打点零工；还有些低保，低保三年一评，今年符合条件就给了低保。①

基于王建荣的陈述，结合实地调研，我们发现影响牧民家庭收入的因素可大致归为如下三个方面。

第一是政策稳定性，王建荣直言，"对于我们牧民来说，政策的冲击性最大，新政策直接影响到老牧民，比如禁牧搬迁，老年人不能出去打工，也没有其他收入来源，年轻人还好点，可以外出打工。前几年政府鼓励搞旅游，我和大儿子一起干景点，当时政府还批评我们牧民思想不

---

① 访谈编码：20181029GYQNO2。

开放，后来牧民思想转变了，开始在旅游旺季的时候拉马、卖酥油、开餐馆，干起来了，政策突然一下来就让全拆了。家里新修景点，我贷款了十来万元，现在还剩 6 万元没还上；大儿子贷了 30 万元，至今没还，每年的利息都多少钱呢。羊价也就今年才涨了，前几年养羊都是赔钱，牧民现在是在给信用社养羊呢。"①

第二是生产资料少，以王建荣家为例，"草场少就没办法发展生产，草场面积大的人家，不需要每年花钱买饲草料、租草场。大包干分草场的时候是按人头分，后来家里人口不管多了还是少了，草场面积就那么多。1983 年大包干的时候只有我们两口子，老大是 1984 年生的，没有草场，后面两个儿子也没有草场；当时我们家分下来是两口人的草场，现在是一家八口人靠着两口人的草场生活"。②

第三是重大疾病，王建荣认为："因病致贫是真正的问题，其他的都不能说是真正的贫困问题。2011、2012、2013 年这几年个人交的合作医疗的钱也少，所以报销的比例很低，也没有什么其他的报销途径。2015 年合作医疗个人交费高了，再加上精准扶贫户的优惠政策，看病报销比例提高到了 60%~70%。看病的花销非常大。张掖这边不能做化疗，只能做放疗，我媳妇的病情又只能做化疗，只能跑到兰州。刚开始是一个星期做一次化疗，后来是半个月一次，最后是一个月一次。看病那几年，我们每年要跑兰州十几趟。去年到今年采取保守治疗，但光吃藏药一年也要花 2 万多元，今年少点儿，花了有 1 万多元，土大夫看病吃药合作医疗不能报销。这些年我们家光看病就花了有 40 多万元，大病救助报销、合作医疗报销，以及扶贫的一些补贴，这些加起来总共差不多报销了有 30%~40%，满打满算差不多有个 15 万元的样子吧，剩下的钱都是自己拿，这部分钱加起来大概有二十五六万元，主要是我们自己以前的一点积蓄，还有就是贷款。"③

对一个牧民家庭来说，如果政策不稳定且执行层面存在诸多不确定性，

---

① 访谈编码：20181029GYQNO2。
② 访谈编码：20181029GYQNO2。
③ 访谈编码：20171030GYQNO1。

加上家庭拥有草场面积小、家庭成员患重大疾病，其结果正如王建荣所言"那是实在没办法说彻底脱贫的"。同时，王建荣的家庭现状也印证了近二三十年来中国家庭变迁的一个特征，即虽然处于社会各方面剧烈而深刻的转型过程中，但是家庭功能的延续性大于变迁。这种延续性的家庭功能，在经济发展水平偏低、社会公共福利和公共服务不足的情景下，只是家庭的一种策略性选择，"代际在经济和非经济方面依旧相互依存，资源依旧互补和互惠，使得主干甚至联合家庭模式得以延续、维系"。[1]

二 与时俱进：一个家庭的发展脉络

家庭功能的延续性通过家庭规模、代际传承、生计模式、居住安排等发展要素予以具象呈现。以王建荣的家庭为例，从 1980 年代初组建家庭时的 2 口之家到 2018 年三代人的 11 口之家，一家三代人的教育、职业、居住等人生经历均出现了较大差异。换而言之，近 40 年来国家、社会、村庄发展的巨变，以一种鲜活的方式浓缩在了一家三代人努力脱贫致富、创造更好生活的奋斗历程中。

表 1 家庭基本成员情况

姓名	身份关系	出生年份	民族	学历	目前职业	常居地
第一代						
王建荣	父亲	1959 年	裕固族	小学三年级	水电站看管员	肃南县城
皮玉华	母亲	1962 年	藏族	小学二年级	牧民已退休在家	肃南县城
第二代						
王成宁	女儿	1984 年	裕固族	初中毕业	精品店店员	张掖市
陈军	女婿	1972 年	汉族	高中毕业	乡镇计生办主任	张掖市、皇城镇

---

[1] 杨菊华、何炤华：《社会转型过程中家庭的变迁与延续》，《人口研究》2014 年第 2 期。

续表

姓名	身份关系	出生年份	民族	学历	目前职业	常居地
王成俊	儿子	1986 年	裕固族	初中一年级	牧民、牲畜买卖	康乐牧区、甘俊农区、康乐镇、张掖
赵兰	儿媳	1989 年	裕固族	初中毕业	放牧；父亲为汉族	康乐牧区、甘俊农区、康乐镇、县城
王成福	儿子	1988 年	裕固族	大专	放牧；曾在工业园区打工	康乐牧区、甘俊农区、康乐镇、县城
齐芳玲	儿媳	1991 年	藏族	高中毕业	放牧；曾在工业园区打工	康乐牧区、甘俊农区、康乐镇、县城
第三代						
陈慧慧	外孙女	2006 年	裕固族	初中三年级	学生	张掖市
王璇林	孙女	2011 年	裕固族	小学二年级	学生	肃南县城
王远超	孙子	2016 年	裕固族	没上学	学前儿童	肃南县城

王建荣夫妇作为家庭第一代，见证了 40 年来艰辛脱贫、逐步致富的家庭发展历程。

我小时家里很困难。那时候的牧区，夏天都是住毛毡房，冬天住的是石头垒起来的房子。1983 年以前是大集体，父母、我和妹妹一家四口住在一起，还有一个哥哥，早早结婚出去了。我 1982 年结婚，1983 年大包干的时候我们家分的是父亲、母亲、妹妹和我四个人的草场，1983 年春天父亲去世以后我就分家出来了。因为我母亲是招女婿，我妹妹也闹着要招女婿，没办法就分了，四个人的草场一分为二。

到九几年的时候才慢慢开始找路子挣钱。之前村里人也没什么挣钱的意识，根本不知道什么打工，只守着自己家的草场。我们村是1989年通上电的，后来陆续各家各户也通上了。那时候手里有些钱就是搞围栏、拉铁丝，要不然草场相邻的两家牲畜互相吃草，也影响邻里关系。以前住的都是土窝子、石头房子，1984年我们家在冬场上修了两间土房子，1989年又重新修了五间砖瓦房，房子里面铺的是砖头，现在还在住，宅基地的面积也已经确定下来了。原先还想着要重修一下，但后面就禁牧了，环保政策下来后修房子要打报告。2010年我们家在县上买了楼房，接着我媳妇就查出来病；买楼房的贷款是靠搞旅游才还上的，后来媳妇看病钱不够就靠贷款了。我现在把草场、牧区房子、水窖都分给了两个儿子，只有这套楼房是我们两口子的。

1987年我们家从下面农区的人手里买了一个旧摩托，花了1000多块钱，耗油量大，钱分两次才给完。在这之前，走哪儿都是两条腿跑着去或者骑马，转场搬家都是靠牛驮，人骑上毛驴，赶上羊走。烂摩托骑了将近5年，又买了一个摩托，之后又换了第三辆摩托，一直到现在这个摩托还能骑。2016年我小儿子买了车，我没有驾照，但是也会开车。

我从15岁开始放牧，上学上到三年级就没上了，因为生活费和学费交不上，开始在村上干活挣工分。妹妹放羊，我出去当机动劳力，夏天修路、修圈、打石头、拉石头，冬天劈木头、拉木头，啥都干。这样一直到1983年大包干。大包干后我还是放羊，慢慢地自己修房子，1987年之后开始搞围栏、修水窖、修棚圈，忙起来了。1990年前后开始拉电，自己买上水泥杆子、线，各家各户相互帮着把电拉上。那时候修水窖，下面农区的人才会干，我们就跟上学，学会了自己回来修。家里收入主要是牧业上的收入，我干了16年村干部，从1989到2004年，刚开始工资很低，还有义务工，村干部的义务工就免掉了；刚开始一年工资拿到手没多少，差不多可以抵掉村提留费；直到2004年的时候一年村干部的工资也才3000多元。村提留费2000

年的样子取消了，以前的村干部都变成收费干部了。牧业费（1983年以后开始收）、特产费（1983年以后开始收）、屠宰费（1992开始收）这三种费是给国家交的，提留费是村上收的，作为公益金用于村里五保户等村公益支出，每家每户都要收。牧业费之前是按照人头收，1989年按照草场面积来收，2000年开始三费和提留费都不收了。到2004~2005年的时候国家开始给农业户补贴，牧业没有给，我们队里有7户搞种植业的有农业补贴。2006年开始有草原奖补，五年一轮，有12年了，国家以补贴的方式补助牧户，目的是以草定畜，压缩牲畜头数。孩子上学也有补助，差不多也是从2006年开始，也实行有十几年了。

我2004年开始不干村干部，就一直在家里放牧。2006年开始搞旅游，直到2014年把景点卖出去，前后干了8年。之前村里有个药浴池子，我承包下来开始搞旅游；因为是集体草场掏了租金，村里大多数人没话说，但也有少数人跑去村里告状；2014年我就把景点卖出去了，然后在自己家的草场上重新修景点。2015年1月开始修，6月份刚修起来就赶上环保整改，好些手续还没有办下来，就不让干了，锁住一直放着，2017年9月份被拆掉了。修这个景点的时候，我和大儿子两家子共贷款了40多万元。

人这一辈子不好过。总的来说国家政策给我们牧民带来了很大好处，但是政策不稳定，尤其是环保的事，搞得人都没有想法了。因为我们这个地方在国家公园的功能区，现在保护区里的各种工程都要审批；个人的建设也不像以前，不让动土了。我们村海拔高的地方都是夏场，夏场被划为核心区，外围是实验区、缓冲区。很多人家的冬场在实验区，秋场在缓冲区，夏场在核心区。如果夏场禁牧后，只留下实验区和缓冲区的草场，也没办法放牧，畜牧业都没什么想头了。这是老祖先留下来的地方，搞国家公园也是好事儿，但是没有什么创收性的产业，这对我们牧民来说看不到前途是什么。[①]

---

① 访谈编码：20171030GYQNO1。

作为家庭第二代，王成宁、王成俊、王成福的人生历程和生计发展方式与父母截然不同。

（王成宁）我 1984 年出生，1991 年到民乐上学，因为那时候父母放羊很忙，没有人照看，我就被送到舅舅家上学。1995 年我回到康乐上小学，因为舅舅全家搬到新疆去了，我没有地方待了，就回到康乐，和两个弟弟一起在康乐区上学。记得 1997 年学校要一只提留羊，我们三个身上披着塑料，冒着大雨去赶羊，三个孩子拉着一只羊，拉的拉，推的推，衣服都湿了，把羊赶到了康乐区。我初中毕业后就在家放羊，后来到红石窝乡上当文书，又跑去祁丰。2006 年结婚就生了孩子，一直在家领孩子，2010 年到张掖开始打工，卖了 3 年玉器，现在又卖服饰。①

（王成俊）我 1986 年出生，只上了个初一就没上了，因为家庭条件不行，草场小。在老区上学的时候，我们姊弟三个租了一个林场的房子，自己做饭，父母十天半月去看一趟。那时候一学期 360 多元的学费，当时一年的家庭收入也才 2000 多元，还要交一年的提留。当时学费高而且感觉学了也没什么用，还不如直接干活儿挣钱。我 13 岁就出去打工，到祁丰去放羊，放一年羊挣了 4400 元，回家后，本来说要去当兵，但没有去成。我就又出去打工，开始包别人的羊，放了一年多，给家里把欠账也还了，电视也买了，大太阳板也换上了。后来就自己买羊放，把家里的牛卖了 40 头，买了一些山羊回来，加上自己的羊有 200 多只，后来增加到 400 多只。2005 年开始马场滩上鼓励搞旅游，我就跟父母做工作，那时候家里一分钱的账也没有。正好有人不做景点了，我就把布帐篷和桌椅什么的全部买过来，2006 年 3 月份套着毛驴车就开始建景点，6 月景点就开起来了，第一笔生意赚了 4000 多元，那时候景点的投资也就 2 万元，家里人很高兴。我们开景点的时候，县旅游局时不时过来转转，还带着我们去外面参观学习，回来我就把

---

① 访谈编码：20181102GHYNO1。

景点重新修了。当时我们有点积蓄就修，景点一点一点扩大。那时候生意也好，客人交了押金排队等着来。我媳妇是 2008 年找上的，2009年结婚，结婚后第三年就分家了。头一年母亲病了，我和媳妇照顾家里，父亲领着母亲去看病，景点继续开着。2014 年把景点以 36 万元卖了，说是卖了这么多钱，但是家里母亲病了，我孩子又病了，36 万元父亲 10 万元、我 14 万元、弟弟 12 万元就分掉了。我那时候想着买小车或买房子，但是长远打算还是重修景点。我刚把景点修起来，就赶上环保的新政策，一直放着，直到 2017 年春天说要拆。景点我修了好久，3 天就拆掉了。修景点我前后总共花了 46 万元，拆掉后就得重新找活路。我现在的压力主要是贷款，还有三十多万元，一年的利息就是很大压力。今年孩子上二年级，父母带着，我们放羊，还做些牲畜买卖，只要景点的补偿资金下来把贷款还掉就好过些了。①

（王成福）我 1988 年出生。2004 年初中毕业，当时听人说湖南那边的学校包分配，工资高，就去了；先到衡阳上了一年预科，然后三年大专，机床数控专业；上到第三年就到云南打工，没有毕业，在做太阳能的工厂打工了一年，一个月不到 2000 元工资，一年后又到深圳，也干了一年多，是做医疗设备，一个月工资 3000 元多点。2009年底回到家，在家里待了多半年，2010 年 9 月到工业园区一家矿业公司打工，干了 4 年，刚开始工资 2000 多元一个月，后来涨到 4000 元多点。2014 年因为母亲病得不行，家里的羊照顾不过来，我 2014 年 8月份回家放羊。后来两年羊价格不好，家里就把草场租出去、羊群包出去了，我和媳妇又到嘉峪关打工，2018 年秋天又回家来，因为羊价好了，草场和羊群就收回来自己放。我 2013 年结婚，媳妇是打工的时候认识的。结婚之后就想着稳定，刚开始放羊都不太懂，放了一年多也就差不多了。如果禁牧的话，还得重新规划；想在离家近的地方做点生意，但是也不知道做什么好。②

---

① 访谈编码：20181102GHBNO1。
② 访谈编码：20181102GHJNO1。

相较于家庭第一代，第二代正逐渐远离牧业生产和生活，也拥有了更多选择可能性。从王建荣到王成宁、王成俊、王成福，乃至尚在校的第三代，一家三代人的代际差异很大程度上浓缩了国家、社会和村落发展的进程，并印证了一位驻村县干部的观察，"现在最年轻的还在放牧的也是'80后'的人了，更年轻的人不会放牧了。村里'80后'的人也没多少留在村里，也很少有人还在放牧了。对年轻人来说，禁不禁牧从生活上来说实际没有多大影响，反而还有一笔禁牧款可以拿，主要是年纪大的这一代人。这些老一代牧民家里世世代代都是放牧，搬迁后，自己没有技能，不会种地，也不会干别的，生存就是个大问题"①。

王建荣一家三代人的居住格局，很大程度上回应了过去40年来中国家庭发生的巨大变化，即从传统的"点式"家庭转变为"网络式"家庭。王建荣小时候与父母、妹妹、妹夫共居一屋的居住方式，发展到他的子女这一代人已辗转于城市和乡村之间，家庭成员根据生产、教育、养老、就医等不同需求而分居多地。居住地更具流动性，家庭成员之间呈现一种网络化联结，代际的居住安排根据实际需求更具调适性和开放性。"随着改革开放的深化，工业化、市场化以及农民工进城务工成为改变社会经济生活的重要机制。为适应这样的变化，农民家庭更快、更彻底地走向小型化。在此过程中，众多的农民家庭被割裂为城市—农村两部分的'分裂的家庭'。"② 但是，家庭从"点式"转变为"网络式"，其负面效应也显而易见。一方面，家庭成员之间的关系密度逐渐弱化，导致家庭成员之间的情感性联结也开始弱化；另一方面，这种家庭的外部化和社会化导致家庭成员之间的功能性支持弱化，揭示家庭应对潜在社会风险如贫困的能力也被弱化，也提示社会建设需要完善面向个体与家庭的社会性支持系统。

---

① 访谈编码：20181031PJPNO1。
② 王天夫、王飞、唐有财等：《土地集体化与农村传统大家庭的结构转型》，《中国社会科学》2015年第2期。

三 同舟共济：村落作为一个共同体

整村扶贫的基本逻辑是村落作为一个共同体，既是国家行政体系的基层单位，又是以个体家庭为细胞构成的地缘性社会组织。村落作为一个地方共同体的属性主要体现在三个方面：首先是情感属性，村落作为村民的一种身份标签，为村民个体的情感认同提供了基础；其次是功能属性，村落作为一个小的社会系统，与系统中的每一个家庭乃至个体之间存在相互的功利性，村落需要为村民和家户抵抗社会风险提供支持；最后是制度属性，村落发展遵循不同的制度逻辑，如宗族、长老、行政等，村民既是制度的实践者又是建构者。但是，在国家、社会发展的大进程中，村落这三方面的共同体属性正逐步弱化，并充分体现在几代村干部回溯和比较村庄治理的历史和现状的讲述中。

1971年我开始当财务队长，负责队里财务收支和给社员借钱。大集体的时候当村干部给工分，当时给我是一天7个工分，一年算36天的工分，一天的工分算1.8元，一年将近70块钱；1983年大包干后就靠村提留，村干部一个月90元，从1983年到1993年一直都是一个月90块钱。后来村提留也不好收了，社员意见很大，说村干部也没有干什么事情，也就开个会，领导来了就陪着领导，村干部工资不能在社员头上摊。1983年之前，村干部要抓经济，搞基本建设，收村提留，想着怎么分钱以及如何把经济建设搞好。那时候村干部想的事情比现在的干部多，村里一年的收入要管，牲畜养多少、卖多少、买多少都要做计划，整个村子就像一个大家庭，一年社员生活怎么过，能不能过去，光靠牲口也不行，还要搞副业，村里就把小伙子组织起来带到外面去打猎、挖煤、挖药材卖，我们成立了一个队伍专门在外面搞副业，修路、修羊圈棚舍、挖煤、挖石灰石、跑运输等都是小伙子们干，女同志就在牧业上挤奶、放羊。1983年之后，村干部慢慢地就没什么权了，村经济方面就插不上手了，就是上面什么政策下面就跟着走。牲畜发展和经济来源也不需要村上操心了，村上主要管一些村公共事务，比如搞村基础设施建设，修路、拉围栏、修房子、修棚圈等，需要村干部出面组织和协调。我们生产队有个五保户，以前村上有公益金也给补助，民政上也给补贴，能过下去，大包干之后就谁也不管谁了。[①]

1989~2004年，我一直担任村干部。1983年之前村里是大集体，实行统收统分。1983~2000年国家收三费，村上要收提留费，主要作为公益金用于五保户等村公益。村级提留包括公共积累金和公益金，公积金来自村集体经济，每年积累；公益金是每年底收每年花出去的，年初搞预算有几个五保户需要多少钱、公共饲料需要多少钱，每家每户交，一交一花；公积金一直收到2000年。村上统筹这些钱用于修路、挖水窖等，一般年初收，各家摊派，现在都是国家给投资，那时候没有。1983年之后村里办了一个集体牧场，一年收入有2万元左右，是村集体的主要收入来源。2000年，三费和村提留费都不收了。以前村上有自主权，现在村干部没有花钱的权力。2010年左右开始实行村长县管，乡上设了一个统一的会计，统一管理各村财务，村上要有什么开支，社员大会表决，然后上报乡上审批，实行报账，接受监督。现在政府的投资力度大了，不像以前村干部到处跑着要钱来为民办事，跑得不勤就要不到钱和项目，现在只要上报乡政府立项，立项后就能修。1983年以后村里就有义务工，村里一个劳动力一年有10天的义务工，到2000年初的几年也取消了。现在村里的人都不动弹了，也就没有了那种自觉意识了，村上修路根本调不动人，全凭自主自觉，不来也就不来了，以前是义务工的话，不来的话可以扣钱。现在村里是要钱没钱，调人也调不动了。现在政府力度大，很多事情政府就给做了，但是从村里的角度来说，村上对整个村子没有约束性了，虽然有村规民约，但是约束不强；以前可以用义务工和金钱来约束人，但是现在都没有了。这几年村干部没办法干，村上只有一片集体草场，租出去，租金买饲草料，再分给每户；如果村上叫干活不来

的话，也就只能把这点饲草料扣掉。^①

（2017年）村干部中，书记和村主任、监委会主任三个人有财政工资，一年领两次，我当书记刚开始是一年8000多块，今年开始提工资了，一年大概有3万元。实际上，这点工资在牧区根本不够花，一年拿到的村干部工资还不够（汽车）油钱，今天上面给你通知开个会，不管你在多远都得来，也不管你是怎么来的，还有电话费也得花不少。村里也没人愿意干，去年我就不想干了，整个三委的班子成员都换了，就我没有换，镇上也来给我做工作。村干部的人选都是社员大会提名投票，按照票数多少来确定人选。三委委员的选举主要看的是个人能力、村上有事看有没有去真正操心。今年村里事情比较多，我们村几乎每个月都有检查组和督察组来看，尤其精准扶贫，有扶贫工程验收、查看账目支出情况等很多事情。^②

村级治理主体在人、事、钱方面权力的逐步弱化，从上述访谈中可以看到两方面因素，一方面源自国家治理自上而下推行的村民自治法治化，另一方面源自村集体经济弱化。赛鼎村作为康乐镇唯一的贫困村，扶贫资源一方面要精准到户，另一方面要助力村落发展。从贫困户认定到扶贫项目实施，对赛鼎村来说无疑都是重大的村公共和公益事务。《中华人民共和国村民委员会组织法》^③规定："村民委员会是村民自我管理、自我教育、自我服务的基层群众性自治组织，实行民主选举、民主决策、民主管理、民主监督。村民委员会办理本村的公共事务和公益事业，调解民间纠纷，协助维护社会治安，向人民政府反映村民的意见、要求和提出建议。村民委员会向村民会议、村民代表会议负责并报告工作。"且"召开村民会议，应当有本村十八周岁以上村民的过半数，或者本村三分之二以上的户的代表参加，村民会议所作决定应当经到会人员的过半数

① 访谈编码：20171030GYQNO1。
② 访谈编码：20171106YCH-TCMNO1。
③ 《中华人民共和国村民组织法》，中国人大网，http://www.npc.gov.cn/npc/xinwen/2019-01/07/content_2070268.htm?from=timeline，登陆日期：2019年5月13日。

通过"。王建荣家从 2014 年贫困户建档立卡开始到 2017 年赛鼎村实现整村脱贫，都是贫困户，"我们家被评为贫困户的原因主要是我媳妇得了大病，村里选贫困户的时候就把我们评上了"。[①]

> 我们村贫困户都是村民大会上选出来的，刚开始提名了 21 户，后面又从中选出了 7 户。大家共同选，这样能够有效避免矛盾，选出的也差不多是真正贫困的人。大概程序包括村民提名、党员会审核、开社员大会、结果公示、报乡政府，每个环节都要经过村委会。选贫困户选了几次，开了几次社员大会后才达成一致意见，最后大家商量确定了一个大概的标准。首先看家庭经济收入，然后看家里有没有劳动力，最后再综合一下各方面因素。有的人家虽然有老人，劳动力少，但是家里草场大；有的人家虽然兄弟好几个，但是由于历史问题造成草场小，家庭经济收入少，也应该予以照顾。总的来讲选得还算公平合理。[②]

2015~2017 年，王建荣家得到的各项帮扶资源包括：①民政临时救助 3000 元，用于改善生活条件（帮扶项目类型 F）；②危房改造补助 12500 元，用于改善居住条件（帮扶项目类型 E）；③农牧委支持援助母羊 17 只，用于帮助发展产业（帮扶项目类型 D）；④建设局援助修建彩钢房 28 平方米，用于改善居住条件（帮扶项目类型 E）；⑤精准扶贫贴息贷款 50000 元，用于帮助发展产业（帮扶项目类型 B）；⑥草原奖补资金 11500 元，用于改善生活生产条件（帮扶项目类型 F）；⑦农村低保 6100 元/年（帮扶项目类型 F），等。[③]

扶贫资源不仅让建档立卡贫困户受益，也让整个村庄受益。2017 年《精准扶贫精准脱贫百村调研住户调查问卷》的 61 户受访村民中有 37 户表示直接享受过扶贫政策，扶贫政策的村一级落实中村民受惠最多的是

---

① 访谈编码：20171030GYQNO1。
② 访谈编码：20171106YCH-TCMNO1。
③ 访谈编码：20171030GYQNO1。

定居点购房补贴。《精准扶贫精准脱贫百村调研行政村调查问卷》结果显示，扶贫资源让赛鼎村整村受益的帮扶成效包括：新建村内道路共计60公里，全村121户受益；新建蓄水池（窖）108个，受益户数80户；完成村电网改造6处，受益户数74户，为74户人家解决了供电问题；完成4户危房改造，46户的人居环境改善；支持和培育了2项特色产业，受益户数10户；培育村合作社1个，受益户数10户；新扶持乡村旅游农家乐2户，总投资70万元，均为信贷资金；村民参加卫生计生相关培训24人次；村中121户全部实现了广播电视入户；建成村文化活动室1处；手机信号实现了100%覆盖。这些发展投入的资金来源以财政专项扶贫资金为主，并整合了县级政府各行业部门的人力、资金、物资等对口帮扶资源。村民普遍认为，"水、电、危房改造、道路等一系列基础设施建设给村里带来的变化很大"。[①] 基层干部认为，"真正的扶贫应该是第一步把基础设施搞好，应该是改善大环境，大环境搞好了可以刺激贫困户自己想办法脱贫，要不他自己也感觉没有面子呀"。[②]

> 赛鼎村在周围几个村里面人口最多、户数最多。村里的贫困户都是通过社员大会选的，所以基本上没有什么矛盾和纠纷。精准扶贫刚开始的时候村里经常开社员大会，要选贫困户，还要动员社员一起搞村建设，比如动员大家一起把定居点上1970年代修起来的房子改建维修，好多都是危房。动员工作还是很有效，其实就是把政策、把事儿给社员讲清楚。[③]

习近平在深度贫困地区脱贫攻坚座谈会上讲话时强调，"要把夯实农村基层党组织同脱贫攻坚有机结合起来，选好一把手、配强领导班子，特别是要下决心解决软弱涣散基层班子的问题，发挥好村党组织在脱贫攻坚中的战斗堡垒作用"。虽然，从村落治理的历史脉络来看，村落的

---

① 访谈编码：20171030GYQNO1。
② 访谈编码：20170616HBESNO1。
③ 访谈编码：20171106YCH-TCMNO1。

情感属性正逐步弱化，原有制度属性也在被纳入国家法治的过程中弱化，村级治理主体权力弱化导致的村落功能属性也正逐步弱化；但是，以扶贫为契机，村落属性也在各方参与的过程中逐步重建，村落作为一个地方支持系统的功能性某种程度上得以强化，这也是整村扶贫的着力点；而在扶贫工作精准到户的推进过程中，村一级开展的建档立卡贫困户评选则很大程度上再现了村落的情感属性，以及基于情感的村落共同体对贫困家庭的功能性支持。

当然，从个体到家庭，从家庭到村落，从村落再到国家乃至全球，历史进程都会以不同方式从不同面向投射于宏观或微观主体。改革开放40年来，我国家庭发展呈现诸多新特征，例如"家庭规模小型化、居住模式变化、非传统类型家庭涌现，老龄化和人口迁移流动对家庭户变动的影响日益深刻"。同时，近几十年来全球家庭变迁也呈现与发展相伴而生的持续多样化，新兴的青年群体、技术变革、经济不确定性、性别差距缩小、更长寿命和更低生育率，以及信息、商品和人口的全球性流动，都是中低收入国家家庭变迁的驱动因素，而家庭对这些变迁的适应方式也非常多元。这些社会变迁的不同维度，从全球到中国，从甘肃省到肃南县，从赛鼎村到王建荣一家，不同向度的反贫困实践最终浓缩在个体行动和生命叙事中。

参考文献

习近平：《在深度贫困地区脱贫攻坚座谈会上的讲话（2017年6月23日）》，人民出版社，2017。

杨菊华、何炤华：《社会转型过程中家庭的变迁与延续》，《人口研究》2014年第2期。

王天夫、王飞、唐有财等：《土地集体化与农村传统大家庭的结构转型》，《中国社会科学》2015年第2期。

彭希哲、胡湛：《当代中国家庭变迁与家庭政策重构》，《中国社会科学》2015年第 12 期。

Pesando, Luca Maria & the GFC Team 2019, "Global Family Change: Persistent Diversity with Development." *Population and Development Review* 45(1):133 - 168.

钱都去哪里了？

——云南牛红村脱贫与返乡创业的考察

罗　静　赵旭峰[*]

摘　要： 本文考察了云南省红河哈尼族彝族自治州所辖的一个哈尼族村落农民的脱贫之路。笔者于 2016~2019 年通过对牛红村实施精准扶贫的过程进行访谈和参与观察，发现牛红村农民外出务工无法积累到足以使他们无论在农村还是城市长期生活下去的资金，形成了"务工—消费至尽—再务工"的循环。文章最后思考在市场和习俗"无形之手"的掌控下，传统农民如何成为"新农民"。

关键词： 返乡创业　农村振兴　精准扶贫　新时代　牛红村

引　言

改革开放以来，农民的外出务工在实践中被认为是帮助农民脱贫的最主要途径，农民从事非农业务工的收入远远超过农业生产。笔者在云南省

---

* 罗静，中国社会科学院中国边疆研究所，副研究员，主要研究边疆社会变迁、边疆治理；赵旭峰，红河学院教授，研究方向为中国近代政治社会史，西南地方史。

红河哈尼族彝族自治州所辖红河县牛红村的实地调研发现，农民的外出务工使得农民获得了大量的现金收入，可是这些务工收入并没有成功转化成农民在农村发展产业的资本，也只有极少数农民成功地在城镇定居生活，大多数农民只能年复一年地游走在城市与村庄之间。当前，外出务工的农民很多已经是第二代，甚至第三代了，很多在外务工了十几年的农民又回到家乡，不同的是他们不再重复父辈的生活，不再像祖辈一样完全向土地讨生活，他们利用务工的经验和积累的资金，努力开创新的农村生活，但是实际上效果并不好，这些农民的生活和劳动似乎陷入一个循环：务工—消费（投资）至尽—再务工。本文通过呈现牛红村的几个具体案例来探讨：农民们外出务工所赚到的钱都花费（投资）在什么地方了？为什么外出务工在帮助农民脱离贫困以后，没有能够继续带动牛红村村民走向富裕？新时代农民如何可持续发展（脱贫），成为新农民？

一 牛红村的村情概况及贫困原因

牛红村位于云南省东南部的红河县垤玛乡，隶属于红河哈尼族彝族自治州，是该州最为偏僻的哈尼族村寨之一，也是云南省精准扶贫建档立卡贫困村。牛红村所隶属的垤玛乡地处红河、玉溪、普洱三地州市交界处，是红河县所管辖最远的一个乡，距红河县城 123 公里。垤玛乡政府距离国道 213 线与 323 线（两条国道在元江至墨江段有重叠）28 公里，其道路等基础设施建设十分落后，通往国道的 28 公里公路在 2018 年以前一直是泥土路，农民进出十分不便，成为制约垤玛乡脱贫的"瓶颈"。

牛红村又是垤玛乡所辖 6 个行政村里最为贫困的行政村。牛红村人均耕地（水田）面积不足 1.5 亩，且都是分布在半山腰的梯田，尽管农民还有零星的山区旱地用来种植玉米、荞麦等农作物，但旱地对于牛红人的生计是微不足道的。牛红村村民靠天吃饭，土地里种植的粮食一般只够全家人半年的口粮。因此，总体来看人多地少、土地贫瘠是牛红村贫困的主要原因。截至 2016 年 12 月，精准扶贫实施之初，牛红村下辖 15 个自然村共有 638 户 3280 人，其中建档立卡贫困户 415 户 1834 人，建档立卡户的比例高达 65%，贫困面非常大。

牛红村的粮食种植在传统的哈尼梯田中。哈尼梯田主要分布在我国云南南部的红河州，在 2010 年被联合国粮农组织正式列入全球重要农业文化遗产保护试点，并在 2013 年成为世界文化遗产项目，是我国第 45 处世界遗产。红河州的哈尼梯田景观主要分布在元阳县，云南省政府的旅游配套也主要集中在元阳地区，因此红河州的其他地区很难分享到旅游收入的"蛋糕"，更别提垤玛乡这样远离元阳县的偏远乡镇。牛红村哈尼梯田中出产的是红米，红米产量非常低，年景好的时候每亩产量最多300 公斤，要是遇到年景不好的时候，牛红村人种植红米还要倒贴化肥种子钱，算下来一亩水稻还亏 40 元。在这样的情况下，人均一亩半的田地所产出的红米只够维持半年的口粮，牛红村人种植粮食无法解决基本的温饱。尽管村民依靠养殖稻田鸭子和当地的小耳猪等副业贴补家用，但由于地理位置的封闭偏远，农副业生产的回报只是杯水车薪，因此在很长一段时间里，吃饱饭对于牛红人来说是个大问题。即便如此，哈尼族家庭每年都要在微薄的农业产出中留出一些粮食来"烤酒"，以便在重要的节日里饮用，这就使得粮食不足的问题更加严重了。

牛红村村民的农作物收入不能解决温饱问题，因此村民需要用现金在市场中购买粮食，而实际上牛红村人在当地获取现金收入的难度非常大，因为地理位置的偏远造成市场交易范围仅局限在当地，外面的商人很难进来，当地农产品的同质性又造成村民们兜售农产品十分困难，这些都限制了牛红村村民在当地市场中通过商品和劳动力的交换来获取现金。

牛红村作为完全的哈尼族村落，因袭了哈尼族多生多育的传统，我们调研中发现当下年轻一代的家庭中生育 4 个孩子的家庭非常普遍，而上一代家庭普遍都有 6~7 个孩子。牛红村的家庭由于孩子多，以及长期的贫穷，普遍不重视子女教育，我们的抽样调查结果显示牛红村的文盲率高达 60%。村庄里的老人基本都不识字，更不会讲普通话，甚至很多年轻的女人也不识字。这种情况随着国家最近几年在农村教育投入力度加大才有所改变。

正是以上原因，很多牛红村人只得以"乞讨"手段获取现金收入。2011 年，一场名为"微博打拐"的公益活动让来自垤玛乡的大批乞讨儿童进入公众视野，并引起社会各界的关注。牛红村成了有名的"乞讨村"。儿童乞讨事件曝光之后，垤玛乡的贫困状况引起了红河州政府的重视，并增加了对牛红村各项基础设施建设的投入，于是牛红村在2012年通了电，2017年村村通了公路。与此同时，垤玛乡政府对村民进行了专门的劳动技能培训，由政府组织村民进行劳务输出，使村民与外界增强联系。从那以后，牛红村自发外出务工的人也逐渐增多。现在牛红村几乎每家都有劳动力外出务工，务工的收入已经是牛红村村民最主要的收入来源，垤玛乡的乡长周绕斌说，"我们乡第一大产业是外出务工"。

党的十八大以来，牛红村村民的生活和牛红村的基本面貌发生了翻天覆地的变化：温饱已经不是困扰牛红村村民的问题，义务教育阶段的儿童入学率达到100%，现在牛红村没有一个失学儿童。牛红村再也不是乞讨村了。目前牛红村人耕种的哈尼梯田仅仅作为家庭收入来源的补充，已经不是村民所依赖的主要生计。此外，牛红村人在当地政府的带领下，采取多种方式甩掉"乞讨村"帽子，诸如发展养殖业、兴办新式合作社等，但是在调研进行阶段，牛红村富余劳动力外出务工仍然是村民脱贫致富的最重要手段。事实上，当地政府也把引导村民外出务工作为脱贫的一项重要举措，并提出"一人外出务工，全家脱贫致富"的口号。在外出务工潮下，牛红村几乎每个家庭的青壮劳力都外出务工，他们自己戏称留在家里的是"三八六一九九"（即妇女、儿童及老人）。据垤玛乡政府工作人员介绍，全乡17000多人，常年外出务工的有将近4000人，按照垤玛乡3000个家庭的规模来算，每一个家庭至少有一个外出务工的劳动力。我们在调研中了解到，一个外出务工的村民一年可以往家里汇款1万元左右，劳动力多的家庭，汇款会达到2万~3万元，每年春节前仅仅由垤玛乡农村信用合作社汇入的金额就有3000万元。我们实地调查的情况来看，牛红村家庭外出务工的收入比较平均，牛红村并没有出现"务工大户"，只有屈指可数的几个会开挖掘机的农户家庭年收入有5万~6万元，其余家庭都在1万~3万元。牛红村村民打工没有出现"大户"的原因，主要是牛红村农户的受教育水平低，在外务工所从事的都是无技能的工作，因此收入不高。从事技术性工作最起码需要接受过高中教育，但是在牛红村接受过高中教育的人凤毛麟角。

牛红村大量青壮年外出，流向非农业劳动力市场，确实有利于增加农民收入，改善村民生活水平，然而摆脱贫困之后牛红村和村民个人进一步的发展，仍然是困扰乡政府和村民的问题。对于牛红村未来的发展，乡政府层面和农户个体层面出现了认识上的断层：一方面垭玛乡的主要领导认为垭玛乡在未来要发展，还是要在当地创造非农的就业机会，让牛红人不必远走他乡就可以在当地务工，所以乡政府积极争取外来投资，在垭玛乡建设了"焖锅酒"①厂，希望利用政府的力量使哈尼族的传统特色农产品形成产业化。然而村民们对于未来的发展致富并不憧憬乡里的酒厂，也不热心农村产业的发展，他们依然把外出务工作为增加家庭收入的主要来源，同时也寄希望于自己的返乡创业。

牛红村村民的返乡创业计划主要是想通过扩大自己的农业生产规模来致富。我们对牛红村的抽样调查显示，村民们认为未来发展最急迫的是"缺资金"，其比例为53.85%，其次是"缺劳力"（9.2%）、"缺技术"（9.2%）。我们通过访谈了解到，村民认为"资金"是未来个人发展的最主要掣肘，因为村民们希望有资金可以投资自己的农业生产，尤其是规模化养殖。2006年以后，牛红村的村民不再缴纳农业税，同时政府对农民种粮、购买农机等也实行财政补贴，这些举措有利于农民生活的改善和提高农业生产的积极性，但是要扩大农业生产规模还是需要农民自己的资金投入。我们的调查发现，牛红村民自2012年开始大规模外出务工以来，经过几年的积累，目前中等家庭基本都有了些许存款，但是村民们仍然表示没有资金来扩大农业生产规模，那么每年春节汇回来的3000万元都去哪里了？这些钱为什么没有能够帮助农民在当地发展农业生产？

二 养得越多赚得越多？——农业生产逻辑与市场经济

牛红村人外出务工的目的是改善自己家庭的生活条件，故牛红村外

① 焖锅酒是哈尼族传统的做法所酿制的酒，是所有哈尼族家庭的生活必需品。垭玛乡的焖锅酒在红河县非常有名，当我们从蒙自出发前往垭玛乡调研时，云南红河学院的老师得知我们要前往垭玛乡，委托我们帮着捎带些当地的焖锅酒回去，足可见垭玛乡出产焖锅酒的名气。

出务工者很少把务工收入在城市里挥霍掉，而是尽量都带回家。我们的调查显示，目前村民供子女读书并不构成家庭负担，这主要得益于国家对于农村义务教育的扶持力度很大，义务教育阶段不仅仅是学费全免，学生的午餐费也几乎都由政府承担了。牛红村许多外出务工者，把务工收入带回家用来投资农业生产，他们对家乡充满感情，期望在家乡投资而获得更高的回报，并从此在村里扎根不再外出务工。他们或者联合外面的朋友，或者跟自己的亲戚一起凑钱为扩大农业生产而投资。但是个体的家庭养殖与规模化养殖不仅仅体现在数量的增加，而且是生产逻辑的转变，而农民并没有意识到这中间的差别。同时，作为势单力薄的农民个体投资者，仅凭一腔热血在市场中进行投资，缺乏现代市场规则的相应知识，因此风险极大，投资失败的概率很高。

（一）养殖这笔账怎么算：从个体到规模的鸿沟

很多年轻的在外务工的村民都想回到牛红村进行农业投资，他们的见识和经验比一般人丰富，属于牛红村的致富"能手""经济精英"，他们的受教育程度普遍比一般村民要高，他们也是爱动脑子的勤快人，他们还是热爱家乡的人。他们在外面世界的务工经历使得他们想要在家乡做一番事业，但是他们的创业过程也颇多艰难。在牛红村，当地的种养殖大户非常少，即使零星几个，其养殖规模也非常小，最多的也就十几头猪。调研过程中，笔者也遇到两个比较干练且有经营管理经验的返乡创业者，一个是独家自然村的朱福光，另一个是牛红村农村电商负责人朱者伟，从他们的牛红村返乡创业经历，可以对投资农业生产的风险窥见一斑。

朱福光是牛红村所辖自然村——独家村的村民，独家村现只有 4 户居民，所以并入腊约村民小组。朱福光算得上是村里的致富能手了，他高中毕业就外出务工，并在外面务工几年积攒了一笔不少的积蓄。2017年 8 月，朱福光与连襟（其妹妹的丈夫）准备合伙在牛红村投资建设养猪场，饲养当地的小耳朵猪。他们将自己全部的积蓄投入养殖场的建设中，朱福光为了节约资金，猪圈建造过程不请工人，都是自己在养殖场工地拉沙、砌墙、挖塘。调研进行的过程中，朱福光的养殖场建设了一半就停工了，因为投资已经大大超过了他的预算，他已经把自己的积蓄全部花光了。他对课题组说他对养殖场何时完工一点信心都没有，至于购买种猪的资金更是没有着落。现在朱福光居住的房屋破败不堪，已经属于危房，他希望政府的精准扶贫可以帮他把房屋修葺，但是他家的收入状况已经超过了国家贫困线标准，不能成为建档立卡户。调研中，坯玛乡政府和村委会还在商量如何处理他们家的危房改造问题。

课题组认为，朱福光对于投资经营养殖场没有完整的投资预估，对于养殖风险也估算不足，这是造成他投资失败的主要原因。朱福光对于开办养猪场可以赚钱这点深信不疑，他的信念来自他以往的生活实践。以养一头牛的获利为例，一头牛仔的价格是 2000 元，养一年后在市场中出售的价格为 1 万元，这样算下来一头牛一年可以盈利 8000 元。饲养牛的草料来自山上的野草，饲养的过程只是每天找人到山上放牛，每两周喂食盐，而且盐的成本很低，其他方面并不需要特别的资金投入。从简单的账面数字计算，养一头牛的盈利至少 2 倍，因此扩大养殖规模就是赚钱的最好方式。其实，不仅仅是朱福光如此算账，我们调研中了解到几乎所有农户想到的未来致富手段首选就是养殖业（牛、养、猪），这也可以解释在抽样调查中大多数农民认为自己致富的限制是"缺资金"，农户们普遍的想法是利用资金发展规模养殖业。

实际上，牲畜养殖从 5 头到 50 头不仅仅是数量的增加，其背后的生产逻辑已经完全改变：大规模的牲畜养殖属于产业生产的序列，其包含的内容不仅仅是农业生产的特质，大规模喂养的过程和最后的销售都需要精心的计算。朱福光对于盈利的计算里面显然并没有考虑这么多。并且，朱福光对于预算的把握能力也与现代化生产的投资思路格格不入，他甚至连运营养殖场的资金都没有准备好就已经开始建造了。在他的理解中，牲畜吃的都是免费的，并不需要资金投入，因此养得越多赚得越多。调研中我们发现持有这种想法的农户非常普遍，在牛红村的洛玛村民小组有一户建档立卡户，他将自己所有的积蓄 3 万元投入鱼塘建设中，鱼塘建到一半时，他已经身无分文，甚至连"新农合"的钱都交不上。

我们调研中了解到，他当时预计鱼塘建成后每年可以给他带来 20 万元的收入，所以他将所有的积蓄全部投入其中，显然这样的投资产出估算误差很大。

从以上案例可以看出，农民从事小农生产和经营所获取的知识、经验和资金并不能帮助他们顺利地转型成为大的养殖场主。从表面上看，甚至农户自己也认为，资金是限制养殖发展规模的第一大掣肘，但是深究牲畜养殖规模的背后逻辑，是家庭农业生产向农业产业化生产的转变，实际上农户的农业生产经验并不足以应对这样的转变，但是他们并没有意识到这一点，因此很多农户的积蓄都被填入这样的鸿沟。从以上两个案例可以看出来，个体农民的农业生产从小规模养殖到农业生产大户的转变，并不是单纯的增加资金投入就能解决的，这个转变是农业生产逻辑向工业生产逻辑的转变，对于农民个体而言，这样的转变不会自然而然的发生，背后需要现代生产知识和规则的支撑。

（二）离开村庄以后该信任谁：契约、信任与市场

农户在农业投资经营过程中，也意识到发展规模养殖业必须借助"外力"，包括资金、销售等外力，但是农户个体与外部世界合作的时候依旧按照村庄里的熟人社会模式进行交往，没有契约意识来保护自己，这是农户个人很难在市场合作和竞争中获得良好收益的原因之一。

以笔者调研遇到的朱者伟为例。朱者伟是牛红村所辖宗和村民小组的村民，也是牛红村农村电商负责人。他算是牛红村年轻一代人中的精英。他 1986 年出生，中专毕业，后获得云南红河学院的函授本科学历。中专毕业后，朱者伟在广州、四川及东北等地务工，平时省吃俭用，积攒了一笔不菲的资金，大概有 10 万元。朱者伟后来又向银行贷款 10 万元，共筹措了 20 多万元资金用于在牛红村建造 760 平方米的养猪场，这是牛红村有史以来最大的养猪场，建成以后可以养 500 头猪。

调研进行之时，朱者伟的养殖场已经建成，但是他负债十几万，没有钱购买种猪，他准备再次外出务工赚钱来还债。当初，朱者伟建设养殖场的起因是他在昆明打工时认识的一个朋友，朋友听他说牛红村的小

耳朵猪非常有名，很多外地人前来购买，于是这位朋友劝说朱者伟回家建盖养殖场，并答应只要养殖场建成，剩下的事情（包括资金、运营和销售）都由那位朋友负责。但养猪场建成后，正当需要购置牲畜幼崽时，朱者伟的朋友说家里出了事情，所以不能投资养猪场，这样养殖场就搁置了。朱者伟谈起此事，十分无奈，他也想通过村民集资的方式来解决资金不足问题，尽量把养猪场开办起来，但响应者寥寥无几。

朱者伟筹建养猪场的时候，全部存款只有 10 万元，他为节约费用，建筑材料都是自己亲自运送进来的，很多建设工程也是自己和妻子动手完成。面对目前养猪场的停滞，村委会对朱者伟的情况也是一筹莫展，正好牛红村农村电商事务需要一位有知识与阅历的人负责，故村委会决定牛红村电商事务暂由他掌管。农村电商事务负责人每月工资 800 元，另外再根据商品销售金额抽取一定的百分比作为奖金。这些收入对于朱者伟当前的负债来说，无异于杯水车薪。

朱者伟的案例说明，村民外出务工以后面对的是陌生人社会，在陌生人社会里奉行的交往规则与传统的村庄熟人社会是不一样的。陌生人之间的信任构建需要一些条件，买卖双方甚至合伙人之间都需要契约的保障，经济行为才能够继续下去。村民社会是个熟人社会，熟人社会里祖祖辈辈居住在一起就是最大的契约，人与人之间的背叛代价非常高，背信弃义的人甚至无法在村中继续生活下去，因此农村的村民之间信任度非常高。但是作为陌生人的城市却截然不同，陌生人社会的合作需要契约作为保障，契约也是对当事人的制约。上述案例中朱者伟在他的朋友事先没有任何资金和其他形式的投入下，也没有签订任何书面的合作协议，他就盲目相信朋友许诺的投资，而倾尽自己全部积蓄投资养猪场。这一方面反映了农户的纯朴，对于许诺的自信不疑；另一方面也说明了走出村庄的农户没有契约意识，不知道如何保护自己。更深层次的原因是，农民从熟人社会走向陌生人社会以后，生活规则发生变化了，而自己并没有转变。

总体而言，在市场中行为规则大大超出农户的日常知识和想象，农户利用农村小农业生产的逻辑在市场里进行投资是风险极大的，而农户对于市场和投资的预判恰恰来自小农业生产逻辑，这其实是农民进行投资的结构性风险。

三　村庄里的"面子"和"里子"：农民与习俗

牛红村村民即使大部分时间都外出务工，并且常年不在村庄里居住，但是他们的行为规范仍然要合乎村庄里的习俗和规矩，这些习俗和规矩涉及所有的家庭，是千百年来维系农村社区的"看不见的手"。历史上，正是这只"看不见的手"使得牛红村的村民们，能联合在一起共渡难关，这只"看不见的手"对村民而言承担着社会救济和社会保障的功能。但在今天，国家建立的社会保障制度已经取代了过去由习俗所承担的社会功能，但是村庄里的习俗却没有改变。有些习俗使每个人都感觉压力很大，但是没有人敢于第一个出来打破这个习俗，因为打破习俗意味着跟村庄里所有的人切割历史上的联系，而这样的后果是任何人都无法承受的。

（一）难以割断的历史流水账：与风俗抗争

牛红村是个完全的哈尼族村落，村民们至今仍然在遵循哈尼族的生活传统：崇尚孝道，事死如事生。因此，哈尼族的葬礼非常隆重，一个葬礼至少要杀几头牛（1头牛的价格是1万元），甚至几十头。牛是哈尼人家的重要生产工具，也是家里重要的财产，村民依据习俗在葬礼中要宰杀耕牛款待来客，而且认为宰杀耕牛越多子孙越孝顺。故在哈尼族葬礼中，多的要宰杀十几头牛，一般的也要2~3头牛，再加上其他方面的消费，一次葬礼要4万~5万元，多的甚至花费20万元。这种习俗使每一位村民都不堪重负，很多家庭甚至举债办葬礼，因此当地流传着"抬个老人穷三代"的说法。葬礼开销对于主办者来说是个沉重的经济负担，但是牛红村没有村民敢第一个站出来打破这种风俗，因为这不仅仅会被其他村民认为"不孝"，而且也无法对逝去的长辈交代。

尽管一次葬礼可能会使一个普通家庭陷入贫困，但村民依然乐此不疲地遵循这种习俗。除丧葬开销外，日常生活中其他名目的请客送礼（嫁娶、老人祝寿、儿女满月、乔迁新居等）也是导致村民务工收入难以形成积累的原因，但是丧葬费用远远高于婚嫁①。这些年复一年的开销，可能使得刚刚从贫困中走出的农户又重新返贫。这类社会风气的存在，不仅给牛红村村民的脱贫致富构成了重大障碍，更不利于村民将有限的资金投入改善生产生活状况上去。

在实施精准扶贫工作中，垤玛乡政府与牛红村村委会把移风易俗融入精准扶贫工作，在村民中积极倡导厚养薄葬，以政府主导的移风易俗行动为群众减负。由垤玛乡政府出面牵头，联合 6 个行政村制定了《村规民约》。在《村规民约》里对所有村民的红白事进行规范，倡导操办婚丧事宜从简。垤玛乡政府为了推进《村规民约》的实施，从本不富裕的财政预算中拨款 3 万元，用于奖励葬礼从简的前三户人家，每户 1 万元，亦即后面办理葬礼的农户就没有任何补助了。垤玛乡政府希望借助这 3 户"典型"在全乡推进移风易俗。我们后来从垤玛乡政府和牛红村委会了解到，领取了 1 万元政府奖励的村民，后来购买了一头牛招待亲戚朋友，相当于补办了葬礼，结果是钱也花了，牛也吃了，乡政府和村委会感到颇为无奈。今后没有了乡政府的补贴，牛红村村民是否会遵守《村规民约》里薄葬的规定，仍然需要时间的验证。垤玛乡政府的干部和牛红村人都觉得难度很大，村委会也觉得心里也没底。

牛红村所辖腊约村民小组的第一个大学生朱黑法对于未来村里葬礼习俗的改变并不乐观。尽管他已经接受了高等教育，也认为葬礼的大操大办给村民带来了沉重负担，但是他认为自己并没有勇气打破习俗。朱黑法是家中的独子，他的爷爷奶奶、外公外婆和爸爸妈妈都健在，这意味着他未来要抬 6 位老人。他对于以后"抬老人"（葬礼）的事情十分发愁，因为没有兄弟姐妹可以分担葬礼的费用。按照目前村里的风俗，一次葬礼要花掉 4 万~5 万元，他一个人给 6 位老人操办葬礼，必定要举债

---

① 其实垤玛乡当地婚嫁费用并不高，年轻人实行自由恋爱，双方中意就可结婚，婚嫁费用只需一两万元就可，少的几千元也行。与其他地方（也包括部分哈尼族地区，红河县城的彩礼多达 10 万元以上，附近的马扎河乡达到十几万元）相比，垤玛乡当地婚嫁费用是非常节约的。

才行。即便如此，他还是没有勇气打破村子里的风俗。因为村中葬礼上村民大吃大喝，以及村民之间收红包和送红包的行为不仅仅是经济意义上的相互支持，更重要的意义在于亲情友情的维系，亲情和友情在封闭的村庄里，对村民意味着相互承担重大救济的功能，红包对于村民来说具有"众筹"的意义。随着生活水平的提高，"众筹"变成了吃喝攀比，葬礼上的礼金都在吃喝排场上花光了，还要搭上自己的积蓄，一些小康之家因为大操大办而负债累累，真是"抬个老人穷三代"。

（二）"面子"有多值钱：乡土文化中的攀比

牛红村人除了在婚丧、嫁娶、满月等请客送礼的活动中大操大办外，日常生活中也存在大吃大喝现象。坪玛乡乡长周绕斌认为，这些年村子里的人外出打工的比较多，但是为什么村民仍然普遍缺少发展生产的资金？因为很多人把挣到的钱带回村子里大吃大喝花光了，没有用到发展生产上，"有人在外面攒了一年的钱，回来几天就吃光了"。因此，坪玛乡政府在实施精准扶贫中把"移风易俗"作为一项重要工作来抓，用政府的力量帮助改变哈尼族历史上的红白喜事铺张浪费与盲目攀比的乱象，切实给群众"减负"。

牛红村人攀比风盛行。除大操大办丧事外，攀比豪华住房也是近年来出现的一种现象。最近几年里，村子里新建了一些二三层小洋楼，其规模不亚于城镇里楼房，并成为村民追捧和仿效的"榜样"。牛红村传统住房是"竹草土坯"建成的，建筑材料都是就地取材，使用山上的泥土自己做成砖，这个过程需要的人工都是自己动手，亲戚邻居也来帮忙，所以建造房屋的成本在当地人看来并不高。

现在，村民开始建盖城镇里的小洋楼，盖一栋房子至少要10万元，很多甚至花费20万元。牛红村盖新式楼房的成本之所以很高，主要是牛红村地理位置偏僻，建筑材料必须从很远的地方运进来，运输费用比物料费用高很多。调研中发现，牛红村有很多没有完工的二层"露天房"或没有窗户的"烂尾"房，有的已经存在若干年了，户主因为没有钱盖完，只能"住"在"露天房"里。牛红村村长带笔者走访了一家建档立卡户，这户人家是新盖的二层小楼，但是在笔者看来属于"烂尾"系列。因为房子虽然使用砖混材料建成了框架，但是门和窗户完全裸露，刮风下雨天就用木板遮挡一下，房子里的墙壁也是完全裸露的红砖墙面，地面则完全是泥土地面。村长说这家成为建档立卡户是因为丧失主要劳动力，原来的房子已经快倒塌了，实在无法住人，所以这家人举债盖了目前的新房子。当笔者问道：既然资金有限，可以盖一层的楼房啊。村民回答：村子里新盖的都是二层、三层楼房，自己建盖一层平房没有"面子"。村长告诉笔者，建造这样的房子至少需要 20 万元，不仅原料需要从外面运进来，而且劳动力价格也比较贵，因此只有家庭条件好的农户才能承担起这种房子。建档立卡户举债建造这样超过自己能力的住房，也可见村庄中攀比风气的严重。

传统的哈尼民居是有两层，楼上一层用来存储粮食，楼下住人或者养牲畜。但是农户们认为只有像城镇里那样的房子才是正宗的楼房，并将此作为自己生活所追求的目标，以及崇尚的生活方式。农民建盖新式住房，本也无可厚非，但是很多农民在举债建盖新式"洋楼"后，并没有那么多常住人口，大多数房间都闲置不用，甚至用来堆放杂物，实际上非常浪费。这样的住房对村民们"面子"的满足要大于实际的居住意义。

四　不是钱的事儿：新世界与旧制度

当下牛红村的农户通过外出务工都解决了温饱问题，实现了"两不愁，三保障"，并且每年务工汇回来的钱（3000 万元人民币）大大超过乡的财政收入（垤玛乡每年的财政收入只有不到 30 万元人民币）。然而这笔钱没有成为农民继续发展的"原始积累"，而是由于各种情况消耗殆尽。目前，农民自认为发展的瓶颈是"资金"，但是就以上案例来看，"资金"其实解决不了当前农民发展的掣肘，传统的小农要转型为规模化生产的现代农民面临着两个结构性的矛盾：农民个人的知识和认知结构与现代市场经济规则的矛盾；当前的农村社会制度建设与传统习俗的矛盾。以上两对矛盾是农村由封闭社区向开放社区转变过程中出现的必然，也是村庄由传统社会向现代社会转型中出现的结构性障碍，是新世界（现代市场经济）与旧制度（传统风俗与个人知识结构）的冲撞。现代市场经济与村庄传统习俗这两只"无形之手"对农民生活的影响也许会随着时间而慢慢转变，最终变得融合，但是这过程中会付出极高的个人代价和社会成本，政府的"有形之手"如果能恰当地发挥作用，将会缩减这种也许是不必要的代价和成本。以下两个方面值得做有益的尝试。

一是政府的"有形之手"帮助农村社区建立新的生活风尚，并将新风尚制度化，农民将不在丧葬、婚嫁等各种传统仪式上大操大办。乡镇政府可以尝试成立专门的丧葬（婚嫁）委员会，由政府出面组织葬礼（婚礼），并配套一些资金，制止过度铺张浪费的仪式。此举可以为每一户家庭解决后顾之忧。当下，中国各个地方的农村都有大量劳动力长期外出，一定程度上造成农村传统社会结构的崩塌。传统的乡村是以血缘为纽带的互助共同体，这是农民们长期以来共同对抗自然灾害和各种意外状况，以取得村庄共同利益和个人利益最大化的选择。但是在今天的农村，传统的农业生产已经不是农民们生计的主要来源，国家在农村建立健全的社会保障机制也转移了很多旧有的乡村共同体的功能。因此，村庄里原来维系村民关系的很多习俗在今天变得不合时宜，但是又很难在短时间内瓦解。这种情况下，政府的"有形之手"除了要构建生活新风尚以外，还要在农村社区建设方面投入力量。

二是政府有针对性地指导和帮助农民返乡创业。农民怀着乡土情怀回乡创业，但是由于知识结构、经验和资金的限制，在市场化的条件下处于竞争劣势。农民根据传统的小农生产经验，简单地追求大规模的养殖，其背后的风险非常大。实际上，农业的规模化生产和市场化经营背后有一整套现代社会的规则在支撑，农民尽管也参与其中的一些环节，但是依靠农民个体的力量进行农业规模化生产，很多结构性障碍难以克服。

乡村振兴是国家的大政方针，是我国几亿农民未来发展的指路明灯和梦想所在。乡村的振兴不仅仅是农民的事情，也事关国家整体发展，是全社会的前途和希望所在。经过改革开放四十多年的发展，我国农民的生活水平和自由度获得了空前的提高，但是农民在市场规则中依然处于弱势地位，因此未来农民的致富、农村的振兴需要全社会的支持和引导。国家在《实施乡村振兴战略的意见》中强调"坚持农民主体地位。充分尊重农民意愿，切实发挥农民在乡村振兴中的主体作用"。实际上，在以农民为发展主体的进程中，基层政府乃至社会公益组织仍然要在具体的投资项目中切实引导农民，帮助农民既要符合市场规律进行生产投资，也要按照市场的方式保护自己。

中国是农业大国，有成熟并悠久的农业历史，因此中国文化中有独特的乡土情怀。农民外出务工以后，尽管和村庄的物理联系减少了，但乡村仍然是农民的情感故土，是未来落叶归根的地方。农民有强烈的建设家乡的意愿，也希望通过农业获取在农村可持续的生计，这是中国乡村振兴的社会基础所在。让农业成为有前景的产业、农民成为有吸引力的职业、农村成为安居乐业的美丽家园，不仅仅是政府对乡村振兴的期待，也是农民的个人追求。

参考文献

行龙、李怀印、胡英泽等:《集体化时期中国乡村社会研究》,《开放时代》2017年第5期。

吕德文:《巨变时代中国乡村生活的重建》,《文化纵横》2018年第3期。

林聚任、马光川:《改革开放四十年来的中国村庄的发展与变迁》,《社会发展研究》2018年第2期。

左雯敏:《横渠村:乡土社会中的农民合作》,《社会发展研究》2017年第1期。

李培林:《高度重视乡村振兴中的两个问题》,《中国乡村发现》2018年第4期。

王清华:《梯田文化论》,云南大学出版社,1999。

李培林:《村落的终结——羊城村的故事》,生活·读书·新知三联书店,2019。

费孝通:《乡土中国 乡土重建》,群言出版社,2016。

庄孔韶:《银翅:中国的地方社会与文化变迁》,生活·读书·新知三联书店,
　　2016。

于建嵘:《岳村政治:转型期中国乡村政治结构的变迁》,商务印书馆,2001。

红河县史志办公室:《红河县年鉴 2016》,德宏民族出版社,2017。

宋维峰、吴锦奎:《哈尼梯田:历史现状、生态环境、持续发展》,科学出版社,
　　2016。

尹绍亭:《一个充满争议的文化生态体系———云南刀耕火种研究》,云南人民出
　　版社,1991。

云南省红河县志编纂委员会:《红河县志》,云南人民出版社,1991。

后 记

　　"精准扶贫精准脱贫百村调研"是中国社会科学院组织实施的国情调研特大项目，自2016年启动以来，紧密跟踪我国脱贫攻坚的伟大脚步，动员全院及部分地方科研院所、高校的科研力量，深入农村一线进行深度调研，将学问做在祖国大地上。本案例集为项目成果"精准扶贫精准脱贫百村调研丛书"系列之一，在村庄调研报告基础上，选取具有代表性的村庄18个，由案例作者以入村观察者的视角和口吻，以定性分析和鲜活实例为主，讲述村庄脱贫攻坚路上的典型事例。

　　相较于单独成册的村庄调研报告，本书十八篇案例将焦点进一步集中于村内的人和事，通过讲述经历脱贫的贫困村和贫困户的实际事例，以及村庄在脱贫攻坚中的典型项目、典型家庭或典型任务角色，以小见大，折射出脱贫攻坚战最前沿贫困村的脱贫状态和社会经济发展趋势。本案例集精选的十八洞村、姜家村、赤溪村等村庄，分布于冀西、江浙、闽东、湖广、滇黔贵、青甘宁等区域，涵盖党建引领、产业扶贫、易地扶贫搬迁、旅游生态建设等多种脱贫方式，内容充实，真实生动，在一定程度上反映了我国精准扶贫精准脱贫的伟大实践，见证了我国脱贫攻坚的伟大贡献。

　　本案例集由"精准扶贫精准脱贫百村调研"项目协调办公室组织编撰，由刘艳红、蒋尉、孙萨拉罕、徐海俊、张宗帅、董艳梅、吕方、宁亚芳、王红、王月金、李静、黎昕、王绍据、耿羽、方素梅、廖永松、张宗帅、韦鹏、刘同山、曾俊霞、刘小珉、宋丽丹、龙寸英、聂君、陈祎、潘劲、林红、罗静、赵旭峰等执笔撰写。社会科学文献出版社编辑团队为"精准扶贫精准脱贫百村调研丛书"出版付出了艰辛劳动。

著　者

2020 年 10 月

图书在版编目（CIP）数据

精准扶贫精准脱贫百村调研. 案例卷：村庄脱贫十
八例 /《精准扶贫精准脱贫百村调研·案例卷》撰写组著
. -- 北京：社会科学文献出版社, 2020.10
　　ISBN 978-7-5201-7522-7

　　Ⅰ. ①精… 　Ⅱ. ①精… 　Ⅲ. ①农村–扶贫–案例–中
国 　Ⅳ. ①F323.8

中国版本图书馆CIP数据核字（2020）第209347号

·精准扶贫精准脱贫百村调研丛书·
精准扶贫精准脱贫百村调研·案例卷
　　——村庄脱贫十八例

著　　者 /《精准扶贫精准脱贫百村调研·案例卷》撰写组

出 版 人 / 谢寿光
组稿编辑 / 邓泳红
责任编辑 / 陈　颖

出　　版 / 社会科学文献出版社·皮书出版分社（010）59367127
　　　　　　地址：北京市北三环中路甲29号院华龙大厦　邮编：100029
　　　　　　网址：www.ssap.com.cn
发　　行 / 市场营销中心（010）59367081　59367083
印　　装 / 三河市尚艺印装有限公司

规　　格 / 开　本：787mm×1092mm　1/16
　　　　　　印　张：17.5　字　数：255千字
版　　次 / 2020年10月第1版　2020年10月第1次印刷
书　　号 / ISBN 978-7-5201-7522-7
定　　价 / 89.00元